姚尧精读资治通鉴一

战国变法

壹

姚尧
编著

海天出版社
·深圳·

图书在版编目（CIP）数据

姚尧精读资治通鉴. 一, 战国变法 / 姚尧编著. —
深圳 : 海天出版社, 2019.3（2019.5重印）
ISBN 978-7-5507-2559-1

Ⅰ. ①姚… Ⅱ. ①姚… Ⅲ. ①中国历史—古代史—编
年体②《资治通鉴》—研究 Ⅳ. ①K204.3

中国版本图书馆CIP数据核字(2018)第289356号

审图号：GS（2018）2768号

姚尧精读资治通鉴一　战国变法
YAOYAO JINGDU ZIZHITONGJIAN YI　　ZHANGUO BIANFA

深圳出版发行集团
海天出版社

出 品 人　聂雄前
责任编辑　刘　婷　张绪华
责任技编　梁立新
责任校对　万妮霞
封面设计　今亮后声 HOPESOUND
　　　　　pankouyugu@163.com

出版发行　海天出版社
地　　址　深圳市彩田南路海天综合大厦（518033）
网　　址　www.htph.com.cn
订购电话　0755-83460239（邮购）0755-83460397（批发）
排版制作　深圳市龙瀚文化传播有限公司　0755-33133493
印　　刷　中华商务联合印刷（广东）有限公司
开　　本　787mm×1092mm　1/16
印　　张　20.25
字　　数　310千
版　　次　2019年3月第1版
印　　次　2019年5月第2次
定　　价　58.00元

前　言

　　唐太宗李世民曾经说过："以铜为镜，可以正衣冠；以史为镜，可以知兴替；以人为镜，可以明得失。"从古至今的有识之士，无不深知读史的重要性。可是，中国的史籍浩如烟海，正如司马光在《进〈资治通鉴〉表》中所说，自从司马迁、班固以来，史料庞杂繁多，即便是平民百姓也没有时间读完，更何况日理万机的君主？于是，司马光接着阐述他编写《资治通鉴》的初心。他说，他自不量力，想要删除史籍中繁杂冗长的部分，摘拣其中关键精华的部分，专门选取那些关乎国家兴衰，影响百姓休戚，善可以作为法度，恶可以作为借鉴的内容，编纂成一部编年体史书，以使其先后顺序清楚，内容精简明晰。

　　司马光耗费19年心血，在刘恕、刘攽、范祖禹三人的协助下完成这部《资治通鉴》，自是对中华文化的无量功德。近千年来，学者亦毫不吝啬于对其人其书的高度赞美。然而司马光编写《资治通鉴》时主要是以征引史料和编年纪事为主，对于普通读者来说仍存在一定阅读障碍，这就给后来者留下了继续加工完善的空间。这种继续加工又可分为两种方向：一是对《资治通鉴》的人名、地名、事件等加以注释，其中以胡三省的注为代表；二是对《资治通鉴》中涉及的若干人物和事件进行点评，其中以王夫之的《读通鉴论》为代表。自民国普及白话文以来，读者阅读文言文的能力日益下降。今天，即便是一些高级知识分子，不但对阅读《资治通鉴》的原文深感困难，就连阅读胡三省注和王夫之论也同样感到困难。于是，市面上又出现了许多新的加工版本：有些是将《资治通鉴》

译成白话，走的还是胡三省路线；有些是对《资治通鉴》中涉及的若干人物和事件进行点评，走的还是王夫之路线。但若要说像姚尧这般耗费心血、详尽注释评论《资治通鉴》全文的书，不但前无古人，只怕今后百年内也少有来者。怎么知道"姚尧精读资治通鉴"耗费心血之巨呢？以您现在手中拿到的《姚尧精读资治通鉴——战国变法》为例，全书实际字数共19.6万，其中司马光《资治通鉴》的原文仅2.6万字，白话4.4万字，姚注4.8万字，姚论7.8万字。姚尧以逾6倍的篇幅来翻译、注释、评论《资治通鉴》，名曰精读，其实就是再创作。

"姚尧精读资治通鉴"的内容分为原文、白话、姚注、姚论四部分。就翻译白话而言，工作量最大的是地名，对此姚尧主要是参考谭其骧主编的《中国历史地图集》。这本地图集亦是堪称无量功德的宝典，建议读者读史时务必备一份以供随时参阅查询。"姚注"主要包括两部分：一是对原文中较生僻字词的注音和释义，二是对历史人物和事件的注释。如《资治通鉴》开篇有句话："以季札而君吴，则太伯血食矣。"把它翻译成白话就是："如果季札担任吴国的国君，那么开国祖先吴太伯的祭祀就不会中断。"这句话的字面意思并不复杂，可是绝大多数读者对这句话的理解仍然是肤浅含糊的，因为根本不知道季札是谁，也不知道他不担任国君又是怎么一回事。于是，姚尧在"姚注"中将季札的身份以及他多次拒绝国君之位的经历作了详细阐述。唯有如此，读者才能明白这句话究竟是在说什么。至于这句话说得对或不对，那就是在"姚论"中详细讨论的内容了。在网上读过本书连载的读者都有共识："姚论"才是本书精华中的精华。

《资治通鉴》上起公元前403年，下至公元959年，记录了从战国至五代1362年的历史。司马光《资治通鉴》全书共294卷，姚尧以对其每三卷的解读为一册书，故"姚尧精读资治通鉴"全套共98册。本书为第一册，对应《资治通鉴》原书的第一、第二、第三卷，记录的是从公元前403年至公元前298年的历史。

变法，是这段历史的主旋律：先是魏文侯、李悝在魏国变法，接着是楚悼王、吴起在楚国变法，秦孝公、商鞅在秦国变法，韩昭侯、申不害在韩国变法，齐威王在齐国变法，燕昭王在燕国变法，赵武灵王在赵国变法。各国变法虽皆曾一度富国强兵，但大多是人亡政息，唯有秦国的商鞅变法，因其改革的程度之深、范围之广、时间之长，遂使秦国不但实力强大，而且经久不衰，为日后兼并天下奠定了坚实的基础，并深刻影响了之后两千多年中国历史的发展进程。

这段历史还有一条副旋律，就是纵横，即以苏秦、公孙衍为代表的六国合纵和以张仪为代表的与秦连横。然而纵横之所以只能成为副旋律，是因为外交只是内政的延续，一切外交都必须以内政为基础。纵横家们的往来穿梭看似热闹非常，可是以长期的眼光来看，都无法改变秦国愈来愈强，而东方六国最多只能一时闪耀，很快就如流星般逐渐陨落的命运。因此，奠定秦国帝业基础的，是商鞅而不是张仪。没有张仪，秦国迟早也能兼并六国，而没有商鞅留下的基础，张仪所能获取的成就会相当有限。

本书能够顺利出版上市，姚尧需要感谢的人有很多。首先，我要感谢海天出版社的聂雄前社长，是他长久以来不厌其烦地鼓励我写书。最初，我对于写书是犹豫的，因为从稻粱谋的角度而言，在中国写书真的是不挣钱，而为迎合市场销量去写那些庸俗无聊的快餐读物又非我之所愿。在当时，我的微信公众号其实只有一两千粉丝，除此之外没有任何社会身份和名气。我不敢说聂老师当初选中我是慧眼识才，但我真的很感谢他为我付出的努力和承担的风险。自2015年7月的首次约稿以来，我时写时停，其间更换过多个选题，直到2017年6月才定下来写"姚尧精读资治通鉴"，再到本书第一册顺利出版上市，不知不觉已经将近3年了。其次，我要感谢本书的责任编辑刘婷女士，为了使本书成为能够长期流传和值得收藏的精品，她亦付出了很多心血。

我还必须感谢本书写作时陪伴我的读者们。姚尧之所以敢说这套"姚尧精读资治通鉴"不但前无古人，而且极有可能后无来者，是因为其间的工作量实在太恐怖了。以姚尧现在的写作速度，每周末更新1万字，则每册书需要17~18周的时间写作。以此推算，每年只能写3册，写完全套98册需要33年，这是何其浩大的工程！这不是发个宏愿就能解决问题的，需要一个字一个字地敲击键盘，一句话一句话地反复琢磨。曹雪芹在评价自己写《红楼梦》时说："字字看来皆是血，十年辛苦不寻常。"那么，30年的字字是血又是何等的辛苦呢？所以，姚尧真诚感谢读者们一路相随的陪伴，你们是我在漫长写作生涯中的动力和慰藉。

最后，我还要特别感谢一下股市，虽然它让无数股民痛不欲生，也曾让姚尧心如刀割，但终究是它解决了我的基本生计问题，让我可以不用去社会上打拼，而是躲在书斋里做学问。更关键的是，虽然许多粉丝都说现在关注姚尧主要不是为了看股评，但终究是写股评才让姚尧去开通微信公众号，才让姚尧有了第一批粉丝，从而让姚尧有幸结识那么多帮助我、支持我、陪伴我的好朋友。所以，行文至此，我也顺便感谢一下微信，感谢一下这个移动互联网的时代。

在这套"姚尧精读资治通鉴"中，姚尧除了翻译和注释司马光的原文外，也指出了司马光的许多错误，批评了司马光的许多观点，但这丝毫不意味着姚尧不尊重司马光这个人以及他对中华文化的丰功伟绩。时代是不断向前发展的，而任何个人都有其局限性，司马光是如此，姚尧当然也是如此。虽然姚尧自信地认为，在今后相当长的时间内没有人敢像姚尧一样去挑战如此浩大的工程，但亦绝不意味着姚尧认为自己的这个版本就尽善尽美。我确信，未来会有很多读者发现姚尧的书中存在这样那样的问题，就像姚尧看待司马光一样。因此，姚尧真诚地欢迎读者反馈意见，让我能够持续修正自己的错误。这本书，将来肯定还会有第二版、第三版，也许，我的一生都将不断修改完善这套书。

姚 尧

2018年4月

目 录

三家分晋

公元前403年 戊寅
周威烈王二十三年

初命晋大夫魏斯、赵籍、韩虔为诸侯。

【白话】

周威烈王正式册封晋国大夫魏斯、赵籍、韩虔为诸侯。

【姚注】

晋国始封于周成王时期，首任国君是武王之子、成王之弟姬虞，国名最初是"唐"，其子姬燮继位后改国名为"晋"。在长年的权力争夺和分裂内乱中，晋国公族日渐凋零，政权和土地逐步被诸卿大夫所攫取。至春秋中期，晋国政局为十余家卿大夫所控制。经过更加激烈的兼并，至春秋晚期就只剩下赵、魏、韩、智、范、中行氏六家，即所谓"六卿"。晋出公十七年（前458年），智、赵、魏、韩四家共同瓜分了范氏和中行氏的领地。晋哀公四年（前453年），赵、魏、韩三家联手灭智。此后，晋国领土中仅剩绛和曲沃两座城邑由国君控制，其余皆为赵、魏、韩三家所有。前403年，周威烈王正式册封赵、魏、韩三家为诸侯，史称"三家分晋"。司马光认为这是中国历史非常重要的分水岭，《资治通鉴》即是由此年开始写起。为此，他还特别撰写了长达一千多字的评论。

臣光曰：臣闻天子之职莫大于礼，礼莫大于分，分莫大于名。何谓礼？纪纲是也。何谓分？君、臣是也。何谓名？公、侯、卿、大夫是也。

【白话】

臣司马光认为：我听闻，天子的职责中最重要的是维护礼教，礼教中最重要的是区分等级，等级中最重要的是匡正名分。什么是礼教？礼教就是纲纪。什么是等级？等级就是君臣上下有别。什么是名分？名分就是公、侯、卿、大夫这些官爵身份的高低。

夫以四海之广，兆民之众，受制于一人，虽有绝伦之力，高世之智，莫敢不奔走而服役者，岂非以礼为之纲纪哉！是故天子统三公，三公率诸侯，诸侯制卿大夫，卿大夫治士庶人。贵以临贱，贱以承贵。上之使下，犹心腹之运手足，根本之制支叶；下之事上，犹手足之卫心腹，支叶之庇本根。然后能上下相保而国家治安。故曰天子之职莫大于礼也。

【白话】

以四海之幅员辽阔，万民之人数众多，却都不得不受制于某一位统治者。即便是才能出众、智慧超群之人，也终究不敢不为统治者奔走服务，这难道不是因为有礼教作为纲纪吗？所以，天子统领三公，三公督率诸侯，诸侯节制卿大夫，卿大夫治理士人百姓。高贵者支配低贱者，而低贱者接受高贵者的支配。在上者驱使在下者，就好像是人的心腹运用手足，树的根本支配枝叶；在下者侍奉在上者，就好像是人的手足保卫心腹，树的枝叶保护本根。这样，才能上下互相保护配合，使得国家得以长治久安。所以说在天子的职责中没有比维护礼教更重要的了。

　　文王序《易》，以《乾》《坤》为首。孔子系之曰："天尊地卑，乾坤定矣。卑高以陈，贵贱位矣。"言君臣之位犹天地之不可易也。《春秋》抑诸侯，尊周室，王人虽微，序于诸侯之上，以是见圣人于君臣之际，未尝不惓惓也①。非有桀、纣之暴，汤、武之仁，人归之，天命之，君臣之分，当守节伏死而已矣。是故以微子而代纣②，则成汤配天矣；以季札而君吴③，则太伯血食矣。然二子宁亡国而不为者，诚以礼之大节不可乱也。故曰礼莫大于分也。

【白话】

　　周文王在推演《易经》的排序时，以《乾》《坤》两卦为首位。对此，孔子解释道："天在上为尊，地在下为卑，由此确定乾坤的位置。天地的尊卑确定后，人事的贵贱也就明确了。"这就是在说，君臣之间的上下关系，就像天地一样不能互换更改。《春秋》这本书在记载时，刻意贬抑诸侯，尊崇周王室。但凡是周王室的人，即便其身份地位不高，也要在排序时将其置于诸侯之上，足见圣人（孔子）对于君臣分际特别重视。如果不是因为这边碰到夏桀、商纣之类的昏庸暴君，那边又遇上商汤、周武之类的仁德明主，使得人民归附而上天保佑的话，君臣之间的名分就应当不惜牺牲自己的生命也要竭力维持。因此，如果微子代纣王而担任商王，那么由成汤创立的商王朝基业就可以永配上天；如果季札担任吴国的国君，那么开国祖先吴太伯的祭祀也就不会中断。然而，这两位之所以宁可让国家灭亡也不肯担任君主，实在是因为礼教大节绝对不能遭到破坏。所以说礼教中最重要的就是等级。

【姚注】

　　①惓（quán）惓：恳切、忠谨的样子。

　　②微子：商王帝乙的长子，商纣王的庶兄。商纣王继位后，微子因多次劝谏不从而逃离。

　　③季札：吴王寿梦之第四子。寿梦有四子，长子名诸樊，次子名馀祭，三子名馀昧，四子名季札。寿梦生前曾有意立季札为君，因季札坚辞不受而改立长子诸樊。寿梦死后，诸樊继位，在丧期满

后有意将王位让给季札，季札再次坚辞不受。彼时，吴国人皆有意立季札，于是季札离开王室，像普通百姓一样耕作，吴人这才作罢。前548年，吴王诸樊去世，临终前留下遗言将王位传给二弟馀祭，且此后要一直这样兄终弟及传下去，直至王位传到季札手中，以实现父王寿梦之生前夙愿。前531年，吴王馀祭去世，临终前依诸樊之言将王位传给三弟馀昧。前527年，吴王馀昧去世，临终前依言将王位传给四弟季札，这次季札再次拒绝并逃离。吴人无奈之下，只好将馀昧之子僚立为吴王。

【姚论】

司马光上一段先阐述礼教的重要，紧接着这一段阐述等级的重要，因为礼教进一步落实就是等级。然而，司马光的这段论述不管是在论据上，还是在论证上，都有非常严重的错误。司马光说，除非遇到了"桀、纣之暴，汤、武之仁"，否则都应该用生命去捍卫君臣之分。这句话乍看起来颇有道理，可事实上，由于他给出的标准太过极端而又模糊，以至于在政治实践中必定会引起混乱。举例来说，如果君虽然是暴君，但却没有暴到桀、纣那种程度，那还要不要用生命捍卫君臣之分？如果臣虽然仁德，却也没有仁德到汤、武那种程度，那还要不要用生命捍卫君臣之分？如果君是桀、纣，而臣却非汤、武，那还要不要用生命捍卫君臣之分？如果君非桀、纣，而臣是汤、武，又要不要用生命捍卫君臣之分？再者说，桀、纣真如传说中那般昏庸暴虐吗？汤、武真如传说中那般英明仁德吗？恐怕未必，就连孔子的学生子贡也说："纣之不善，不如是之甚也。是以君子恶居下流，天下之恶皆归焉。"（《论语·子张》）意思是说：商纣王并不如传说中的那么坏，所以君子千万不能沦落到失败低下的位置，一旦如此，则天下的坏事就全都要归算到他头上。甚至，或许我们应该反过来说，就是因为有太多人不守君臣之分，帮助汤、武打败了桀、纣，汤、武才变成了如此英明仁德之君，而桀、纣也才成了如此昏庸暴虐之君。至于司马光用来作为论据的两个道德楷模，更是经不起推敲。

先说微子。他虽是商纣王的长兄，但他是庶子，因母亲身份低贱而根本不具有继承王位的资格[1]。商纣王虽然是弟弟，但他的母亲是正宫王后，他自己是嫡子，继承王位是理所当然的[2]。由此可见，司马光所谓的"微子代纣"根本就是个伪命题，因为微子根本就不具备此项资格，也根本没有人会支持他这么做。不仅如此，微子的道德水准也非常值得怀疑。周武王灭商后，微子持殷商的祭器来到周武王的军门前，脱衣露肉，双手反绑，左边的随从牵着羊，右边的随从拿着茅，自己则用膝盖爬行以恳求周武王的宽恕。于是，周武王释放了微子，恢复了他原先的爵位[3]。史书上称微子贤能，但从史料能见到的记载来看，微子除了曾经劝谏过商纣王，且劝谏不从就逃跑外，还真看不出有什么贤能之处。当时，远居在孤竹国（今河北秦皇岛一带）、与商王朝关系疏远、原本准备投奔周文王的伯夷、叔齐，在途中遇到周武王伐纣大军时，曾极力叩马劝谏他不要"以臣弑君"，更不应该在父亲新丧之际就大动干戈。在得知周武王灭商成功的消息后，二人发誓不食周粟，宁肯饿死在首阳山上。相比之下，作为正宗的殷商王室，纣王的亲哥哥微子，在劝谏不从后逃跑避祸也就罢了，却居然还在武王灭商成功之际，持殷商的祭器来到武王的军门之前，肉袒面缚，膝行求饶，其道德品格实在令人难以恭维。殷商固然是亡在纣王手中，但司马光说如果微子能够代纣为商王，则殷商的王业就能永配上天，恐怕很难说得过去。

再说季札。司马光认为季札不肯继任吴王是为了维护礼教，而礼教最重要的就是等级，就是臣要听君的话，子要听父的话，弟要听兄的话。可是，季札的君让他继位而他就是不听，这岂非不忠？季札的父让他继位而他就是不听，这岂非不孝？季札的兄让他继位而他就是不听，这岂非不悌？全国百姓都让他继位而他就是不听，这岂非不仁？司马光说季札是在维护礼教等级，试问他究竟维护在哪儿了？或许季札最初还能以"弟弟在排序上不能逾越哥哥"为借

---

[1] 《史记·殷本纪》记载：帝乙长子曰微子启，启母贱，不得嗣。

[2] 《史记·殷本纪》记载：少子辛，辛母正后，辛为嗣。帝乙崩，子辛立，是为帝辛，天下谓之纣。

[3] 《史记·宋微子世家》记载：周武王伐纣克殷，微子乃持其祭器造于军门，肉袒面缚，左牵羊，右把茅，膝行而前以告。于是武王乃释微子，复其位如故。

口而不继任吴王，于是诸樊兄弟还特意一个接一个地传递下来，为的就是排名第四的季札能够名正言顺继位。可是，季札仍然在三哥馀眛死后拒绝继位，这又是什么道理？如果说季札认为按照礼教必须父死子继而不能兄终弟及的话，那他当初就必须坚决反对三位兄长之间的继承关系，否则就是眼睁睁看着三位兄长破坏礼教。如果说季札认为兄终弟及没有错的话，那他又有什么理由违背父兄之命而拒绝继位呢？他已经是当仁不让、避无可避了！所以，按照司马光的逻辑，季札不但不是什么礼教的坚定维护者，恰恰相反，他是个礼教的彻底破坏者，因为无论是为臣、为子，还是为弟，他都没有做到伏死守节，而显然他的父兄都"非有桀、纣之暴"。

季札破坏礼教的结果，是导致吴国没过多久就发生了宫廷政变、骨肉相残。在季札拒绝继任吴王之后，吴人立老三馀眛之子僚为吴王，因为僚是现任吴王之子[1]。可是这样一来，吴国的公子光不干了。公子光是老大诸樊之子，在他看来，按照兄终弟及的原则，老三馀眛死后应该由老四季札继位。现在既然季札不肯继位，兄终弟及的路线走不下去，还得回归到父死子继的路线的话，那当然该由老大诸樊的儿子继位，怎么能轮到老三馀眛的儿子继位[2]？

于是，公子光暗中招贤纳士，意图刺杀吴王僚。最终，公子光通过专诸刺杀成功，夺得王位，是为吴王阖闾。可以说，这场宫廷悲剧完全是由季札破坏礼教所导致的，司马光却说如果季札继任吴王，那么开国祖先吴太伯的祭祀就不会中断，可是季札为了维护礼教大节不遭破坏，宁可国家灭亡也在所不惜，这简直是颠倒黑白，莫名其妙。更何况，吴王阖闾是吴王寿梦的长子长孙，他当吴王怎么就让吴太伯的祭祀因此中断了呢？此外，吴王阖闾也并非昏君，相反，他还是位雄才大略的英主。短短几年时间，吴王阖闾就做到了国富民强、兵精粮足，之后重用伍子胥和孙武等不世出的奇才，攻破楚国都城，称霸中原。吴国日后灭亡，是在阖闾之子夫差继位后因志得意满而放松警惕，最终被卧薪尝胆的越王勾践偷袭得手，

---

[1] 《史记·吴太伯世家》记载：于是吴人曰："先王有命，兄卒弟代立，必致季子。季子今逃位，则王馀眛后立。今卒，其子当代。"乃立王馀眛之子僚为王。

[2] 《史记·吴太伯世家》记载：公子光者，王诸樊之子也。常以为"吾父兄弟四人，当传至季子。季子即不受国，光父先立。即不传季子，光当立"。

但这无论如何也怪不到当初季札不肯继位的头上吧，怎么能说是季札为了维护礼教而宁可亡国呢？

由此观之，司马光这段论述貌似言之凿凿，实则是漏洞百出，令人难以恭维。

夫礼，辨贵贱，序亲疏，裁群物，制庶事。非名不著，非器不形。名以命之，器以别之，然后上下粲然有伦，此礼之大经也。名器既亡，则礼安得独在哉？昔仲叔于奚有功于卫[①]，辞邑而请繁缨[②]，孔子以为不如多与之邑。惟名与器，不可以假人，君之所司也。政亡，则国家从之。卫君待孔子而为政，孔子欲先正名，以为名不正则民无所措手足。夫繁缨，小物也，而孔子惜之；正名，细务也，而孔子先之：诚以名器既乱则上下无以相保故也。夫事未有不生于微而成于著，圣人之虑远，故能谨其微而治之，众人之识近，故必待其著而后救之；治其微则用力寡而功多，救其著则竭力而不能及也。《易》曰："履霜坚冰至"，《书》曰："一日二日万几"，谓此类也。故曰分莫大于名也。

【白话】

所谓礼教的精义，就在于能分辨贵贱，排列亲疏，裁决是非，处理事务。没有名位，就不能显扬；没有器物，就不能表现。只有用不同的名位来分别称呼，用不同的器物来分别标记，然后才能够上下分明，井然有序，这也正是礼教的根本所在。如果名位和器物都不要了，那么礼教又怎么能够单独存在呢？当年，仲叔于奚曾经为卫国立有大功，但在论功行赏之时，他谢绝赏赐的封地，而请求允许使用象征贵族身份的繁缨。对此，孔子认为不如多赏赐他一些封地，因为封地多给点少给点没关系，但唯独名位和器物是不能随便乱给的，那是君权的象征。如果不坚持政治原则，那么国家就会跟着灭亡。卫国的国君期待孔子能为他处理政事，但孔子却认为首要之事在于正名，因为名位不正就会使得老百姓手足无措。繁缨，这只是个小玩意，但孔子却对其倍加珍惜。正名，这只是个细节，孔子却将其置于优先。这实在是因为一旦名位和器物混乱，那么上下关系就无法维持了。任何事物，没有不是产生于细微之处而逐渐发展变大的。圣人在思考问题时眼光长远，所以能够谨慎地处理细节问题，从而一开始就把事情做好。普通人则由于见识短浅，所以每次都要等问题严重后再来处理。处理细节上的问题，用力小而成效大；挽救已经显著的弊端，则竭尽全力也未必能够成功。《易经》上说："当你发现脚下踩着霜时，就应该知道结冰的日子很快就要来了。"《尚书》上说："每天都要处理成千上万的日常琐事。"谈的都是这类问题。所以说维护等级最重要的就是匡正名位。

【姚注】

①仲叔于奚：复姓仲叔，名于奚。前589年，卫国与齐国在新筑（今河北魏县南）交战，结果卫军大败。幸好在新筑平民仲叔于奚的领兵救援下，卫军统帅孙良夫才得以逃脱危难，将军队带回国。为此，卫穆侯本拟赏赐仲叔于奚一处封邑，但他谢绝，他想要的是卫穆侯准许他使用贵族才能使用的繁缨，而卫穆侯最终答应了他的请求。

②繁（pán）缨：古代天子、诸侯所用辂马的带饰，是贵族身份的象征。繁，通"鞶"，马颈上的饰物；缨，马胸前的饰物。

【姚论】

司马光在上一段阐述了等级的重要后，这一段紧接着阐述名位的重要，因为礼教进一步落实就是名位和器物。司马光以仲叔于奚和孔子的故事为案例，指出正名的重要意义，尤其是它不能因军功大小而改变以免混乱。相反地，后世商鞅变法的核心之一就是奖励军功[1]。重出身还是重军功，这是儒法之争的主要分歧之一，在今后的历史发展中亦会反复碰撞。以历史的眼光来看，法家思想更能顺应潮流的发展。在这个问题上，孔子和司马光都是有差错的。

---

[1] 《史记·商君列传》记载：有军功者，各以率受上爵；……宗室非有军功论，不得为属籍。……有功者显荣，无功者虽富无所芬华。

呜呼！幽、厉失德，周道日衰，纲纪散坏，下陵上替，诸侯专征，大夫擅政，礼之大体什丧七八矣，然文、武之祀犹绵绵相属者，盖以周之子孙尚能守其名分故也。何以言之？昔晋文公有大功于王室^①，请隧于襄王^②，襄王不许，曰："王章也。未有代德而有二王，亦叔父之所恶也。不然，叔父有地而隧^③，又何请焉！"文公于是惧而不敢违。

【白话】

呜呼！自从周幽王、周厉王失德以来，周朝的运道日益衰退，政治纲纪散乱崩坏，处下位者反过来欺凌处上位者，处上位者的权威被处下位者取代。诸侯不经周天子同意就恣意征讨他国，卿大夫则擅自干预国内的朝政。从大体来看，礼教十成中已有七八成沦丧。然而，周文王、周武王开创的基业之所以还能够延绵不绝，正是因为周朝的后裔仍然能够坚守名分的缘故。为什么这样说呢？当年晋文公曾对周王室建有大功，为此他请求周襄王准许他死后使用天子才可以用的"隧葬"的礼仪。对此，周襄王没有同意，回复他说："这是天子的礼仪。既然没有改朝换代，就不可以允许有两个天子。如果真出现这种情况，叔父您也是会极力反对的。否则的话，叔父您有的是土地，大可以自行举办隧葬之礼，又何必来请示我呢？"于是晋文公因畏惧而终究没有敢违反礼教。

【姚注】

①"昔晋文公"一句：前637年，周襄王为笼络翟人而立翟国女子为后。前636年，周襄王又废黜翟后，引来翟人兴师问罪。同时，周襄王的继母惠后想立自己的儿子叔带为王，遂派党羽作为翟人内应，引导翟人攻入都城。周襄王仓皇逃往郑国，被安排居住在泛邑。前635年，晋文公出兵护送周襄王回京重夺王位，杀死了叔带。

②请隧：请求死后可以通过隧道下葬。按照礼制，只有天子死后下葬时才能先凿个隧道，通过隧道将棺材抬至墓穴。诸侯死后下葬，只能将棺材从地面用绳直接缒下至墓穴。

③叔父：周天子和晋文公都是姬姓，故称其为"叔父"，有尊重、笼络之意。

【姚论】

周襄王对晋文公的答复，前半段出自《左传》，后半段节选自《国语》，司马光把这两段拼在一起，给读者的感觉是周襄王义正辞严地拒绝，晋文公因畏惧而不敢有违。可事实却并不完全如此，《左传》的部分"王章也。未有代德而有二王，亦叔父之所恶也"是全文摘录，而《国语》的部分"不然，叔父有地而隧，又何请焉"只是摘取了襄王长篇大论中的最后一句。倘若读到《国语》中的答复全文，读者就会有完全不同的感受。现全文摘录如下：

> 晋文公既定襄王于郏，王劳之以地，辞，请隧焉。王不许，曰："昔我先王之有天下也，规方千里以为甸服，以供上帝、山川、百神之祀，以备百姓兆民之用，以待不庭不虞之患。其余以均分公、侯、伯、子、男，使各有宁宇，以顺及天地，无逢其灾害，先王岂有赖焉。内官不过九御，外官不过九品，足以供给神祇而已，岂敢猒纵其耳目心腹，以乱百度。亦唯是死生之服物采章，以临长百姓而轻重布之，王何异之有。今天降祸灾于周室，余一人仅亦守府，又不佞以勤叔父，而班先王之大物以赏私德，其叔父实应且憎，以非余一人，余一人岂敢有爱？先民有言曰：'改玉改行。'叔父若能光裕大德，更姓改物，以创制天下，自显庸也，而缩取备物以镇抚百姓，余一人其流辟旅于裔土，何辞之有与？若犹是姬姓也，尚将列为公侯，以复先王之职，大物其未可改也。叔父其懋昭明德，物将自至，余何敢以私劳变前之大章，以忝天下，其若先王与百姓何？何政令之为也。若不然，叔父有地而隧焉，余安能知之？"文公遂不敢请，受地而还。

我们看周襄王的答复全文，他首先花了大量的篇幅阐述礼仪制度的重要性，如果不能坚守住这些礼仪制度，那天子就完全没有权威了。这话自然是没有错，但问题在于晋文公难道不知道这些吗？晋文公当然知道，周襄王也知道晋文公知道。可周襄王明知道晋文公知道，却为何还要花大量篇幅来阐述呢？因为周襄王没有实力，人在屋檐下，不得不低头。否则真要以天子的权威，周襄王只要如《左传》中的一句"王章也"就足以把晋文公打发了，何至于喋喋不休地扯出那么长一大串？

紧接着，周襄王再次承认了自己的无能，感谢了晋文公的恩德，但其他感谢方式可以有，天子礼仪是真不能同意。因为这样一来，自己这个天子就根本不像天子，其他诸侯也不会拿他当天子看了。于是接下来，周襄王用半哀求半悲愤的口吻说："如果叔父您能将德政发扬光大，统一天下而后改朝换代，那么您就是名正言顺的新天子，自然就可以使用天子的服饰礼仪，而我也许已经被您流放边疆，那又还有什么话好说呢？如果叔父您仍然保持姬姓，还是只位列公侯的话，那就不要使用天子的礼仪了。我觉得叔父您应该努力弘扬德政，那么您想要的东西，该来的自然都会来。您现在让我为了答谢您的恩德而改变天子礼仪，那让我如何向祖先交待，如何向百姓交待，又如何能再推行政令？要不然的话，叔父您有的是土地，以后自己挖隧道举行葬礼就是了，我又能怎么样呢？"

由此可见，周襄王完全没有司马光《资治通鉴》中所表现的那样义正辞严的权威。事实上，他已经彻底被晋文公逼到无路可走的境地，就像汉献帝被曹操逼到无路可走一样。周襄王的态度非常明显：要么就你来当这个天子，那样你自己想怎样就是怎样。既然你还愿意让我当这个天子，就拜托你给我最基本的尊严。其实你想干什么，我哪里还敢管得了你？你自己去做就是了，何必还要逼着我同意，我还能有点面子吗？

如果晋文公心里真的尊重周天子，就根本不会提出这样非分的请求。就算他因为内心实在想要而终于忍不住提出非分之请，那也不会听完周襄王如此哀怨的长篇大论，而是应该在周襄王刚开口拒绝时就立刻请罪认错。显然，《国语》说文公"遂不敢请"是比较贴切的，《资治通鉴》说文公"惧而不能违"则言过其实。如果非要说晋文公有什么好畏惧的，那也是觉得自己的实力还不够强大，所以他非常务实地放弃了"请隧"的虚名，而选择接受周襄王赐予的大量土地，以扩充自己的势力。

前632年，即文公请隧后又过了三年，晋文公在温邑会见诸侯，想由自己率领诸侯来朝见周天子。可是，晋文公又担心自己的势力不够大，怕有诸侯会背叛自己，遂派人去通知周襄王到河阳来。孔子在读史书看到关于晋文公的这段记载后说："诸侯是不能召见天子的，所以我在作《春秋》时将这件事写成'周天子在河阳打猎'，就是要对其用一种隐讳的说法[1]。"

正是在这次会盟上，正式奠定了晋文公的霸主地位，而周天子这次也不得不亲自出面配合晋文公演出。

是故以周之地则不大于曹、滕①，以周之民则不众于邾、莒②，然历数百年，宗主天下，虽以晋、楚、齐、秦之强不敢加者，何哉？徒以名分尚存故也。至于季氏之于鲁，田常之于齐，白公之于楚，智伯之于晋，其势皆足以逐君而自为，然而卒不敢者，岂其力不足而心不忍哉，乃畏奸名犯分而天下共诛之也。今晋大夫暴蔑其君，剖分晋国，天子既不能讨，又宠秩之，使列于诸侯，是区区之名分复不能守而并弃之也。先王之礼于斯尽矣！

【白话】

因此，当周王室的土地已不比曹国和滕国更大，周王室管辖的人口已不比邾国和莒国多时，却仍然能在这数百年间充当天下共主，即便是晋、楚、齐、秦那样的强国也不敢有所欺凌，这是为什么呢？只不过是因为周天子还保有天子名分的缘故罢了。至于鲁国的季氏、齐国的田常、楚国的白公、晋国的智伯，以他们自身的权势，已足以驱逐国君而自立。然而，他们之所以终究不敢这样做，难道是因为力量不够或心中不忍吗？都不是的，只不过是因为他们恐惧僭犯名分而招致天下人的一致讨伐罢了。现在晋国的三家大夫欺凌蔑视国君，将晋国就这样瓜分，周天子不但不能派兵征讨，反而对他们擢升加封，让他们得以位于诸侯之列，这就使得周天子最后仅存的一点天子名分都无法守住而彻底放弃了。于是，先王流传下来的礼教到此就算是丧失干净了！

【姚注】

①曹：今山东定陶。滕：今山东滕州。皆小国。

[1] 《史记·晋世家》记载：孔子读史记至文公，曰"诸侯无召王"、"王狩河阳"者，春秋讳之也。

②邾（zhū）：今山东邹县。莒（jǔ）：今山东莒县。皆小国。

【姚论】

司马光为了论证礼教名分有震慑权臣不敢"逐君而自为"的功效，列举了季氏、田常、白公、智伯四人为案例。遗憾的是，他这次又犯了严重的举证错误。其中错得最离谱的是"白公之于楚"。

白公，名芈胜，是楚平王时期的太子芈建的儿子。太子芈建因遭到楚平王宠臣费无极的陷害而被迫逃亡在外，先逃至宋国，后转逃至郑国，被郑人所杀，其子芈胜遂又从郑国逃至吴国。楚平王死后，其子楚昭王即位；楚昭王死后，其子楚惠王即位。楚惠王二年，即前487年，故太子芈建之弟、楚国令尹子西将芈建之子芈胜从吴国迎回，号白公，故又称白公胜。前481年，白公在朝堂上袭击并杀死子西和子綦，又劫持了楚惠王，将他软禁起来后也准备杀死，由于楚惠王的随从屈固背着他逃走，这才让白公没有杀成。于是，白公自立为楚王。一个多月后，楚惠王的属下和前来援救的叶公联合进攻并杀死白公，楚惠王由此复位。可见，在这个案例中，白公既驱逐国君，又自立为王，完全不存在司马光所谓不敢"逐君而自为"的问题。

接着说田常。田常，即陈恒。田氏本陈国公族之后，汉代为避文帝刘恒的名讳，宋代为避真宗赵恒的名讳，是以后世史书多称其为田常。齐简公在位时，田常与监止担任左右丞相。田常内心非常忌恨监止，而监止的族人子我也正想方设法除掉田常。齐简公内心偏向监止和子我一方，却又迟迟不能处理田常。最终，双方交战的结果是田常获得胜利，子我与监止败亡。齐简公也只能跟着逃走，在逃亡途中被田常的属下抓住并杀死。田常拥立简公的弟弟为国君，是为齐平公。可见，田常何曾如司马光所说的"不敢逐君"？他都已经弑君了。当然，田常确实还没有自立为君，但他已经完全掌控朝政，国君只是他手中的傀儡。约一百年后，田常的曾孙田和废齐康公而自立为国君，并且得到了周天子的承认，史称"田氏代齐"。显然，田常没有自立为君，并非全因对礼教有太多畏惧，只是觉得眼下的时机尚不成熟。就如同曹操没有以魏代汉，司马昭没有以晋代魏，只是想把这事交给儿子来办而已。

再说季氏。鲁桓公有四个儿子，分别是庆父、同、叔牙、季友。桓公死后，嫡长子同继承了君位，是为鲁庄公。其余三子就是后来的孟孙氏、叔孙氏和季孙氏三大家族的始祖，因其皆出自鲁桓公之后，所以又被称为"三桓"。自鲁宣公时代起，鲁国公室日益衰落，国政逐渐被三桓所操纵。三桓之中，又以季孙氏的势力最为强大，季平子驱逐过鲁昭公，季康子又驱逐过鲁哀公。因此司马光所谓的"不敢逐君"，在季氏这里同样是不成立的。至于季氏之所以没有自立为君，主要是因为他势力还不够大，虽说是三桓中实力最强的，但还远没有强到可以无视孟孙氏和叔孙氏的程度。事实上，季孙氏是需要通过与孟孙、叔孙两家的紧密合作，才能一起对抗鲁君、掌控朝政的，又怎么可能自立为君呢？

最后说智伯。智伯的情况与季氏非常接近，他虽然也是晋国大夫中实力最强的，曾经驱逐过晋出公，但赵、魏、韩三家的实力同样不弱，并且最终就是赵、魏、韩三家联手灭了智伯，则智伯又怎么可能自立为君呢？

综上所述，当我们再回过头来看司马光的"至于季氏之于鲁，田常之于齐，白公之于楚，智伯之于晋，其势皆足以逐君而自为，然而卒不敢者，岂其力不足而心不忍哉，乃畏奸名犯分而天下共诛之也"这句话时，就会发现里面漏洞百出。这四家权臣都曾经驱逐过自己的国君，根本不存在什么"不敢逐君"的问题。至于"自为"，白公是自己就做了，田常是留给后代做，季氏和智伯是因为实力不够而没法做，但他们都只是自认为时机成熟时就做，时机不成熟时就不做，都不存在什么因为畏惧礼教而不敢做的问题。

或者以为当是之时，周室微弱，三晋强盛，虽欲勿许，其可得乎！是大不然。夫三晋虽强，苟不顾天下之诛而犯义侵礼，则不请于天子而自立矣。不请于天子而自立，则为悖逆之臣，天下苟有桓、文之君，必奉礼义而征之。今请于天子而天子许之，是受天子之命而为诸侯也，谁得而讨之！故三晋之列于诸侯，非三晋之坏礼，乃天子自坏之也。

【白话】

也许有人认为，在当时那种情况下，周王室已经非常衰弱，而三晋的势力则非常强盛，就算周王室想不承认三晋，那又有什么用呢？这种说法是完全错误的。三晋的势力虽强，可他们如果胆敢不顾天下人讨伐而违背道义、侵犯礼教的话，就不必来请求周天子批准，自立为诸侯就是了。如果没有向周天子请求批准就自立为君，那就是叛逆之臣。天下如果有像齐桓公、晋文公这样的诸侯，就必定会尊奉礼义而去征讨。现在三晋已经向天子请封，而天子又批准了，那就是奉天子之命而成为诸侯的，谁还能去征讨他们？所以，三晋被列于诸侯，不是三晋破坏礼教，而是周天子自己破坏了礼教。

【姚论】

司马光认为只要周天子坚持原则，就一定能够守住礼教名分，但他的论证同样是漏洞百出。

首先，司马光说虽然三晋实力很强，但如果他们真敢侵犯礼教的话，那就不必请示周天子，自立为诸侯就是了。他们之所以还要请示周天子，就足以表明他们不敢侵犯礼教。这个推断显然是有逻辑问题的，对于三晋来说，当然是先请示周天子，周天子不同意再采取其他强硬手段。就好比某人要进入房门的话必定是先拿钥匙开锁，如果开不了锁就会想办法把锁撬了，如果锁撬不开才会考虑破门而入，哪有一个人不先尝试简单便捷手段就直接使用复杂暴力手段的？因此，司马光以三晋请示周天子为由就断定其不敢自立为君，就相当于看到某人用钥匙开锁进门就断言他不敢破门而入一样可笑。

其次，司马光说如果三晋不经请示而自立，就属于叛逆之臣。天下如果有齐桓公、晋文公这样的诸侯，就会尊奉礼仪而征讨。显然，司马光的说法是一种假设，假设天下有齐桓公、晋文公这样的诸侯就如何如何。可问题来了，当时的天下有齐桓公、晋文公这样的诸侯吗？答案是没有。按照司马光的逻辑，天下不就是因为没有齐桓公、晋文公这样的诸侯才搞到礼教崩坏的吗？如果有，那早就该出面维护，还轮到现在吗？周天子封三晋为诸侯是在公元前403年，而自从前434年晋幽公继位以来，晋国公室出于畏惧心理，竟然主动去赵、魏、韩三家君主处朝拜。这难道还不够礼教崩坏吗？可30多年就是这么礼教崩坏过来的，也没见有哪个"桓、文之君奉礼义征之"。现在赵、魏、韩三家的势力日益强大，而周天子和晋公室的势力日益凋零。晋国公室都可以自降两级，反过来主动朝拜三家大夫，那你让周天子又能怎样？他不过是把三家大夫提升一级，提到与诸侯平起平坐的级别，又有什么无法接受的呢？司马光对周天子痛心疾首，却怎么不见他对晋公室痛心疾首呢？怎么不见他对当时没有桓、文之君而痛心疾首呢？司马光用当时已根本不存在的桓、文之君来指责周天子没有坚持原则，就好像看到某人因遭遇饥荒而不得不吃野菜时指责他的饮食方式不健康、不营养，说："你现在吃野菜吃饱了，那将来遇到丰盛的鱼肉，你肚子还怎么装得下呢？"

再次，即便天下有桓、文之君，可他是否真的会如司马光所说的"必奉礼义而征之"呢？齐桓公对周天子表面上还算客气，周襄王在赏赐祭肉给齐桓公时曾特别指出齐桓公不必下拜，但齐桓公却以维护天子威严为由而坚持下拜了。可晋文公对周天子是什么态度，前文已有详细叙述。齐桓公下拜受胙是在前651年，他在对待周天子的态度上还是能谨守本分的。晋文公请隧是在前635年，当时他就已经开始谋求在地位上与周天子平等了。到了前606年，楚庄王竟然主动问起周朝九鼎的大小轻重，这就是有取周天子而代之的念头。从齐桓公到晋文公，再到楚庄王，他们对周天子的态度越来越恶劣，这与道德并无太大关系，主要还是因为周天子的实力越来越弱，而霸主的实力越来越强，所以他们也越来越有资本不把周天子放在眼里。短短40余年，霸主的态度就已经发生了如此显著的变化，更何况在三家分晋的前403年，周天子的实力权威又衰弱了两百年。此时别说已没有桓、文之君，就算真有，他们也照样不会尊重周天子。司马光还盼望着"天下苟有桓、文之君，必奉礼义而征之"，真可谓痴人说梦。

呜呼！君臣之礼既坏矣，则天下以智力相雄长，遂使圣贤之后为诸侯者，社稷无不泯绝，生民之类糜灭几尽，岂不哀哉！

【白话】

呜呼！君臣之间的礼教既然已经崩坏，于是天下人便开始以智谋和武力争雄，这就导致当年受周朝先王分封而成为诸侯的圣贤的后裔，江山社稷相继沦亡，百姓也遭到涂炭而几乎灭绝，这岂不是太令人哀痛了！

【姚论】

司马光将三家分晋作为历史分期的标志性事件，这是有一定道理的。毕竟我们说"战国七雄"，如果不是晋国分成韩、赵、魏三国，又怎么会有"七雄"之数呢？可是，司马光非要把它往礼教上扯，这就有些莫名其妙了。难道在三家分晋以前，天下就不是以智力相雄长的了？更可笑的，司马光竟然把国家灭亡、社稷沦丧、生民涂炭之事全部怪在三家分晋所导致的礼教崩坏上。我们要反问的是，诚如司马迁在《史记·太史公自序》中说的"春秋之中，弑君三十六，亡国五十二，诸侯奔走不得保其社稷者不可胜数"，既然这些层出不穷的弑君亡国之事皆发生在春秋时代，那么司马光又怎么能把所有的账都算在三家分晋头上呢？所以司马迁接下来说："臣弑君，子弑父，非一旦一夕之故也，其渐久矣。"礼教的维护，是必须要有实力做后盾的。随着周天子的实力日益衰退，礼教崩坏也就是不可避免的趋势了。三家分晋之后的礼教确实比之前更加糟糕，但那是因为三家分晋之后的周天子实力比之前更弱，他本身就处在一个不断下跌的趋势之中。司马光过于强调三家分晋的重要性，甚至认为只要周天子不承认三家分晋，礼教就不会更加崩坏，国家就不会被灭亡，生民就不会遭涂炭，真可谓思维僵化、刻舟求剑。

德才之辩

初，智宣子将以瑶为后，智果曰："不如宵也。瑶之贤于人者五，其不逮者一也。美鬓长大则贤，射御足力则贤，伎艺毕给则贤，巧文辩惠则贤，强毅果敢则贤；如是而甚不仁。夫以其五贤陵人而以不仁行之，其谁能待之？若果立瑶也，智宗必灭。"弗听。智果别族于太史，为辅氏。

【白话】

当初，智宣子打算立智瑶为继承人，智果反对道："立智瑶不如立智宵。智瑶有五项超越常人的优点和一项缺点。五项优点分别是：高大帅气，精通骑射，多才多艺，能写善辩，坚毅果敢。可是他还有个缺点，就是不仁。如果他用这五项优点去欺凌别人而行不仁之事，又有谁能与他和睦相处呢？如果真的是要立智瑶为继承人的话，智氏家族一定会灭亡。"智宣子拒绝了智果的建议。智果为了避祸，去太史处登记脱离智氏家族，改为辅氏。

【姚论】

以事后的发展来看，智瑶继位后果然弄得国破家亡，印证了智果当初的预言，因此世人多赞其远见卓识。但在姚尧看来，智果的这番言论存在太多漏洞。

智果认为智瑶不能继位的主要原因在于"不仁"。那么，什么叫作"仁"呢？这是个内涵极其宽泛的道德概念。实事求是地说，历来有为之君或多或少都做过一些"不仁"的事。因此，智宣子本人是否真的把"不仁"看成缺点都很难说，或许他心里正在嘲笑智果的书呆子气。

从智果归纳的五项优点来看，基本属于个人魅力的范畴，这或许也是智宣子喜欢智瑶的原因所在。可这五项优点中除强毅果敢外，基本上都不属于作为优秀领导者的必备素质。通过智瑶日后的所作所为，我们发现他的缺点是很多的，比如骄傲自负，比如心胸狭窄，比如贪图小利，比如有错不改，比如刚愎自用，比如缺乏城府，这些都是身为领导者的大忌，可为什么智果却都不提呢？身为一个反对智瑶的人，为何智果说优点可以列举出五个，说缺点却只说一个模模糊糊的"不仁"呢？这岂非严重地不符合比例原则？如果我是智宣子，我甚至会因此而更加支持智瑶，因为他的优点是如此之多，缺点却根本无足轻重。

不仅如此，智果认为智宵比智瑶更适合做继承人，却丝毫没有分析智宵的优缺点，有这样做推荐的吗？我们合理推测，大概智瑶的优点就是智宵的缺点，智瑶的缺点就是智宵的优点。也就是说，智宵文的也不行，武的也不行，长相也不行，口才也不行，性格也不行，那他有什么行的呢？他品德比较好，他有"仁"。在智宣子看来，这不就是个没用的滥好人吗？怎么可能把江山社稷交给这样的继承人？他甚至会怀疑，智果是不是就想找个比较好糊弄的领导，这样以后混日子能更舒服些？

由此可见，智果虽然预料到智氏日后的命运，但他对智宣子的这番劝谏在文辞和逻辑上是非常糟糕的。智果并没有真正做到把话说清楚、讲明白，他仅用"不仁"二字就试图否决智宣子欣赏器重的爱子，其分量显然是不够的。严格来说，智果并没有尽到良臣的责任。

赵简子之子，长曰伯鲁，幼曰无恤。将置后，不知所立，乃书训戒之辞于二简，以授二子曰："谨识之！"三年而问之，伯鲁不能举其辞；求其简，已失之矣。问无恤，诵其辞甚习；求其简，出诸袖中而奏之。于是简子以无恤为贤，立以为后。

【白话】

赵简子有两个儿子，大的叫伯鲁，小的叫无恤。赵简子在确定继承人时，不知道立哪个好，就把一篇训诫的言辞刻在竹简上交给两个儿子，并嘱咐他们："谨记在心！"三年后，赵简子再次问起竹简之事。伯鲁已经完全不记得竹简上的话，让他把竹简拿出来，也已经找不到了。反观无恤，竟然能对竹简上的话背诵如流，让他去把竹简找出，他当即就从袖子中取出献上。于是，赵简子认为无恤非常贤德，立他为继承人。

【姚论】

司马光将智宣子和赵简子立储之事并列于此，用意是为后面的德才之辩埋下伏笔，因为赵简子是立德而兴国，而智宣子是立才而亡家。不过，正如前面的智氏一样，这里的赵氏也有许多值得商榷之处。

一段训诫放在三年后再问，显然它并不具有太强的时效性，多半是修身齐家的格言之类。可以想象，这段训诫应该是合乎情理的，但也不至于石破天惊。因此，在平常没有特别提醒的情况下，赵伯鲁时隔三年后记不起来，这并不是特别严重的错误。仅因父亲曾交代过一句"好好记住"，就要在三年之内反复背诵，相信正常家庭都不会如此，毕竟父亲三年内可能还会交待很多其他事情。当然，把父亲郑重赐予的竹简给弄丢，这事确实是不对的，但终究也不会造成什么重大损失。所以，我们只能说赵伯鲁不够认真谨慎，但这个不够认真谨慎也仍在常情所能理解的范围之内，并不能上纲上线就说他品德不好。反观赵无恤，其做法则显得非常不合情理。时至今日，让我们每天贴身携带一本纸质书都会觉得不适应，更何况是沉重的竹简？将已经背诵如流的沉重之物在袖中放置三年之久，又岂是正常人所为？这只能是有两种可能：第一，赵无恤深谙父亲的性格和心思，知道他喜欢在细节上考察人品，赐予竹简必有深意，所以赵无恤宁可忍受不适也要每天携带竹简。第二，赵无恤为了争得储君之位，在父亲身边安插了眼线，知道父亲打算近日将考察此事。无论是哪种可能，都足以证明赵无恤心思缜密，但都不能证明他的品德有多高尚。

简子使尹铎为晋阳，请曰："以为茧丝乎？抑为保障乎？"简子曰："保障哉！"尹铎损其户数。简子谓无恤曰："晋国有难，而无以尹铎为少，无以晋阳为远，必以为归。"

【白话】

赵简子派尹铎去镇守晋阳（今山西太原）。临行前，尹铎请示说："您是打算让我像抽丝剥茧般地搜刮财富呢，还是把晋阳发展成可靠的保障之地？"赵简子回答道："当然是作为保障。"于是尹铎就任后立刻减轻赋税。赵简子对儿子赵无恤说："一旦晋国发生危难，真正最可靠的退路就是晋阳。你不要轻视尹铎地位不高，也不要害怕晋阳路途太远，一定要以那里为归宿。"

【姚论】

人生总是顺境与逆境相交替，在逆境中坚定信念、百折不挠固然不易，在顺境中谦虚谨慎、未雨绸缪则要更难。老子说："祸兮福所倚，福兮祸所伏。"所以无论眼下如何顺风顺水，都要懂得居安思危，为自己留有退路，以便能从容应对随时可能出现的无妄之灾。既然是准备退路，就不要对利益锱铢必较。争夺利益本身并没有错，但那应该是在前线上争，在安排退路时就不能只想着利益，而应该以安全保障为优先考量。

及智宣子卒，智襄子为政，与韩康子、魏桓子宴于蓝台。智伯戏康子而侮段规。智国闻之，谏曰："主不备难，难必至矣！"智伯曰："难将由我。我不为难，谁敢兴之！"对曰："不然。《夏书》有之：'一人三失，怨岂在明，不见是图。'夫君子能勤小物，故无大患。今主一宴而耻人之君相，又弗备，曰'不敢兴难'，无乃不可乎！蚋、蚁、蜂、虿①，皆能害人，况君相乎！"弗听。

【白话】

等到智宣子去世，智襄子（即智瑶，也称智伯）继位掌权，与韩康子、魏桓子在蓝台设宴。席间，智伯先是戏弄了韩康子，接着又侮辱了他的家相段规。智国听说此事后，劝谏智伯说："主公您不对灾难做出预防准备，那么灾难就一定会到来的！"智伯回答道："有没有灾难那得取决于我。我不去给别人制造灾难，谁还敢兴风作浪呢？"智国道："话不是这样讲的。《夏书》上说：'一个人如果经常犯错，那么他所招来的怨恨又岂会都表现在明处？不能因为它没有表现出来就不加以提防。'君子能够在小事情上认真谨慎，所以就不会有大的灾患。现在主公出席一场宴会就羞辱了人家的主君和家相，却又不加以防备，还说'他们不敢兴风作浪'，这种做法恐怕是不行的吧！蚊子、蚂蚁、蜜蜂和蝎子这样的虫子都能害人，更何况是主君和家相呢？"智伯听不进去。

【姚注】

①蚋（ruì）：小蚊。虿（chài）：蝎类毒虫。

【姚论】

智伯说"难将由我。我不为难，谁敢兴之"，其实也并非全然没有根据，毕竟他在晋国四大家族中实力超强，只有他主动进攻别人的份，而不会有谁敢来招惹他。可是，当他对三大家族轮番发难后，就应该想到对方有可能反击了。能否居安思危，这是赵氏所以兴，而智氏所以亡的根本原因。

智伯请地于韩康子，康子欲弗与。段规曰："智伯好利而愎①，不与，将伐我；不如与之。彼狃于得地②，必请于他人；他人不与，必向之以兵，然后我得免于患而待事之变矣。"康子曰："善。"使使者致万家之邑于智伯。

【白话】

智伯向韩康子索要土地，韩康子本不打算给。段规说："智伯贪财好利而又性情刚愎，如果不给，他一定出兵讨伐我们，不如姑且给他。他拿到土地后会形成思维惯性，接着又会向别人索要。如果别人不给，他就必定会对别人动武，这样一来，我们就可以免于眼前的祸患而后等待事态的发展变化了。"韩康子说："有道理。"于是，韩康子派使者献上有万户人家的城邑给智伯。

【姚注】

①愎（bì）：固执，任性。
②狃（niǔ）于：习惯，拘泥，因袭。

【姚论】

段规对于智伯"好利而愎"的评价可谓一针见血，智氏日后的败亡也都源于这四个字。再次让我们叹息的是，作为外人的段规都能看得如此清楚的事情，为什么智果在劝智宣子不要立智伯为继承人时拉拉杂杂说了一大堆，却总是说不到关键点子上呢？

智伯悦。又求地于魏桓子，桓子欲弗与。任章曰："何故弗与？"桓子曰："无故索地，故弗与。"任章曰："无故索地，诸大夫必惧；吾与之地，智伯必骄。彼骄而轻敌，此惧而相亲；以相亲之兵待轻敌之人，智氏之命必不长矣。《周书》曰：'将欲败之，必姑辅之。将欲取之，必姑与之。'主不如与之，以骄智伯，然后可以择交而图智氏矣，奈何独以吾为智氏质乎！"桓子曰："善。"复与之万家之邑一。

【白话】

智伯大喜，果然又向魏桓子索要土地，魏桓子本来也不打算给，他的家相任章问："为什么不给他呢？"魏桓子说："无缘无故前来索要，当然不给了。"任章说："智伯无缘无故索要他人领土，这必定会引起各大家族的恐惧。我们如果给了他土地，就会使得智伯骄纵。智伯因骄纵而轻敌，我们这些被敲诈的家族则因恐惧而亲善，以亲善团结的军队来对付骄纵轻敌的智伯，可以预料，智氏的命数已经不会太长了。《周书》上说：'将要灭亡一个人之前，先帮助他一下。要夺取一个人的利益时，先给他一点好处。'主公不如先给智伯土地，让他骄傲自大，这样我们就可以结交盟友以共同对付智氏，又何必现在单独成为智氏攻击的对象呢？"魏桓子说："有道理。"于是也把一个万户人家的城邑献给了智伯。

【姚论】

段规劝韩康子献地给智伯，目的是为了转移祸水。任章劝魏桓子献地给智伯，目的是为了结友骄敌，以期能合众人之力打败智伯，其谋略之深远又胜过段规一筹。智伯想要扩张领土本没有错，四大家族谁不是靠持续扩张做大的。可是此前的扩张之所以成功，在于联合多数以吞并少数，如六卿中的智、韩、赵、魏四家联合吞并范氏和中行氏。现在智伯完全可以照此办理，与韩、赵、魏中的两家亲善而吞并剩下的一家，如此必能统一整个晋国，乃至最终取而代之。但是智伯的做法，却是以少数得罪多数，硬生生地逼着所有人联合起来对付自己，这又是何等的"大不智"？如此缺乏远虑之人，智果却只说他不仁，岂不可笑？

智伯又求蔡、皋狼之地于赵襄子，襄子弗与。智伯怒，帅韩、魏之甲以攻赵氏。襄子将出，曰："吾何走乎？"从者曰："长子近，且城厚完。"襄子曰："民罢力以完之，又毙死以守之，其谁与我！"从者曰："邯郸之仓库实。"襄子曰："浚民之膏泽以实之，又因而杀之，其谁与我！其晋阳乎，先主之所属也，尹铎之所宽也，民必和矣。"乃走晋阳。

【白话】

智伯又向赵襄子索要蔡和皋狼的土地，赵襄子不给。智伯大怒，率领韩、魏两家的甲兵前去攻打赵氏。赵襄子准备逃出晋国首府新田（今山西侯马），问左右："我应该投奔哪里去呢？"随从回答道："长子（今山西长子）距离最近，而且城墙坚厚完整。"赵襄子道："人民刚刚竭尽全力修筑好城墙，现在又要他们卖命守城，谁会愿意和我们一起生死与共呢？"随从又道："邯郸（今河北邯郸）仓库充实。"赵襄子道："仓库充实是因为官员搜刮民脂民膏得来的，现在又让人民上战场送命，谁会愿意和我们一起生死与共呢？还是去投奔晋阳吧，那里是我们赵氏的老根据地，尹铎对待当地人民又很宽厚，人民一定愿意与我们和衷共济。"于是，赵襄子投奔晋阳。

三家以国人围而灌之，城不浸者三版①。沉灶产蛙，民无叛意。智伯行水，魏桓子御，韩康子骖乘②。智伯曰："吾乃今知水可以亡人国也。"桓子肘康子，康子履桓子之跗，以汾水可以灌安邑，绛水可以灌平阳也。

【白话】

智伯率领三家联军围攻晋阳，而后引汾水灌城，水面距离城头仅差三版的距离。百姓家的炉灶因水淹而崩塌，满地都是鱼和青蛙，但人民仍然没有背叛之意。智伯乘车巡视水势时，魏桓子为其驾车，韩康子在右边护卫。智伯说："我到今天才知道，原来水也可以让人亡国的。"听到这话后，魏桓子用手肘碰了一下韩康子，韩康子也用脚轻踩了一下魏桓子，二人心照不宣，因为汾水也可以用来灌安邑[1]（今山西夏县，魏氏家族的根据地），绛水也可以用来灌平阳（今山西临汾西南，韩氏家族的根据地）。（见图1）

【姚注】

①三版：古代高二尺为一版，三版即为六尺。

②御：驾车。骖（cān）乘（chéng）：护卫。古时乘车，尊者居左，御者居中，骖乘居右。智伯乘车时以魏桓子为御者，以韩康子为骖乘，显然有居高临下，视其为臣属之意。

---

[1] 据谭其骧《中国历史地图集》显示，汾水附近有一条伏流，经过安邑。

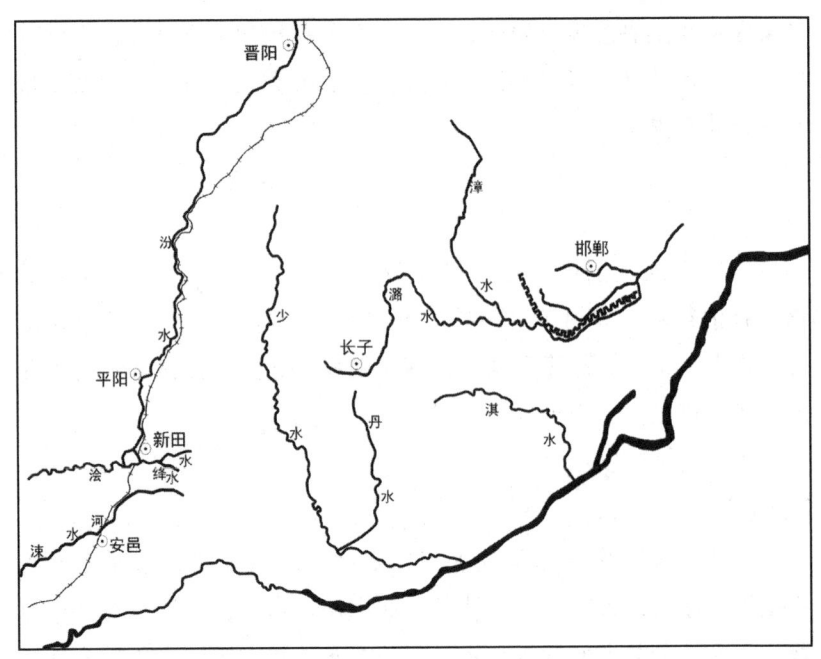

图1

　　絺疵谓智伯曰："韩、魏必反矣。"智伯曰："子何以知之？"絺疵曰："以人事知之。夫从韩、魏之兵以攻赵，赵亡，难必及韩、魏矣。今约胜赵而三分其地，城不没者三版，人马相食，城降有日，而二子无喜志，有忧色，是非反而何？"明日，智伯以絺疵之言告二子，二子曰："此夫谗臣欲为赵氏游说，使主疑于二家而懈于攻赵氏也。不然，夫二家岂不利朝夕分赵氏之田，而欲为危难不可成之事乎？"二子出，絺疵入曰："主何以臣之言告二子也？"智伯曰："子何以知之？"对曰："臣见其视臣端而趋疾，知臣得其情故也。"智伯不悛①。絺疵请使于齐。

【白话】

　　絺疵对智伯说："韩、魏两家肯定会反叛。"智伯问："你怎么知道？"絺疵回答道："我是根据人之常情来推断的。我们会同韩、魏两家的军队进攻赵国，一旦赵国灭亡，接下来必定就轮到韩、魏了。此次我们和韩、魏约定，灭赵后三家瓜分其领土，现在晋阳城仅差三版就要被洪水彻底淹没，城内百姓杀马为食，破城已是指日可待。可是，韩康子和魏桓子二人居然不但未见高兴的表情，反而是面带忧色，这不是要反叛又是什么？"第二天，智伯将缔疵的话告诉了韩康子和魏桓子，二人道："这是奸臣在为赵氏游说，目的是让主公您对我们两家疑心而松懈了对赵氏的进攻。否则的话，我们两家岂不是放着早晚都能到手的赵氏领土不要，却去做那种危险而又不可能成功的事吗？"待到二人出去，缔疵走进来质问智伯："主公您怎么能把我昨天的话告诉韩康子和魏桓子？"智伯问："你又是怎么知道的？"缔疵答道："我发现他们见到我时凝视了一下，然后匆忙离去，显然他们这是知道我看穿了他们的心思。"智伯仍然不肯悔改，于是缔疵为避祸而请求出使齐国。

【姚注】

①悛（quān）：悔改。

【姚论】

　　作为谋臣，韩康子手下有善识人的段规，魏桓子手下有善远虑的任章，而智伯手下有善明察的缔疵。相较于智果的含糊，缔疵是切实尽到自己责任的，他无愧于智氏的社稷之臣。可惜的是，智伯固执己见，死不认错，最终导致了自己的覆亡。通过智伯和缔疵的对话，我们再次感叹段规对于智伯"好利而愎"的判断是何其精准，也再次奇怪，智伯刚愎自用的缺点这么明显，为什么智果当初就没有和智宣子提出来呢？孔子在《论语》中对"仁"有着极其丰富多样的解释，如"爱人"，如"克己复礼为仁"，如"夫仁者，己欲立而立人，己欲达而达人"。但无论如何，"不仁"和刚愎自用、知错不改总扯不上边吧？

　　赵襄子使张孟谈潜出见二子，曰："臣闻唇亡则齿寒。今智伯帅韩、魏以攻赵，赵亡则韩、魏为之次矣。"二子曰："我心知其然也；恐事未遂而谋泄，则祸立至矣。"张孟谈曰："谋出二主之口，入臣之耳，何伤也！"二子乃潜与张孟谈约，为之期日而遣之。襄子夜使人杀守堤之吏，而决水灌智伯军。智伯军救水而乱，韩、魏翼而击之，襄子将卒犯其前，大败智伯之众，遂杀智伯，尽灭智氏之族。唯辅果在①。

【白话】

赵襄子派张孟谈秘密出城会见韩康子和魏桓子，道："我听说唇亡则齿寒。现在智伯率领韩、魏两家来围攻赵家，赵家灭亡就该轮到韩、魏了。"二人道："我们心里也明白这个道理。只是担心事情还没办好而谋划泄露，那就马上要大祸临头了。"张孟谈道："谋划出自二位主公之口，进入我一人之耳，又会有什么纰漏呢？"于是二人与张孟谈密谋，约好起事日期后送他回城。那夜，赵襄子派人杀死智伯军的守堤官吏，而后决堤反过来水灌智伯军。智伯军因救水而大乱，韩、魏两家从两翼夹击，赵襄子则率士兵正面进攻，大败智伯军。于是杀死智伯，又将智氏家族尽数屠灭。只有辅果得以幸免。

【姚注】

①辅果：即智果，前因谏智宣子勿立智瑶不从而改姓辅。

臣光曰：智伯之亡也，才胜德也。夫才与德异，而世俗莫之能辨，通谓之贤，此其所以失人也。夫聪察强毅之谓才，正直中和之谓德。才者，德之资也；德者，才之帅也。云梦之竹，天下之劲也；然而不矫揉，不羽括①，则不能以入坚。棠溪之金，天下之利也；然而不镕范，不砥砺②，则不能以击强。是故才德全尽谓之圣人，才德兼亡谓之愚人；德胜才谓之君子，才胜德谓之小人。凡取人之术，苟不得圣人、君子而与之，与其得小人，不若得愚人。何则？君子挟才以为善，小人挟才以为恶。挟才以为善者，善无不至矣；挟才以为恶者，恶亦无不至矣。愚者虽欲为不善，智不能周，力不能胜，譬如乳狗搏人，人得而制之。小人智足以遂其奸，勇足以决其暴，是虎而翼者也，其为害岂不多哉！夫德者人之所严，而才者人之所爱；爱者易亲，严者易疏，是以察者多蔽于才而遗于德。自古昔以来，国之乱臣，家之败子，才有余而德不足，以至于颠覆者多矣，岂特智伯哉！故为国为家者苟能审于才德之分而知所先后，又何失人之足患哉！

【白话】

臣司马光认为：智伯之所以灭亡，在于他的才能胜过了品德。才能与品德，这是两回事，而世俗之人往往分不清楚，一概称之为贤明，这就是他们经常看错人的原因。所谓才，指的就是聪慧、明察、坚强、刚毅；所谓德，指的就是公正、率直、中庸、平和。才，是德的凭借；德，是才的统帅。云梦产的竹，是天下最强劲的，可是如果不矫正弯曲，不配上羽毛，就不能作为利箭以射入坚物。棠溪产的铜，是天下最精利的，可是如果不经过熔铸锻造，不磨砺出锋刃，就不能用来作为兵器攻击强敌。所以说，德才兼备就称之为圣人，无德无才就称之为愚人，德胜过才就称之为君子，才胜过德就称之为小人。选拔人才的策略，在于如果找不到圣人、君子，那么与其任用小人，不如任用愚人。为什么这样说呢？因为君子会把才干用在行善上，而小人会把才干用在作恶上。把才干用于行善，则处处皆善；把才干用于作恶，则无恶不作。愚人尽管也想作恶，但由于智计不够，力量不足，就好像刚出生的小狗扑过来咬人，人很容易就能制服它。可是小人既有足够的智计来做坏事，又有足够的力量把坏事做得很大，这就是如虎添翼，这种危害性该有多大！德行，是令人敬重的；而才能，是令人喜爱的。人们对于喜爱的东西，总是容易亲近；而对于敬重的东西，总是容易疏远。故而察选者经常会被人才的才干所蒙蔽而忽视了他的品德。自古以来，国家里的乱臣，家族中的败子，大多都是才有余而德不足，又岂止是智伯一人？因此，治国理家的领导者在选拔人才时，若能够审视德与才的不同，懂得怎样区分先后轻重，就不用担心看错人了。

【姚注】

①不矫揉，不羽括：矫，使曲者变直；揉，使直者变曲；羽括，在箭尾配上羽毛。一支箭分为箭头、箭杆和箭羽三部分，箭头

用于杀伤，箭羽用于提高飞行中的稳定性。

②不镕范，不砥砺：镕范，熔铸的模具；砥砺，磨刀石。

【姚论】

司马光通过智伯的败亡引出一段德才之辩的宏论，遗憾的是，司马光试图厘清德才之差异，却带来了更大的混乱和漏洞。接下来，我们逐一分析。

首先，司马光认为智伯的败亡是因为"才有余而德不足"，这显然是没有搞清楚才是分很多种的。智瑶真的是"才有余"吗？从智果所谓"瑶之贤于人者五，其不逮者一也"来看，好像是这样的。可我们有必要细究，智伯所具备的都是什么才。美鬓长大，说的其实是长相；强毅果敢，说的其实是性格；射御足力，指的是武才；伎艺毕给，指的是艺才；巧文辩惠，指的是文才和口才。由此观之，智伯的确是很有才。以他的武才，可以成为军事家；以他的艺才，可以成为艺术家；以他的文才，可以成为文学家；以他的口才，可以成为外交家。可惜的是，智伯具备这才那才，就是不具备作为领袖的君才，却被安排到领袖的位置上。韩信说刘邦"不能将兵，而善将将"，这便是指刘邦的文才、武才、口才、艺才等虽不一定出众，但君才却是凤毛麟角，故能统御具备文才、武才、口才、艺才之士为其所用。因此，智伯如果被安排在别的行业或职位上，或许是"才有余"的，但作为领袖，他完全不是"才有余"，而是严重的"才不足"。

其次，司马光认为世人不能辨别才与德的差异，一概称之为贤明，所以经常看错人。为此，司马光对才与德分别给出四个字的定义。可是，这个定义不给还好，一给反而造成了更多的混乱。

司马光说"聪察强毅之谓才"，显然，聪和察可以称之为才，而强和毅则更接近于德。更何况，智伯羞辱了韩氏的家相，又问韩、魏两家索要了领土，却不知对两家采取防备措施，这哪里算是聪慧了？絺疵已经将韩、魏两家必反的原因分析得如此清楚透彻，智伯却一点都听不进去，这哪里算是明察了？可见智伯既不聪慧，也不明察，司马光又怎么能得出智伯"才有余"的结论呢？至于司马光说"正直中和之谓德"固然是讲得通，但这也未必不属于才的范畴。智伯恃强凌弱羞辱韩氏家相，这固然是道德上的不"正直"，亦可理解为才能上的不智，毕竟对方仍具有相当的实力。智伯无故索要领土，索要不成就出兵攻打，这固然是道德上的不"中和"，亦可理解为才能上的不武。征讨扩张这本身无所谓对错，但聪明的领袖都知道，每次出兵都必须要有个合理的政治口号，这样的军队就是正义之师，才更容易打胜仗。由此观之，德与才之间本非泾渭分明，司马光强行一分为二，反而容易引发混乱。

再次，司马光说："才德全尽谓之圣人，才德兼亡谓之愚人；德胜才谓之君子，才胜德谓之小人。"这套公式看似简单便捷，实则漏洞百出。举例来说，韩信是秦汉之际最伟大的战略家，然而他在成名之前，却是个四处惹人讨厌的问题青年。按照《史记·淮阴侯列传》的说法："淮阴侯韩信者，淮阴人也。始为布衣时，贫无行，不得推择为吏，又不能治生商贾，常从人寄食饮，人多厌之者。"韩信并没有什么好的出身，家里贫穷又没什么好的品德操行，既不能被推选为小官吏，又不能经商谋生，整天到人家家里蹭饭吃，大家都很讨厌他。混饭时被南昌亭长驱逐，感谢漂母赠饭时被抢白，走在街上又被淮阴市井羞辱。显然，韩信虽不能说是道德败坏，但也很难称其品行有多高洁。尤其是与他那不世出的战略眼光和军事才能相比，韩信无疑是"才胜德"的。要按司马光的说法，韩信可就是个不折不扣的小人了。那么，刘邦任用韩信为大将军，之后百战百胜、席卷天下，这是用对了呢，还是用错了？

同样还是在刘邦帐下，谋士陈平最初投奔的是魏王魏咎，在项羽东渡黄河破釜沉舟时投靠项羽，最后才在魏无知的引荐下投奔汉王刘邦。刘邦对陈平非常器重，这也引来周勃、灌婴等一班沛县旧臣的嫉妒，纷纷在刘邦面前进谗言，说据传言陈平曾有盗嫂受金的不端行为，是个品行不佳之人，不能委以重任。于是刘邦开始怀疑陈平，遂将引荐者魏无知召来责问。魏无知回答道："微臣所推荐的，是才能。陛下所责问的，是品行。我们假设现在有个人，他的品行有如尾生、孝己那样端正，可是对战争的胜负却毫无帮助，陛下又哪有时间去用这种人呢？楚汉双方正在激烈对峙，我举荐的是善于出谋划策的奇才，只需要考虑他的谋略是否对于国家有用即可。至于他过去是否曾经跟嫂子私通，是否接受过其他将领的钱财，这种事又有什么值得怀疑的呢？"

魏无知的这番言论，正是对司马光所谓"凡取人之术，苟不得圣人、君子而与之，与其得小人，不若得愚人"的有力驳斥。司马光说："君子挟才以为善，小人挟才以为恶。小人智足以遂其奸，勇足以决其暴，是虎而翼者也，其为害岂不多哉！"但是作为曾盗嫂受金，明显是才胜于德的"小人"陈平，自始至终都在用心辅佐刘邦，为他出谋划策，屡立奇功。即使是在刘邦死后，陈平还竭尽全力维护刘家社稷，平定诸吕之乱，辅佐汉文帝登基。难道司马光能说，刘邦任用陈平是用错了吗？陈平这个"小人"给刘邦作了什么恶，又为了什么害？

事实上，人性是复杂的，每个人都既有正直光明的一面，也都有自私阴暗的一面，只是程度不同而已。真正英明的领袖，除了细究臣属的私人品德外，更重要的是要善于建立合理的制度和文化，使得有才者能够人尽其才，而又不至于违法乱纪。毕竟，才能是容易体现的，而品德是难以衡量的。按照司马光的这套取人之术，则国家政治必定会陷入无休止的互相夸耀和攻讦之中。一个政治人物，粉饰自己的德行总是比彰显自己的才能更容易。对于政敌，则无论其多么有才能，你也总是能够找到他道德上的瑕疵而将其击倒。司马光自己所身处的大宋王朝，不正是在这种无休止的新旧党争中走向灭亡的么？

豫让之死

三家分智氏之田。赵襄子漆智伯之头，以为饮器。

【白话】

赵、魏、韩三家瓜分了智氏的土地。赵襄子把智伯的头颅涂上油漆，作为饮酒的器具。

【姚论】

智伯将赵襄子逼至几乎亡家灭种的绝境，赵襄子因而对他恨之入骨，这也是人之常情。可是作为政治领袖，处事必须要有深谋远虑，不能任凭情绪宣泄而恣意妄为。赵襄子尽灭智氏之族，已经达到斩草除根的效果，又何必再去侮辱智伯？智氏作为晋国最大的家族，家臣故吏众多，岂会因一战而尽绝？侠义忠贞之士不忿于故主亡家灭种后尸首还遭到侮辱，舍命为其报仇，这应该也是顺理成章，必然会发生的。即便没有人舍命复仇，赵氏瓜分了智氏三分之一以上的土地[1]，将来该如何管理？纵使百姓们不敢举兵造反或者冒死行刺，可他们心里难道不会对赵氏充满抗拒吗？这势必会极大动摇赵氏的统治基础，增加赵氏的管理成本。赵襄子只因一毫无必要的情绪化举动，就造成如此恶劣的政治影响，实在是太不应该。

---

[1]《战国策·赵策一》记载：襄子往见张孟谈而告之曰："昔者知氏之地，赵氏分则多十城。"此处"知氏"即"智氏"。

智伯之臣豫让欲为之报仇，乃诈为刑人，挟匕首，入襄子宫中涂厕。襄子如厕心动，索之，获豫让。左右欲杀之，襄子曰："智伯死无后，而此人欲为报仇，真义士也，吾谨避之耳。"乃舍之。

【白话】

智伯的家臣豫让打算为故主报仇，就伪装成受刑的差役，暗藏匕首，在赵襄子的住处涂饰厕所。赵襄子准备上厕所时，忽感心动不安，命人四下搜索，把豫让抓了出来。左右随从要将他杀死，赵襄子说："智伯死后已没有继承人，可是此人还要为他报仇，真是个义士，我小心躲着他就是了。"于是下令释放豫让。

【姚论】

赵襄子的做法是正确的，或许他头脑冷静下来后，也意识到当初将智伯的头颅油漆后作饮器的错误。所谓"冤家宜解不宜结"，豫让的冒死行刺是为故主智伯报仇，如果赵襄子当即处死豫让，则必定又会有后来人为故友豫让报仇。作为侠义忠贞之士的豫让，恐怕还真有不少同样不怕死的朋友。如此一来，赵襄子可就永无宁日了。

豫让又漆身为癞，吞炭为哑。行乞于市，其妻不识也。行见其友，其友识之，为之泣曰："以子之才，臣事赵孟，必得近幸。子乃为所欲为，顾不易邪？何乃自苦如此？求以报仇，不亦难乎！"豫让曰："既已委质为臣，而又求杀之，是二心也。凡吾所为者，极难耳。然所以为此者，将以愧天下后世之为人臣怀二心者也。"襄子出，豫让伏于桥下。襄子至桥，马惊；索之，得豫让，遂杀之。

【白话】

豫让被释放回家后，用漆涂遍全身，使自己身上长满癞疮。接着又吞下火炭，把自己声音弄得嘶哑。走在街上乞讨时，连他的结发妻子也认不出来。不过途中遇见一位故友，认出了他是豫让，故友垂泪道："以你的才干，如果愿意投靠赵氏，必定能够获得赏识重用。到那个时候，你想怎么样做都可以，不是要更方便吗？何苦把自己伤害成这样？用这种方式来图谋报仇，不是太困难了吗？"豫让说："一旦我委身做了赵氏家臣，届时再去刺杀他，就是怀有二心。我自己也知道，我现在的这套做法想要成功，是极其困难的。然而我之所以还要这样做，就是为了让天下与后世为人臣子而又怀有二心的人感到羞愧。"赵襄子乘车出行，豫让潜伏于桥下。赵襄子的车驾走到桥前时，马突然受到惊吓。赵襄子下令搜索，再度抓获豫让，遂下令将其处死。

【姚注】

读《资治通鉴》这段文字，感觉是赵襄子第一次释放豫让，第二次就不再饶恕，抓到后就立即处死。可事实上，根据司马迁《史记·刺客列传》的记载，豫让在被捕之后曾与赵襄子有一段非常精彩的对话，有助于我们了解更加真实、更加鲜活的赵襄子和豫让，不知道司马光为何删去而不转载至《资治通鉴》中，现全文摘抄如下：

豫让者，晋人也，故尝事范氏及中行氏，而无所知名。去而事智伯，智伯甚尊宠之。及智伯伐赵襄子，赵襄子与韩、魏合谋灭智伯，灭智伯之后而三分其地。赵襄子最怨智伯，漆其头以为饮器。豫让遁逃山中，曰："嗟乎！士为知己者死，女为说己者容。今智伯知我，我必为报仇而死，以报智伯，则吾魂魄不愧矣。"

乃变名姓为刑人，入宫涂厕，中挟匕首，欲以刺襄子。襄子如厕，心动，执问涂厕之刑人，则豫让，内持刀兵，曰："欲为智伯报仇！"左右欲诛之。襄子曰："彼义人也，吾谨避之耳。且智伯亡无后，而其臣欲为报仇，此天下之贤人也。"卒释去之。

居顷之，豫让又漆身为厉，吞炭为哑，使形状不可知，行乞于市。其妻不识也。行见其友，其友识之，曰："汝非豫让邪？"曰："我是也。"其友为泣曰："以子之才，委质而臣事襄子，襄子必近幸子。近幸子，乃为所欲，顾不易邪？何乃残身苦形，欲以求报襄子，不亦难乎！"豫让曰："既已委质臣事人，而求杀之，是怀二心以事其君也。且吾所为者极难耳！然所以为此者，将以愧天下后世之为人臣怀二心以事其君者也。"

既去，顷之，襄子当出，豫让伏于所当过之桥下。襄子至桥，马惊，襄子曰："此必是豫让也。"使人问之，果豫让也。于是襄子乃数豫让曰："子不尝事范、中行氏乎？智伯尽灭之，而子不为报仇，而反委质臣于智伯。智伯亦已死矣，而子独何以为之报仇之深也？"豫让曰："臣事范、中行氏，范、中行氏皆众人遇我，我故众人报之。至于智伯，国士遇我，我故国士报之。"襄子喟然叹息而泣曰："嗟乎豫子！子之为智伯，名既成矣，而寡人赦子，亦已足矣。子其自为计，寡人不复释子！"使兵围之。豫让曰："臣闻明主不掩人之美，而忠臣有死名之义，前君已宽赦臣，天下莫不称君之贤。今日之事，臣固伏诛，然愿请君之衣而击之焉，以致报仇之意，则虽死不恨。非所敢望也，敢布腹心！"于是襄子大义之，乃使使持衣与豫让。豫让拔剑三跃而击之，曰："吾可以下报智伯矣！"遂伏剑自杀。死之日，赵国志士闻之，皆为涕泣。

翻译成白话是这样的：

豫让，是晋国人，以前曾经做过范氏和中行氏的家臣，但一直没有什么名气。后离开转投到智伯门下，智伯对他非常器重和宠信。再后来，智伯出兵讨伐赵襄子，赵襄子联合韩、魏两家合谋灭了智伯，瓜分了智氏的土地。赵襄子对智伯怨恨最大，把他的头颅油漆后作为饮器。豫让逃亡到山中，听说此事后感叹道："唉！士为知己者死，女为悦己者容。智伯是真正了解我赏识我的人，我一定要舍命为他复仇，以报答他的知遇之恩。唯有如此，才能让我死后的魂魄不至于感到羞愧。"

（此处译文略去《资治通鉴》已有记载的部分）

豫让告别朋友之后，没过多长时间，赵襄子正好要外出，豫让就事先埋伏在赵襄子必经的一座桥下。赵襄子的车驾来到桥边，马突然受惊，赵襄子道："这必定是豫让在此。"派人前去查问，果然是豫让。于是，赵襄子列举豫让的罪过而质问他："你过去不也曾经侍奉过范氏和中行氏吗？智伯将这两家灭后，也不见你为他们报仇，反而是委身投靠智伯，做了他的家臣。现在智伯已经死了，你又何必这么执着，非要为他报仇呢？"豫让回答道："我在范氏和中行氏门下为臣时，他们只是把我当一般人看待，所以我也像一般人那样报答他们。至于智伯，他是像对待国士一样对待我，因此我也必须像国士一样报答他。"赵襄子感慨叹息，流着眼泪说：

"唉！豫先生，您为智伯尽忠到这种程度，美好的名声已经成就了。而我宽赦您到这种地步，也算仁至义尽了。请您为自己考虑考虑吧，我真不能再释放您了。"豫让道："我听说，贤明的君主不会掩盖别人的美德，而忠贞的臣子理应为自己的名节献身。上一次您宽赦我，天下人无不称赞您的贤明。今天的事，我固然是难逃一死。可是我还是恳请您把衣服拿来让我击打一下，以此来表达我为智伯报仇的心意。这样，我就真的是死而无憾了。我知道这个要求很过分，也不敢有太多期望，只是斗胆向您陈述我内心的想法。"赵襄子为豫让的忠义所感动，便派人将自己的衣服拿给豫让。豫让拔出剑，对着衣服跳起来刺了三下，说道："这下我可以在九泉之下报答智伯了！"说罢拔剑自刎。豫让死的那天，赵国的志士听说这个消息后，都为他痛哭流泪。

【姚论】

赵襄子允许豫让击打自己衣服的做法，无疑是正确而高明的。孔子说："君子成人之美。"赵襄子在成全豫让好名声的同时，也为自己留下了好名声。原本智氏的家臣，在得知豫让以击衣的方式为智伯报仇后，心中那种急切报仇的愤恨之情就得到了极大的疏解，他们也不必再舍命刺杀赵襄子了。甚至，他们还有可能会为赵襄子的宽厚仁义所打动，真心实意投靠赵氏。当初赵襄子因以智伯头颅为饮器而积累下的怨气，就通过允许智氏旧臣击打自己衣服的义举而释放掉了。

豫让死后，千百年来皆被奉为忠贞侠义之士。他留下的"士为知己者死，女为悦己者容""以众人遇我，我故众人报之。以国士遇我，我故国士报之"亦是千载流传的名句。胡曾是唐代著名的咏史诗人，有咏史诗150首，皆以地名为题，品评当地的历史人物和历史事件。在《豫让桥》一诗中，他是这样写的：

豫让酬恩岁已深，高名不朽到如今。

年年桥上行人过，谁有当时国士心？

然而，明初的方孝孺却对豫让相当不以为然，在其名篇《豫让论》中，方孝孺认为"以国士而论，豫让固不足以当矣"。

现全文摘录如下：

士君子立身事主，既名知己，则当竭尽智谋，忠告善道，销患于未形，保治于未然，俾身全而主安。生为名臣，死为上鬼，垂光百世，照耀简策，斯为美也。苟遇知己，不能扶危于未乱之先，而乃捐躯殒命于既败之后，钓名沽誉，眩世炫俗，由君子观之，皆所不取也。

盖尝因而论之。豫让臣事智伯，及赵襄子杀智伯，让为之报仇，声名烈烈，虽愚夫愚妇莫不知其为忠臣义士也。呜呼！让之死固忠矣，惜乎处死之道有未忠者存焉。何也？观其漆身吞炭，谓其友曰："凡吾所为者极难，将以愧天下后世之为人臣而怀二心者也。"谓非忠可乎？及观斩衣三跃，襄子责以不死于中行氏，而独死于智伯，让应曰："中行氏以众人待我，我故以众人报之；智伯以国士待我，我故以国士报之。"即此而论，让有余憾矣。

段规之事韩康，任章之事魏献，未闻以国士待之也，而规也、章也，力劝其主从智伯之请，与之地以骄其志，而速其亡也。郄疵之事智伯[1]，亦未尝以国士待之也，而疵能察韩、魏之情以谏智伯，虽不用其言以至灭亡，而疵之智谋忠告，已无愧于心也。让既自谓智伯待以国士矣，国士，济国之士也。当伯请地无厌之日，纵欲荒暴之时，为让者，正宜陈力就列，谆谆然而告之曰："诸侯大夫，各安分地，无相侵夺，古之制也。今无故而取地于人，人不与，而吾之忿心必生；与之，则吾之骄心以起。忿必争，争必败，骄必傲，傲必亡。"谆切恳告，谏不从，再谏之；再谏不从，三谏之；三谏不从，移其伏剑之死，死于是日。伯虽顽冥不灵，感其至诚，庶几复悟，和韩、魏，释赵围，保全智宗，守其祭祀。若然，则让虽死犹生也，岂不胜于斩衣而死乎？让于此时，曾无一语开悟主心，视伯之危亡犹越人视秦人之肥瘠也。袖手旁观，坐待成败，国士之报曾若是乎？智伯既死，而乃不胜血气之悻悻，甘自附于刺客之流，何足道哉？何足道哉？

虽然，以国士而论，豫让固不足以当矣。彼朝为仇敌，暮为君臣，靦靦然而自得者，又让之罪人也。噫！

翻译成白话文是这样的：

----

[1] 郄疵：《资治通鉴》卷一作"絺疵"。

　　士君子建立功名，侍奉主君，既然被称作知己，就应当拿出全部的智慧和谋略，真诚地劝告，巧妙地开导，在祸患尚未显露时就予以消除，在动乱发生之前就维持住稳定，使自己不受伤害而主君平安无事。活着的时候是著名的忠臣，死了以后做高尚的灵魂，美名流芳百世，光辉照耀史册，这才是完美的士君子。如果遇到知己，不能拯救危难于动乱之前，而只是在事情失败之后才去捐躯自尽，沽名钓誉，惊世骇俗，这在君子看来，都是不足取的。

　　我曾经根据这个原则评论过豫让。豫让是智伯的家臣，在智伯为赵襄子所杀后舍身为他报仇，豫让的名声显赫，即便是没有知识的平民百姓，也无人不知道他是位忠臣义士。呜呼！豫让之死，固然是可以称为忠了。我们只是惋惜，他在处理死亡的方式上，还是有不忠的表现。为什么这样说呢？如果仅看他漆身吞炭，对他朋友说："我所要做的事情特别艰难，我是想用这种行为来让天下后世做臣子而怀有二心的人感到羞愧。"我们怎么还能说他不忠呢？可是再看他三次跳起来用剑击打赵襄子的衣服，赵襄子责备他不为中行氏而死却单单为智伯而死的时候，豫让回答说："中行氏只是把我当一般人看待，所以我也像一般人那样报答他。至于智伯，他是像对待国士一样对待我，所以我也必须像国士一样报答他。"以此而论，豫让还是有不足之处的。

　　段规做韩康子的家臣，任章做魏献子的家臣时[1]，也没听说主君待他们如同国士，可是段规、任章却极力劝说他们的主君顺从智伯的无理要求，通过割让土地的方式来让智伯骄纵，以加速其灭亡。缔疵作为智伯的家臣，也没有被当作国士来对待，可是他却能够洞察韩、魏的企图而劝谏智伯要加以防范。虽然智伯最终没有采纳缔疵的谏言而导致灭亡，但缔疵已经完全奉献了自己的智谋和忠告，他真的是可以问心无愧了。豫让既然自己认为智伯待他如同国士，所谓国士，那是要为国家扶危济困的人。当智伯索求领土而贪得无厌之日，当智伯放纵欲望而荒唐暴虐之时，作为豫让，正应当竭尽才力来履行自己的职责，耐心地劝谏主君，对他说："作为诸侯大夫，应该各自安分地守住自己分内的领土，而不要互相侵占抢

----

[1]　魏献子：应该是魏桓子，此处为方孝孺之误。

夺，这是自古以来的礼制。现在我们无缘无故向人家索取领土，如果人家不给，我们必定会产生忿恨之心；如果人家给了，则我们必定会产生骄纵之心。忿恨必然会引发争斗，争斗则必定会导致失败；骄纵必定会导致傲慢，傲慢则必定会导致灭亡。"豫让应该耐心诚恳地劝谏智伯，如果智伯不听，那就再谏一次。如果再谏仍不听，那就谏第三次。如果第三次还不听，那就把后来伏剑自杀的行动放在这个时候。如此一来，智伯虽然冥顽不灵，但受到豫让至诚之心的感动，也许会幡然醒悟，与韩、魏保持友好，解除对赵氏的围困，以保全智氏宗族，使他们的香火祭祀不致中断。倘若真能这样，则豫让可谓是虽死犹生，岂不胜过日后击打赵襄子的衣服而后自杀吗？可惜的是，豫让当时就连一句劝谏开导主君的话都没有说。他看待智伯的败亡，就像越国人远远观望秦国人的肥瘦一样。所谓的国士之报，难道就是这样袖手旁观、坐等成败吗？要一直等到智伯被杀之后，豫让才压抑不住心中愤怒的血气，心甘情愿加入到刺客的行列，这又有什么值得称道的呢？又有什么值得称道的呢？

不过，虽然豫让配不上国士的称号，但是那些早上还是仇敌，晚上就可以成为君臣，厚着脸皮还洋洋得意的人，在豫让面前就真是个罪人了。唉！

对于方孝孺这篇文章的观点，姚尧是完全不认可的。可是由于此文名气甚大，流传甚广，还被收入《古文观止》，后人多以积极正面的态度赞赏此文，因此，为了不让读者产生理解偏差，有必要拿来作详细讨论。

按照方孝孺的逻辑，段规和任章在韩、魏并没有获得国士的待遇，但是他们帮助自己的主君度过了危难。缔疵也没有获得国士的待遇，但是他多次向智伯献策谏言，也尽到了自己的责任。可是反观豫让，获得了国士的待遇，却没有尽到国士的责任。那么，豫让应该怎样才算尽到国士的责任呢？方孝孺认为，豫让应该要在事先耐心规劝。如果智伯不听，豫让就要一劝再劝，如果再三劝不听，豫让就应该用伏剑自杀的方式死谏，用生命来点醒智伯。若能如此，豫让才算够格称得上国士。真的是如此吗？我们逐一来分析。

首先，段规是韩氏的家相，任章是魏氏的家相，曾经劝主君忍辱负重，又曾劝主君割让领土，这岂是一般臣属敢说的话？此二人政治地位极高，又深得主君信任赏识，所以才敢和主君说这种话而不担心被主君猜疑。方孝孺说此二人没有国士的待遇，那什么样的人才算有国士的待遇？至于缔疵，他可以每日出入智伯的住宅，可以质问智伯为什么把自己的话告诉韩康子和魏桓子，这样都不算国士待遇，那什么才算国士待遇？

其次，方孝孺认为，豫让没有在智伯"请地无厌之日，纵欲荒暴之时"极力规劝乃至于死谏，是没有尽到责任的表现。要照这么说，缔疵也没有尽到责任，他只是在水淹晋阳时提醒了智伯要提防韩、魏，却没有在最开始的时候劝阻智伯向韩、魏索要领土，也没有劝阻智伯发兵攻打赵氏。即便是在提醒智伯提防韩、魏一事上，缔疵也没有如方孝孺所要求的那样"再谏不从，三谏之；三谏不从，移其伏剑之死"以感动智伯。缔疵只谏了两次，发现智伯听不进去，就为避祸而请求出使齐国了。像这种缺乏恒心毅力的人，方孝孺怎么能认为他已经奉献了自己全部的智谋和忠告，可以完全问心无愧了呢？显然，任何人才都是有局限性的，不能说主君犯了错误，就都归咎于臣属，尤其是把主君所有的错误都归咎于某一个臣属。智国劝谏智伯不要侮辱韩氏家相，缔疵劝谏智伯提防韩、魏反攻，智伯只要听从了他们的谏言，就可以避免灾祸，为什么非得要求这些话必须从豫让口中说出来呢？

再次，方孝孺说豫让看待智伯的败亡，就像越国人远远观望秦国人的肥瘦一样。这简直可以说是血口喷人了！你知道豫让当时在什么地方？很可能豫让当时根本就不在智伯身边，否则以他的忠义，在战场上就与智伯共存亡了。或许豫让正在为智伯看守大本营，或许豫让正在为智伯驻守边疆以防御秦、楚，这都相当有可能啊！更何况，组织的发展本来就需要各种各样的人才，难道只有心思缜密的谋士才可以称为"国士"，拥有其他方面专长的人才，譬如领兵打仗的将领，就不可以被称为"国士"？此前在讨论司马光的德才之辩时曾提到，司马光对于德才的理解过于简单粗暴，因而带来了许多混乱和漏洞。可是现在发现，方孝孺的人才观比司马光还要糟糕。

公元197年，曹操征讨宛城的张绣，当军队驻扎在淯水时，张绣率众投降。曹操大喜之余开始忘乎所以，不仅放松警惕，每日与众将置酒高会，而且还收纳了张绣之叔张济的遗孀，又重金赏赐张绣手下的骁将胡车儿。张绣又怒又惧，遂反水偷袭曹操。幸得大将典韦舍命护卫，曹操才得以逃脱性命。曹操在听说典韦战死的消息后痛哭流泪，招募间谍以取回典韦的尸体，亲自来到灵柩前祭奠，又派人将其送回原籍襄邑安葬，重用他的儿子典满，安排在自己身边。每次车驾路过襄邑，曹操都会用中牢的礼节祭祀典韦，甚至还曾经说过："我在宛城损失了长子曹昂、侄子曹安民都没有那么痛心，最让我伤心欲绝的，还是损失了大将典韦。"

显然，曹操是把典韦视作国士的，而典韦最终也是以国士来报答曹操的。但如果要按照方孝孺的逻辑，曹操的用人是错误的，典韦也根本不配称为国士。我们试着模拟一下方孝孺的说辞："典韦应该在曹操得意忘形时劝谏他提高警惕，应该劝谏他不要每天置酒高会，因为张绣只是新降；应该劝谏他不要收纳张绣的婶婶，因为张绣会感到耻辱；应该劝谏他不要对胡车儿施恩太重，因为张绣会多心。作为国士，典韦一定要耐心诚恳地劝谏曹操。如果曹操不听，那就再谏一次；如果再谏仍不听，那就谏第三次；如果第三次还不听，那典韦就可以自杀死谏了。如此一来，曹操虽然得意忘形，但受到典韦至诚之心的感动，也许会幡然醒悟，加强警惕戒备，送回张绣的婶婶，以保住全军的安全。可是典韦什么都没有说，他就眼睁睁地看着曹操连续不断地犯错误，就好像越国人远远看着秦国人的肥瘦一样。所谓的国士之报，难道就是这样袖手旁观，坐等成败吗？要一直等到曹操军营被偷袭了，典韦才舍生忘死地断后？虽然救得曹操的性命，但毕竟让全军遭到了重创，还让曹操损失了长子曹昂和侄子曹安民。这又有什么值得称道的呢？又有什么值得称道的呢？"

由此可见，方孝孺的这套逻辑是非常荒谬的。

208年，曹操在赤壁之战遭遇惨败，行至巴丘时又染上疾病，不禁感叹道："郭奉孝如果还在，绝不会让我沦落到这种地步！哀哉奉孝！痛哉奉孝！惜哉奉孝！"显然，曹操是将郭嘉（字奉孝）视为国士，而郭嘉最终也是以国士来报答曹操的。可是，曹操此时为什么不感叹"典韦如果还在，绝不会让我沦落到这种地步"呢？因为曹操知道，赤壁之战的惨败是战略问题，是因为庙算时的谋划不佳，如果说臣属有责任，那责任也只是在谋臣，与典韦这些武将不相干。组织的发展需要各式各样的优秀人才，而领袖的责任就是把这各式各样的人才统合起来。可方孝孺居然因豫让没有能够劝谏智伯就对他彻底否定，其识人用人的胸襟气度与曹操相距何止以道里计？

在组织的发展过程中，经常需要面临各种抉择。君臣之间意见不合，不仅是无法避免的，而且也是必不可少的。惟其如此，考虑问题才能够周详，才能尽量避免出现重大纰漏。因此作为臣属，自己的意见（无论对错）被主君拒绝是很正常的事，只要做到"知无不言，言无不尽，言者无罪，闻者足戒"即可，哪有说一定要逼着主君听从自己意见，否则就一谏、再谏、三谏，乃至于最终伏剑自杀死谏的？在绝大多数战略决策上，通常是一半支持，一半反对，按照方孝孺的逻辑，那岂不是做一次决策就要死一半高级管理人员？甚至不排除还有这种情况，即众人的谏言都是错误短视，而唯有领袖的决策是高瞻远瞩的，那岂不是说所有高级管理人员都要用自杀来逼着领袖退让？如果大家动不动就搞死谏，那队伍还怎么带？宋明儒生经常把本可以平心静气讨论的事务性问题，上升到君子小人的道德高度，最后就在纠缠不休的党争中把国家给搞垮了。方孝孺日后辅佐建文帝削藩失败，多半也是由他自身见识有限、气度狭窄而又情绪激烈所导致的。

根据《明史·方孝孺传》的记载，建文帝即位后，任命方孝孺担任翰林侍讲，第二年又提升为侍讲学士，经常向他咨询国家大事。有时候朝廷讨论事情，如果官员们难以做出决定，建文帝就让方孝孺在自己的座位前写批复。当时编纂《太祖实录》和《类要》等书，也都是由方孝孺担任负责人。后来燕王朱棣起兵，朝廷在筹划平乱时，所有的诏书和檄文都出自方孝孺之手。由此可见，建文帝也是以国士待方孝孺的。历史的发展有时候就是那么吊诡，方孝孺在《豫让论》中指责豫让虽受智伯国士之恩，却未能切实履行自己的职责，帮助智伯避免危难。唯一的称赞，只是说豫让在智伯死后，舍命为主报仇，与那些早上还是仇敌，晚上就可以成为君臣，厚着脸皮还洋洋得意的人相比，人品还是要好很多。同样地，方孝孺受到建文帝的绝对信任和器重，却没有帮助建文帝平定燕王之乱，也就是被俘之后坚贞不屈，与那些投降朱棣的如李景隆之流相比，人品要好得多。《明史》对方孝孺的评价："齐（泰）、黄（子澄）、方（孝孺）、练（子宁）之俦，抱谋国之忠，而乏制胜之策。然其忠愤激发，视刀锯鼎镬甘之若饴，百世而下，凛凛犹有生气。"几乎完全就是方孝孺当初对豫让的评价，只是语气上更多几分尊重而已。清末民国时期的学者、《中国历朝通俗演义》的作者蔡东藩在撰写《明史演义》时点评道："方孝孺一迂儒耳，观其为建文立谋，无一可用，亦无一成功。至拒绝草诏，犹不失为忠臣。然一死已足谢故主，何必激动燕王之怒，以致夷及十族？试问此十族之中，有何仇怨，而必令其同归于尽乎？"试问方孝孺在被朱棣凌迟处死，诛灭十族之际，还能否想起当年那个被他鄙夷指责过的豫让？

襄子为伯鲁之不立也，有子五人，不肯置后。封伯鲁之子于代，曰代成君，早卒；立其子浣为赵氏后。襄子卒，弟桓子逐浣而自立；一年卒。赵氏之人曰："桓子立非襄主意。"乃共杀其子，复迎浣而立之，是为献子。献子生籍，是为烈侯。

【白话】

赵襄子（赵无恤）因为父亲赵简子没有立他的哥哥赵伯鲁为继承人，所以虽然自己有五个儿子，却都不肯立为继承人。赵襄子将赵伯鲁的儿子封于代，称代成君。代成君早逝，赵襄子又立代成君的儿子赵浣为赵氏的继承人。赵襄子死后，他的弟弟赵桓子驱逐赵浣，自立为国君，在位一年后也死了。赵氏族人说："赵桓子做国君本来就不是赵襄子的意思。"于是，大家一起杀死了赵桓子的儿子，再度将赵浣迎接回来，拥立为主君，这就是赵献子。赵献子生下赵籍，就是在前403年三家分晋时的赵国第一任国君赵烈侯。

【姚论】

在分析赵无恤和赵伯鲁竞争储君之位时曾经讲到，赵无恤之所以能够胜出，靠的不是品德而是心机。也许正是由于争储时动用了不正当手段，这才导致赵无恤对自己厚道的哥哥赵伯鲁心存愧疚，故执意不立自己的儿子为继承人，而非要立赵伯鲁的儿孙。赵桓子驱逐赵浣而自立，或许正是当年赵襄子争储留下的后遗症。至少在赵桓子看来，既然你赵襄子可以夺哥哥的基业，为什么我赵桓子就不可以呢？当初，赵简子以赵无恤为贤德而立为储君，结果引发了一连串的骨肉相残。对于视礼教名分如天地一般重要的司马光，却没有就此事作出任何评价。

文侯图强

魏斯者，魏桓子之孙也，是为文侯。韩康子生武子；武子生虔，是为景侯。魏文侯以卜子夏^①、田子方为师^②。每过段干木之庐必式^③。四方贤士多归之。

【白话】

魏斯，是魏桓子的孙子，是为魏文侯[1]。韩康子生韩武子，韩武子又生韩虔，是为韩景侯[2]。魏文侯尊奉卜子夏、田子方为老师，每次经过段干木的住所，都会扶着车前的横木行礼。四方贤能之士，很多都来归附于他。

【姚注】

①卜子夏：姓卜，名商，字子夏，著名的孔门弟子，以文学见长，小孔子44岁。孔子死后，子夏来到西河讲学，担任魏文侯的老师。

②田子方：姓田，名无择，字子方，魏文侯慕名聘他为师，执礼甚恭。据《吕氏春秋·当染》记载，田子方师从著名的孔门弟子子贡，即"田子方学于子贡，段干木学于子夏"。但根据《庄子·田子方》记载，田子方自称师从东郭顺子，属道家学派，原文

---

[1] 魏文侯：三家分晋时魏国的第一任国君。

[2] 韩景侯：三家分晋时韩国的第一任国君。

记载："田子方侍坐于魏文侯，数称溪工。文侯曰：'溪工，子之师邪？'子方曰：'非也，无择之里人也；称道数当，故无择称之。'文侯曰：'然则子无师邪？'子方曰：'有。'曰：'子之师谁邪？'子方曰：'东郭顺子。'"观田子方与魏文侯之交往，可能他儒道两家都曾学过。

③段干木：复姓段干，名木，师从子夏。据《吕氏春秋·期贤》记载，魏文侯从段干木的住所经过，手扶着车轼行礼致敬，车夫问："您为什么要扶轼致敬呢？"魏文侯说："这不是段干木住的地方吗？段干木可是个贤者啊！我又怎么敢不致敬呢？而且我听说，段干木最重视自己的品德操守，就算我拿出国君之位，他也不会与我交换，我又怎敢不对这样的贤者致敬呢？段干木的荣耀是在道德上的荣耀，而我的荣耀，只是在名位上的荣耀；段干木的富有，是在仁义上的富有，而我的富有，只是在财货上的富有。"车夫问："既然如此，那您为什么不让他来当国相呢？"于是，魏文侯请段干木来做国相，段干木不肯接受，魏文侯只好给他丰厚的俸禄，并且经常到他的住所探望请教。于是，魏国人都很高兴，竞相歌颂道："我们的国君喜欢正直，所以敬重段干木；我们的国君喜欢忠义，所以尊崇段干木。"没过多久，秦国准备出兵进攻魏国，司马唐劝谏秦君道："段干木是个贤者，而魏国礼敬于他，此事天下无人不知，恐怕我们不能对魏国动兵吧？"秦君认为司马唐说的有道理，于是收兵不再攻魏。

文侯与群臣饮酒，乐，而天雨，命驾将适野。左右曰："今日饮酒乐，天又雨，君将安之？"文侯曰："吾与虞人期猎[1]，虽乐，岂可无一会期哉！"乃往，身自罢之。

【白话】

魏文侯与群臣饮酒，正在高兴的时候，天上突然下起大雨，魏文侯命令准备车马，将要前往山野。左右问道："现在饮酒正开心，天上又下着大雨，您要到哪里去呢？"魏文侯道："我和掌管山泽的虞人约好今天打猎，虽然在这里很欢乐，但我又怎能不打个招呼就取消约定呢？"于是，魏文侯亲自前往，告诉虞人停止打猎。

【姚注】

①虞人：古时掌管山泽禽兽之官。古时君主打猎，并非只为玩耍，亦有练兵性质。

韩借师于魏以伐赵，文侯曰："寡人与赵，兄弟也，不敢闻命。"赵借师于魏以伐韩，文侯应之亦然。二国皆怒而去。已而知文侯以讲于己也①，皆朝于魏。魏于是始大于三晋，诸侯莫能与之争。

【白话】

韩国向魏国借兵攻打赵国，魏文侯道："我和赵国是兄弟之邦，不敢从命。"赵国向魏国借兵攻打韩国，魏文侯也以同样的理由拒绝。两国使者当时都愤怒离去，但两国后来得知魏文侯对自己的和善态度后，都前来魏国朝觐。自此，魏国成为三晋之首，天下诸侯皆不能与之争锋。

【姚注】

①讲：和解，讲和。

【姚论】

由于晋国的强大，南面压制着楚国不能北上，西面压制着秦国不能东进。三家分晋，最大的受益者其实就是秦、楚，然在战国初期，由于魏文侯能团结三晋，因此仍是"诸侯莫能与之争"。随着魏文侯死后三晋分裂，秦国遂得以进军中原。

使乐羊伐中山，克之；以封其子击。文侯问于群臣曰："我何如主？"皆曰："仁君。"任座曰："君得中山，不以封君之弟而以封君之子，何谓仁君！"文侯怒，任座趋出。次问翟璜，对曰：

"仁君。"文侯曰："何以知之？"对曰："臣闻君仁则臣直。向者任座之言直，臣是以知之。"文侯悦，使翟璜召任座而反之，亲下堂迎之，以为上客。

【白话】

魏文侯派乐羊攻打中山国，攻克后封给自己的儿子魏击。魏文侯问群臣："我是个什么样的君主？"群臣一致回答："您是位仁德的君主！"只有任座说："您占领中山国后，不用来封给自己的弟弟，却封给自己的儿子，这怎么能算仁德的君主呢！"魏文侯闻言大怒，任座一看风向不对，赶紧快步离开。魏文侯接着又问翟璜，翟璜回答道："您是位仁德的君主。"魏文侯问："你怎么知道的？"翟璜道："我听说只有君主仁德，臣子才敢直言。任座刚才的话很耿直，所以我据此可以得知您十分仁德。"魏文侯闻言大喜，赶紧派翟璜去把任座追回来，然后还亲自下堂迎接，奉为上宾。

【姚论】

为什么封给弟弟就算仁德，封给儿子就不算仁德，这点我们现在已经很难讲清楚了，且从魏文侯没有改封一事可以看出，他自己也不觉得这是个多严重的错误。真正值得我们注意的，是像魏文侯这样的仁义贤德之主，都不免会因听到反对意见而愤怒。是以为领导者，不仅需要任座这样知无不言的直臣，也需要翟璜这样善于协调的能臣。

文侯与田子方饮，文侯曰："钟声不比乎？左高。"田子方笑。文侯曰："何笑？"子方曰："臣闻之，君明乐官，不明乐音。今君审于音，臣恐其聋于官也。"文侯曰："善。"

【白话】

魏文侯与田子方饮酒，魏文侯道："编钟的音乐似乎有点不协调，左边的高了。"田子方笑了笑。魏文侯问："您为何发笑？"田子方说："我听说，君主应当明白的是怎样任用乐官，而不是明白怎样辨识乐音。现在国君您对音乐如此明辨，我担心您反而在任用乐官的事情上犯糊涂。"魏文侯道："有道理。"

【姚论】

作为领袖，对具体的专业细节问题发表意见时必须慎之又慎。以案例中的魏文侯而言，试想当他找来乐官，指出其左边音调过高时，乐官能怎么说？多数情况下，乐官只能承认错误，把左边的音调调低一些，并且对魏文侯说几句奉承的话，以保住自身的安全和官位。如果乐官居然不承认错误，以专业知识据理力争，则魏文侯的权威将受到严重挑战，或许恼羞成怒之下只好责罚乐官，为自己找个台阶下。因此，只要魏文侯对音乐的声调高低发表意见，就会对乐官的工作带来困扰。更严重的，乐官会根据魏文侯的意见来猜度他的喜好，从此上行下效，弃专业和制度于不顾，最终导致整个国家的礼乐都出现混乱。

子击出，遭田子方于道，下车伏谒。子方不为礼。子击怒，谓子方曰："富贵者骄人乎？贫贱者骄人乎？"子方曰："亦贫贱者骄人耳，富贵者安敢骄人！国君而骄人则失其国，大夫而骄人则失其家。失其国者未闻有以国待之者也，失其家者未闻有以家待之者也。夫士贫贱者，言不用，行不合，则纳履而去耳，安往而不得贫贱哉！"子击乃谢之。

【白话】

魏文侯之子魏击出行，途中遇见田子方，下车伏地谒见。田子方却没有回礼。魏击大怒，对着田子方说："是富贵的人有资格对人骄傲呢，还是贫贱的人有资格对人骄傲？"田子方说："当然是贫贱的人有资格对人骄傲，富贵的人怎么敢随便对人骄傲呢？国君对人骄傲就会亡国，大夫对人骄傲就会亡家。亡国之后，就没有人再把他当国君对待；亡家之后，就没有人再把他当大夫看。至于贫贱之士，如果言行不合君主的意，则随时可以穿鞋子走人，到哪里得不到贫贱呢？"魏击于是向田子方道歉。

【姚论】

田子方见魏击受封中山后趾高气昂，遂有意挫其少年锐气，可惜魏击并未领悟。以《资治通鉴》的这段文字来看，魏击在礼数上还不算太糟糕，但根据《史记·魏世家》的记载，魏击见田子方时只是普通的谒见，并没有伏地[1]。在听完田子方一番宏论后，魏击也没有道歉，而是很不高兴地离开了[2]。

纵使田子方的"不为礼"让魏击感到不快，但他也不能用那种口气和言辞对田子方讲话。魏击的父亲魏文侯对田子方尚且恭恭敬敬，魏击怎么就敢对田子方大怒呢？居然还敢问田子方："富贵者骄人乎？贫贱者骄人乎？"其用意显然是觉得自己是富贵者，田子方只不过个贫贱者，这简直是极其无礼失德的表现。魏击的父亲魏文侯在对着段干木的住所扶轼行礼时曾说过："段干木可是个贤者啊！我又怎么敢不致敬呢？而且我听说，段干木最重视自己的品德操守，就算我拿出国君之位，他也不会与我交换，我又怎敢不对这样的贤者致敬呢？段干木的荣耀是在道德上的荣耀，而我的荣耀，只是在名位上的荣耀；段干木的富有，是在仁义上的富有，而我的富有，只是在财货上的富有。"这就是魏文侯了不起的地方，在贤者段干木面前，他自认为是个贫贱者。可是魏击呢？他还没有继承父亲魏文侯的君位，就敢自命为富贵者，而把他父亲的老师田子方视为贫贱者。魏文侯礼敬贤者，遂使天下拜服，秦国为此不敢进兵伐魏。而魏国日后的衰亡，其实从此时魏击的不敬贤者就已经露出端倪。

文侯谓李克曰："先生尝有言曰：'家贫思良妻；国乱思良相。'今所置非成则璜，二子何如？"对曰："卑不谋尊，疏不谋戚。臣在阙门之外，不敢当命。"文侯曰："先生临事勿让！"克曰："君弗察故也。居视其所亲，富视其所与，达视其所举，穷视其所不为，贫视其所不取，五者足以定之矣，何待克哉！"文侯曰："先生就舍，吾之相定矣。"

---

[1] 《史记·魏世家》记载：子击逢文侯之师田子方于朝歌，引车避，下谒。田子方不为礼。

[2] 《史记·魏世家》记载：子击不怿而去。

【白话】

魏文侯问李克："先生曾经对我说过：'家里贫穷就想有个好妻子，国家混乱就想有个好宰相。'现在，我想在魏成（又称魏成子、季成）和翟璜二人中选一人为相，您看哪个合适？"李克回答道："地位卑下的人不谋划尊贵者的事，地位疏远的人不谋划亲近者之事。我本在官门之外任职，不敢对这种事情发表意见。"魏文侯说："先生，这是国家大事，请不要推让！"李克道："君上您只是疏于考察，所以才会有疑惑啊！我们观察一个人时，平居时看他亲近的对象，富贵时看他交往的对象，显赫时看他推荐的对象，困顿时看他有所不为的操守，贫穷时看他拒绝哪些不义之财。只要根据以上五点，就足以判定人选，又何必非要等我来说呢？"魏文侯说："先生请回府吧，我已经定好宰相的人选了。"

【姚论】

李克见魏文侯的这段对答非常得体，值得后来者借鉴。宰相，身居一人之下、万人之上，位高而权重。每个关心国政的重臣，都会有自己心目中最合适的宰相人选，李克也不例外，但他绝不能直截了当地说出来，否则将无可避免地会引来魏文侯的猜忌。我们试着模拟一下：当魏文侯问李克"魏成和翟璜谁更适合做宰相"时，李克直接就说魏成适合，那么魏文侯会怎么想？他一定会想："你为什么脱口而出就说魏成，是不是你已经谋划很久了？是不是拿了魏成什么好处？或者你根本就是魏成一党？又或者魏成早已是众望所归？"读者或许会觉得，没这么复杂吧？是不是想太多？如果你真这么认为，那只能说明你根本不懂得领袖的心理。身为国君，最最害怕的就是臣属之间结党，以致自己大权旁落。因此，即便李克心中早有属意人选，他也绝不能马上说出来，必须先作推辞，以示自己严守为臣者的分际。

那么，当魏文侯再次要求李克推荐宰相人选时，他为什么不直接说魏成，而要绕个大弯子呢？这就是李克聪明的地方了。

首先，诚如李克所说，"卑不谋尊，疏不谋戚"，低位阶的官员议论高位阶的官员人事，终究有不方便的地方，所以李克不愿意直接说出人选的名字，他要让魏文侯自己说出来。

其次，如果李克先说出魏成的名字，接着列举魏成的五项优点，那就变成李克替魏成做说客了。且金无足赤，人无完人，如果你真的要推荐魏成，说了他的五项优点后，是不是也要说他的缺点？而你要否决翟璜，是不是也要分析翟璜的优点和缺点？这样事情传出去，不但自己会得罪翟璜，而且还很容易在朝廷上造成党争，可谓后患无穷。按照李克的回答方式，则没有这些问题，他只是提出选宰相需要考察的五个细节，魏文侯对号入座，自然知道他说的是魏成，但李克毕竟没有点出名字。如果魏文侯决心选魏成，那也是同意李克的建议，用不着怀疑李克与魏成结党。如果魏文侯决心用翟璜，那也不用反驳李克，因为针对这五个考察点，翟璜同样可以对号入座。

由此可见，在事关权力和利益的问题上，尤其需要重视说话的方式方法。不能自认为心底无私就直话直说，否则，既害了自己，也害了自己推荐的人。毕竟，你是否真的心底无私，这事只有你自己知道，重要的是你要让别人觉得你没有结党营私。

李克出，见翟璜。翟璜曰："今者闻君召先生而卜相，果谁为之？"克曰："魏成。"翟璜忿然作色曰："西河守吴起，臣所进也。君内以邺为忧，臣进西门豹。君欲伐中山，臣进乐羊。中山已拔，无使守之，臣进先生。君之子无傅，臣进屈侯鲋。以耳目之所睹记，臣何负于魏成！"李克曰："子言克于子之君者，岂将比周以求大官哉？君问相于克，克之对如是。所以知君之必相魏成者，魏成食禄千钟，什九在外，什一在内；是以东得卜子夏、田子方、段干木。此三人者，君皆师之；子所进五人者，君皆臣之。子恶得与魏成比也！"翟璜逡巡再拜曰[1]："璜，鄙人也，失对，愿卒为弟子！"

【白话】

李克从魏文侯处离开后遇到翟璜。翟璜问："听说君上今天召先生去征求宰相人选，到底定了谁呢？"李克答："魏成。"翟璜脸色大变，愤怒道："君上担忧西河（今陕西东部，与秦接壤）的边防，我推荐吴起去驻守。君上担心内地的邺（今河北临漳西南），我推荐西门豹去管理。君上想攻打中山国，我推荐乐羊领兵。中山国攻克之后，没有人去镇守，我推荐了先生您。君上的儿子没有合适的老师，我推荐了屈侯鲋。光凭这些耳闻目睹的事实，我哪点比不上魏成！"李克说："您把我推荐给君上，难道是为了结党以谋求高官的吗？君上问我宰相的人选，我是按照需考察的细节回答的。之所以断定君上肯定会选中魏成为宰相，是因为魏成虽有千钟俸禄，却只把十分之一留作家用，而将十分之九都用于社会，这才向东求来了卜子夏、田子方、段干木这三位大贤。这三位，君上都尊奉为老师；而您所举荐的五人，国君都任用为臣属。您怎么能和魏成比呢？"翟璜听后徘徊不敢上前，再三行礼道歉，说："我翟璜，真是个粗人，讲错话了，愿终身为您的弟子！"

【姚注】

①逡（qūn）巡：退让、徘徊不前、欲行又止的样子。

【姚论】

李克在魏文侯向他征求人选时，先是拒绝，接着又兜了个大圈子，最终还是没有直接点出人名。可当翟璜事后问他情况时，李克却没有任何废话，干净利索地就说了"魏成"的名字。之前在任座指责魏文侯不是仁君的案例中，可以看出翟璜是个处事灵活、善于沟通的人。可就是这么个聪明人，居然在李克从魏文侯处离开后的第一时间就急不可耐地打听人选，而且问话方式是单刀直入，没有任何绕弯子的客套话，足见他心里对宰相位置的渴望。试想，如果李克回答"这事我也不知道，由君上本人决定"，行不行？答案是不行的。人性往往就是这样，各有机会的东西最终归自己所有，才会觉得公平；一旦东西被别人拿走，就会觉得不公平，就会觉得有黑幕。李克不知道魏文侯想用谁当宰相也就罢了，既然他知道魏文侯决意任用魏成，则心里就必须有所准备，盖翟璜事后一定会觉得不公平，一定会怀疑李克是投靠了魏成才有此推荐。即便李克当初没有推荐魏成，只要事后结果是魏成任相，则翟璜也必定会认为是李克的推荐。无论你高兴不高兴，这就是政治的现实。李克越是含

糊其辞，翟璜的疑心反而会越重。因此，李克心里明白，这一关是
躲不过去的，必须直截了当地跟翟璜说清楚。李克第一句话就是：
"您把我推荐给君上，难道是为了结党以谋求高官的吗？"这不但
厘清了自己与翟璜之间的公私关系，也洗刷了自己因私心推荐魏成
的嫌疑，即我既然不会因为私心而推荐你翟璜，自然也不会因为私
心而推荐他魏成，考察建议完全是出于公心。李克说魏成荐三贤而
文侯尊奉为师，翟璜荐五人而文侯任用为臣，一方面固然是抬高魏
成的身份，另一方面亦是暗示翟璜功高震主。试想，从文臣到武
将，从边疆到内地的股肱之臣都是由翟璜推荐，如果再让翟璜担任
宰相，魏文侯是否会担心大权旁落？至于魏成，他推荐的都是不愿
意做官的贤德之人，自己家里也不积蓄财货，政治上相较翟璜要安
全太多了。翟璜听完李克之言而后自称"鄙人"，又表示愿意终身
成为李克的弟子，或许正是因为听懂了李克的警醒之意。

另，翟璜在魏成之后继任宰相。《资治通鉴》中这段关于"卜
相"的记载出自《史记·魏世家》，史料来源虽然看似可靠，但
应该不是史实。钱穆在《先秦诸子系年·魏文侯礼贤考》中提到：
"伐中山，在赵烈侯元年，魏文侯之三十九年也。三年而灭之，则
四十一年矣。卜相之事，应又在后。魏成子，贤臣也，又亲文侯之
弟，岂至四十一年后而始相？且翟璜、李克均相文侯，应犹在魏成
子后。岂有文侯于晚节十年之间，三易其相，而皆贤者。而以前
四十年，谁何人为相，顾漠无一闻于后耶？余意子夏、田子方、段
干木皆在文侯早年（三人中段干木又稍后），而魏成子进之。魏成
子之为相应在前。吴起、乐羊、西门豹、李克、屈侯鲋皆在文侯
中晚，而翟璜进之。翟璜之为相，应在后。似无同时卜相二人之
事。"杨宽在《战国史料编年辑证》中提到："魏文侯卜相而问李
克之事，当以《吕氏春秋·举难》之记述为初相。《魏世家》《说
苑》与《韩诗外传》所述'卜相李克翟璜争'之故事，乃后人依
据魏成子与翟璜不同之政绩加以敷张而成。余意文侯在位之时，
正当经济、政治剧变之际，因而选择当政之相国，成为其首先必
须解决之问题。早年以其弟魏成子为相，所推重者如子夏、田子
方、段干木等，皆为著名之儒者。文侯在中年起用翟璜为相，翟
璜所推举之吴起、乐羊、西门豹、翟角等，皆为将相之才而有显

赫功勋者。文侯在晚年起用李悝为相，更进一步实行变法，开创战国初期变法之风。"姚尧以为，杨宽此论亦甚为合理，毕竟魏文侯的三家分晋在礼教上是说不过去的，因此他通过礼遇卜子夏、田子方和段干木三位名儒，以缓解儒家对其破坏礼教的攻击。为了笼络这些名儒，于是魏文侯任用推荐这些名儒的魏成子为相。待到魏文侯国内基业稳定，权力掌控牢固，开始谋划对外扩张时，就不怎么需要名儒来为其维护礼教，而是需要干练能臣为他领兵治民，遂用推荐多位能臣的翟璜为相。

又，我们将《吕氏春秋·举难》中关于卜相的文字摘录如下：

魏文侯弟曰季成，友曰翟璜。文侯欲相之，而未能决，以问李克，李克对曰："君欲置相，则问乐腾与王孙苟端孰贤。"文侯曰："善。"以王孙苟端为不肖，翟璜进之；以乐腾为贤，季成进之。故相季成。凡听于主，言人不可不慎。季成，弟也，翟璜，友也，而犹不能知，何由知乐腾与王孙苟端哉？疏贱者知，亲习者不知，理无自然。自然而断相，过。李克之对文侯也亦过。虽皆过，譬之若金之与木，金虽柔，犹坚于木。

孟尝君问于白圭曰："魏文侯名过桓公，而功不及五伯，何也？"白圭对曰："文侯师子夏，友田子方，敬段干木，此名之所以过桓公也。卜相曰'成与璜孰可'，此功之所以不及五伯也。相也者，百官之长也。择者欲其博也。今择而不去二人，与用其仇亦远矣。且师友也者，公可也；戚爱也者，私安也。以私胜公，衰国之政也。然而名号显荣者，三士羽翼之也。"

翻译成白话是这样的：

魏文侯有个弟弟叫季成（即魏成），有个朋友叫翟璜。魏文侯想在二人中择一人为宰相，却又不知道选谁好，就去问李克。李克回答道："君上要设立宰相，只要看乐腾和王孙苟端谁更贤能就行了。"文侯说："有道理。"魏文侯认为王孙苟端不贤，而他是翟璜推荐的；认为乐腾贤能，而他是季成推荐的，因此任命季成为相。但凡言论能够有机会上达君主的人，在谈论别人时就必须慎之又慎。季成，是魏文侯的弟弟；翟璜，是魏文侯的朋友。魏文侯连季成和翟璜谁更好都搞不清楚，又怎么能真正搞清楚乐腾和王孙苟端谁更好呢？对疏远低贱的人了解清楚，对亲近熟悉的人反而不了解，世界上哪有这种道理？按照这种方法来决定宰相人选，必定是要犯错误的。李克回答文侯的话也是错的。不过，虽然两人都有错，但就像金和木一样，金虽然也软，但比木还是要硬的（意指李克之过比文侯之过要轻）。

孟尝君问白圭道："魏文侯的名声比齐桓公还要大，但他的功业却不及春秋五霸，这是为什么呢？"白圭回答说："文侯以卜子夏为师，以田子方为友，礼敬段干木，这是他名声超过齐桓公的原因。他在择相时说'魏成和翟璜哪个可以'，这就是他的功业不及五霸的原因。宰相，是百官之首，选择范围必须要广博。可是现在魏文侯择相时却只是在那两个人中间挑一个，这跟齐桓公任用自己的仇人管仲为相比起来相差太远了。更何况，任用师友为相，这是出自公心；任用亲朋为相，这是为了私利。私利胜于公心，这是衰微国家的政治。然而，他的名声之所以还能显赫荣耀，全都是靠那三位贤者带给他的。"

又，魏文侯时期曾任命李悝主持变法，此为战国变法之始祖。日后商鞅入秦主持变法，所依据的就是李悝所著之《法经》。然而，主持变法的李悝和李克是否为同一人，却存有争议。《史记·孟子荀卿列传》记有"魏有李悝，尽地力之教"，《汉书·食货志》记有"李悝为魏文侯作尽地力之教"，《史记·货殖列传》记有"当魏文侯时，李克务尽地力"，《史记·平准书》记有"魏用李克，尽地力"。因此，崔适在《史记探源》中认为李克与李悝是同一人，克、悝二字为一声之转。然在《汉书·古今人表》中，却将李克与李悝视为两人。其中，李悝列为第三等（上下），与翟璜、任座、西门豹等并列；李克列为第四等（中上），与魏文侯、魏成子等并列。钱穆在《魏文侯礼贤考》中认为，班固将李克与李悝视为两人的观点是错误的，就像把季成和魏成子视为两人一样。更何况，魏文侯时的贤臣已经在《卜相》一文中尽数列举，如果另外还有一个李悝，为什么《卜相》中没有提及呢？杨宽则在《战国史》中认为李克与李悝当属两人，因李克师从子夏，属儒家，而李悝属法家。在此，姚尧倾向于支持钱穆，即李克与李悝是同一人。杨宽之论的说服力不强，毕竟人的思想不像人的性别，生下来是男就是男的，生下来是女就是女的，除非使用当代变性手术，否则再不可能发生改变。人的思想是在不断地学习、实践、辩论、反思中逐渐形成的，不能说曾经学过儒家，日后就不能成为法家。试问，吴起曾师从曾申，李斯、韩非曾师从荀子，他们不都是曾经师从儒家，后来成为法家代表人物的吗？且诸子百家本就是在争鸣辩论中不断融合发展的，一个政治家在年轻时更倾向于儒家，年长后更倾向于法家，或者在看待此事时更倾向于儒家，看待彼事时更倾向于法家，又有什么不可以呢？

吴起之死

吴起者，卫人，仕于鲁。齐人伐鲁，鲁人欲以为将，起取齐女为妻，鲁人疑之，起杀妻以求将，大破齐师。或谮之鲁侯曰[①]："起始事曾参[②]，母死不奔丧，曾参绝之；今又杀妻以求为君将。起，残忍薄行人也！且以鲁国区区而有胜敌之名，则诸侯图鲁矣。"起恐得罪，闻魏文侯贤，乃往归之。文侯问诸李克，李克曰："起贪而好色；然用兵，司马穰苴弗能过也。"于是文侯以为将，击秦，拔五城。

【白话】

吴起，是卫国人，曾在鲁国当官。齐国攻打鲁国时，鲁国人曾想任用吴起为将，但考虑到吴起娶的妻子是齐国人，所以对吴起有所猜疑。于是，吴起杀死自己的妻子，以求得将军的兵权，大破齐国军队。有人在鲁侯面前诬陷他说："吴起当年在曾参门下求学，母亲死了也不赶回去奔丧，曾参认为这是大不孝，与他断绝关系。现在，又通过杀妻的方式以求得您的将军之位，可见他吴起真是个残忍缺德的人！况且以我们小小的鲁国，却居然有了战胜强敌的名声，这势必成为众矢之的，引来各路诸侯对鲁国的图谋。"吴起害怕鲁国治他的罪，听说魏文侯是贤明之主，于是前往投奔。魏文侯征询李克的意见，李克道："吴起为人，既贪婪又好色，然而说到用兵打仗，连齐国名将司马穰苴也不如他。"于是，魏文侯任命吴起为将军，攻打秦国，占领五座城市。

【姚注】

①谮（zèn）：诬陷，中伤，说坏话。

②起始事曾参：吴起的老师不是曾参，而是曾参之子曾申。司马迁《史记·孙子吴起列传》的记载是"（吴起）遂事曾子"，由于后人习惯上称呼曾参为"曾子"，是以司马光《资治通鉴》就记载成了"起始事曾参"。事实上，曾参死于公元前435年，吴起生于公元前440年。曾参死的那年，吴起才5岁，而他是成年后在卫国杀了30多人后逃出来再拜师曾子的。其实，这里的曾子指的是曾参的次子曾申。曾申师从左丘明学《左传》，之后传给了吴起。

【姚论】

这又是一个所谓"才胜于德"的故事，按照司马光的德才之辩，吴起也是个不能任用的"小人"，可是魏文侯却用他抵御秦国，百战不殆。

起之为将，与士卒最下者同衣食，卧不设席，行不骑乘，亲裹赢粮，与士卒分劳苦。卒有病疽者，起为吮之。卒母闻而哭之。人曰："子，卒也，而将军自吮其疽，何哭为？"母曰："非然也。往年吴公吮其父疽，其父战不旋踵，遂死于敌。吴公今又吮其子，妾不知其死所矣，是以哭之。"

【白话】

吴起做将军时，与最下等的士兵同甘共苦，穿一样的衣服，吃一样的食物，睡觉时不铺席，行军时不骑马，亲自裹扎士兵背负的粮草，为士兵分担辛劳。有士兵生了毒疮，吴起亲自为他吮吸毒疮。士兵的母亲听说此事后痛哭，别人问她："你的儿子只是个士兵，而吴起将军却亲自为他吮吸毒疮，这是何等荣幸之事，你为什么还要哭呢？"士兵母亲回答道："不是这样说的。当年吴起将军曾经为孩子的父亲吮吸过毒疮，从此他的父亲打起仗来绝不后退，最终战死于敌阵之中。现在吴起将军又为我的儿子吮吸毒疮，不知道这孩子将来会死在哪里，所以我为他哭。"

燕湣公薨，子僖公立。

【白话】

燕湣公去世，其子燕僖公即位。

公元前402年 己卯
周威烈王二十四年

王崩，子安王骄立。

【白话】

周威烈王姬午去世，其子姬骄即位，是为周安王。

盗杀楚声王，国人立其子悼王。

【白话】

刺客杀死楚声王芈当，国人拥立其子楚悼王芈疑即位。

公元前401年 庚辰
周安王元年

秦伐魏，至阳孤[1]。

【白话】

秦国攻打魏国，大军直至阳孤（今山西垣曲东南）。

【姚注】

①阳孤：《史记》作"阳狐"。然秦国位于魏国西面，而今山西垣曲位于魏国都城安邑的正东。也就是说，若秦军果然攻到今山西垣曲，则势必将深入魏境并越过魏都安邑。以魏文侯国力之盛，吴起战力之强，显然不至于此，是以此处恐有记载错误。

公元前400年 辛巳
周安王二年

魏、韩、赵伐楚，至桑丘。

【白话】

魏国、韩国、赵国联合攻打楚国，大军直至桑丘（今山东兖州西）。

郑围韩阳翟。

【白话】

郑国围攻韩国的阳翟（今河南禹州）。

韩景侯薨，子烈侯取立。

【白话】

韩景侯韩虔去世，其子韩取即位，是为韩烈侯。

赵烈侯薨，国人立其弟武侯。

【白话】

赵烈侯赵籍去世，赵人立其弟（名不详）即位，是为赵武侯。

【姚论】

《史记·赵世家》记："（赵烈侯）九年，烈侯卒，弟武公立。武公十三年卒，赵复立烈侯太子章，是为敬侯。"然《史记》所记之赵国的历代国君，在称王之前皆是称侯，原无称公者，何以突然冒出来个"武公"？若是赵烈侯之后有个赵武公，赵武公之后才有赵敬侯，则侯改称公，公又改称侯皆是不仅影响赵国，也影响全天下的大事，史书岂能不有所交待？《资治通鉴》察觉其中不妥之处，遂不因《史记》之称"武公"，而改称"武侯"。然《史记·魏世家》索隐记"魏武侯之元年当赵烈侯十四年"，可见赵烈侯并非在九年去世。且《史记·赵世家》记赵国历代君主的名字都非常清楚，唯有这个突如其来的"武公"名不详，是以姚尧认为世上原本就没有什么"赵武公"或"赵武侯"，属《史记》之误记。

秦简公薨，子惠公立。

【白话】

秦简公嬴悼子去世，其子（名不详）即位，是为秦惠公。

公元前399年 壬午
周安王三年

王子定奔晋。

【白话】

周朝的王子姬定出逃到晋国。

虢山崩，壅河。

【白话】

虢山（今河南三门峡西）发生崩塌，泥石壅塞黄河。

公元前398年 癸未
周安王四年

楚围郑。郑人杀其相驷子阳[①]。

【白话】

楚国围攻郑国。郑国人杀死宰相驷子阳。

【姚注】

①驷子阳：郑穆公姬兰的曾孙。古时候，诸侯的儿子常称"公子+名"，孙子常称"公孙+名"，曾孙则常以其祖父的字为氏。郑穆公有子名姬騑，字子驷。驷子阳乃姬騑之孙，故以姬騑的字为氏。

公元前397年 甲申
周安王五年

日有食之。

【白话】

出现日食。

三月，盗杀韩相侠累。侠累与濮阳严仲子有恶。仲子闻轵人聂政之勇，以黄金百溢为政母寿，欲因以报仇。政不受，曰："老母在，政身未敢以许人也！"及母卒，仲子乃使政刺侠累。侠累方坐府上，兵卫甚众，聂政直入上阶，刺杀侠累，因自皮面决眼，自屠出肠。韩人暴其尸于市，购问，莫能识。其姊嫈闻而往，哭之曰："是轵深井里聂政也！以妾尚在之故，重自刑以绝从。妾奈何畏殁身之诛，终灭贤弟之名！"遂死于政尸之旁。

【白话】

三月，刺客杀死韩国宰相侠累。侠累与濮阳（今河南濮阳）人严仲子有仇，严仲子听说轵（今河南济源南）地人聂政很勇敢，便拿出黄金百镒为聂政的母亲祝寿，想让聂政来为他报仇。聂政不接受，道："我的老母亲还健在，我不敢用自己的身家性命去答应别人的要求！"等到聂政的母亲去世，严仲子便派他去行刺侠累。当时，侠累正端坐府中，周围警卫森严，聂政单刀直入冲上台阶，把侠累刺死。然后用匕首划破自己的面皮，挖出自己的双眼，割出自己的肚肠而死。韩国人把聂政的尸体放在集市示众，公开悬赏以找人辨认，却始终无人知晓。聂政的姐姐聂嫈听说此事后来到集市，哭着说："这就是轵地深井里的聂政啊！因为我还活着的关系，聂政才自毁面容，希望不要连累我。可我又怎能因害怕杀身之祸，最终埋没了我弟弟的英名呢！"于是，聂嫈在聂政的尸体旁自尽。

公元前396年 乙酉
周安王六年

郑驷子阳之党弑缥公，而立其弟乙，是为康公。

【白话】

郑国宰相驷子阳的余党杀死了郑缥公姬骀，立其弟姬乙，是为郑康公。

宋悼公薨，子休公田立。

【白话】

宋悼公宋购由去世，其子宋田即位，是为宋休公。

【姚注】

这一年，魏文侯魏斯去世，其子魏击即位，是为魏武侯。《资治通鉴》因《史记》之误，记在前387年。另，宋悼公去世，宋休公即位发生在前385年，《资治通鉴》误记于此。

公元前395年 丙戌
周安王七年

（本年无记载。）

公元前394年 丁亥
周安王八年

齐伐鲁，取最。

【白话】

齐国攻打鲁国，攻占最（今山东曲阜东南）地。

【姚注】

《史记·六国年表》记载："韩烈侯六年。救鲁。"鲁国都城就在今山东曲阜，最地被攻占后，鲁国随时都有灭国的危险，因此韩国出兵相救。

郑负黍叛，复归韩。

【白话】

郑国所占据的负黍（今河南登封西南）反叛，再次回归韩国。

公元前393年 戊子
周安王九年

魏伐郑。

【白话】

魏国攻打郑国。

晋烈公薨，子孝公倾立。

【白话】

晋烈公姬止去世，其子姬倾即位，是为晋孝公。

【姚注】

《史记·晋世家》记载："（晋烈公）二十七年，烈公卒，子孝公顷立。"晋烈公二十七年，即前389年，《资治通鉴》此处记载有误。

公元前392年 己丑
周安王十年

（本年无记载。）

公元前391年 庚寅
周安王十一年

秦伐韩宜阳，取六邑。

【白话】

秦国攻打韩国的宜阳（今河南宜阳西），占领六座城邑。

初，田常生襄子盘，盘生庄子白，白生太公和。是岁，齐田和迁齐康公于海上，使食一城，以奉其先祀。

【白话】

当初，齐国的田成子田常生襄子田盘，田盘生庄子田白，田白生太公田和。这一年，田和把国君齐康公姜贷流放到海边，只让他保有一座城的赋税收入，以维持对其祖先的祭祀。

公元前390年 辛卯
周安王十二年

秦、晋战于武城。

【白话】

秦国与晋国大战于武城（今陕西渭南市华州区东）。

【姚注】

晋国在三家瓜分之下，自身已危在旦夕，更无实力与秦国交战。以地理位置而言，秦国应该是与魏国交战。《史记·六国年表》记载："秦惠公十年。与晋战武城。县陕。"陕，位于今河南三门峡西，正当函谷关的东北方。秦国在陕设县，有向中原扩张之图谋。

齐伐魏，取襄阳①。

【白话】

齐国攻打魏国，夺取襄陵（今河南睢县）。

【姚注】

①襄阳：《史记·魏世家》记为"襄陵"。此处当为《资治通鉴》之误记。

鲁败齐师于平陆。

【白话】

鲁国在平陆（今山东汶上北）击败了齐国的军队。

公元前389年 壬辰
周安王十三年

秦侵晋。

【白话】

秦国入侵晋国。

【姚注】

如前所述，晋国此时早已侵无可侵，秦军要入侵也只能是入侵魏国和韩国。《史记·六国年表》记载："（魏文侯）三十六年，秦侵我阴晋。"《资治通鉴》记"秦侵晋"，应是"秦侵阴晋"之误。阴晋，位于今陕西华阴东，属西河郡。另，《史记·六国年表》中"（魏文侯）三十六年"之记载有误，应为魏武侯七年。

前419年，魏文侯开始着手西征秦国，派兵西渡黄河在少梁（今陕西韩城南）筑城，以作为魏国攻秦的军事基地。相对应地，秦军一面围攻少梁，一面沿黄河修建防御工事。此时，魏文侯接受翟璜的推荐，任命吴起作为攻秦统帅。

前413年，吴起领兵进攻秦国战略要地郑县（今陕西渭南市华州区），令秦国大为震动，赶紧四处调兵增援死守。次年，太子魏击（即后来的魏武侯）趁秦军主力在郑县围攻吴起之际，率领魏军在北面强渡黄河，攻占军事重镇繁庞（今陕西韩城东南）。繁庞就在少梁的附近，这样一来，秦国苦心经营的黄河防线被彻底突破，大批魏军得以经少梁和繁庞进入河西。

前409年至前408年，吴起统领魏军先后夺取临晋（今陕西大荔东南）、元里（今陕西澄城南）、洛阴（今陕西大荔西南）、合阳（今陕西合阳东南）等城，之后又将这些城塞连接起来，即魏长城。在魏国的强大兵锋之下，秦国只好退守于北洛水以西，沿北洛水修建防御工事，并在重泉（今陕西蒲城东南）筑城防守。于是，魏国占据全部的河西地区，设置西河郡，由吴起驻守。（见图2）

秦国丧失河西之地，除了因为魏国实力强大、吴起能征善战外，亦是由于秦国连年内乱所致。此后的历代秦国国君，皆无不以收复河西之地为头等大事。据《吴子·励士》记载，吴起在魏武侯执政时期率领五万步兵、三千骑兵和五百辆战车击破秦军五十万人的进攻，所指的应该就是这次秦国入侵阴晋。

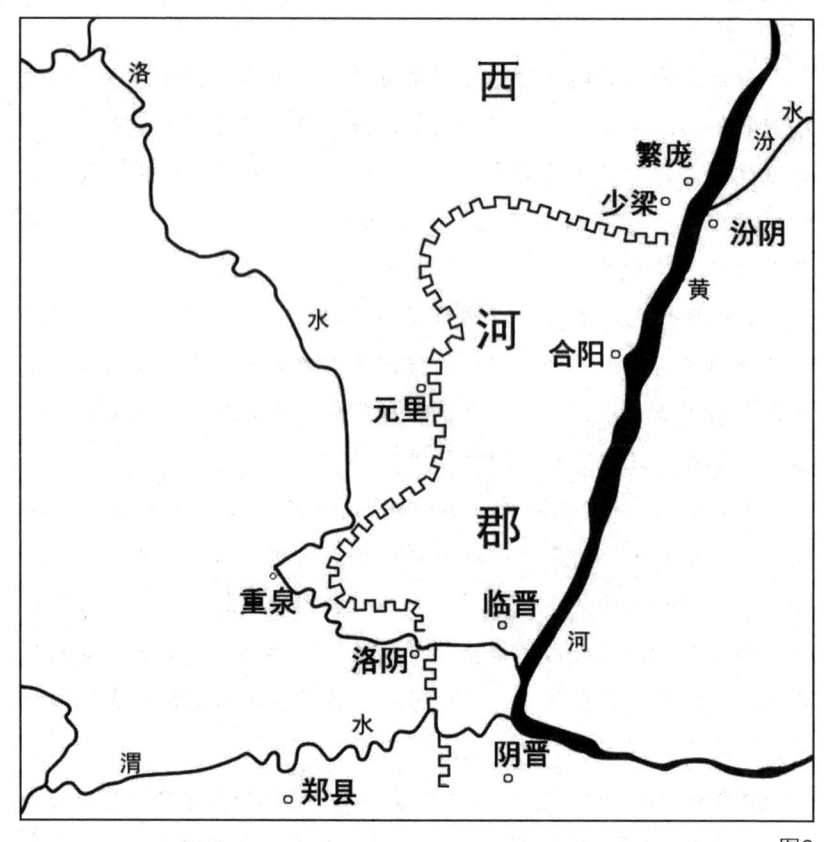

图2

齐田和会魏文侯[①]、楚人、卫人于浊泽，求为诸侯。魏文侯为之请于王及诸侯，王许之。

【白话】

齐国的田和与魏武侯、楚国代表和卫国代表在浊泽（今河南新郑西南）会盟，希望能够被批准为诸侯。魏武侯替他向周安王及各诸侯申请，周安王同意了。

【姚注】

①魏文侯：当为魏武侯。

这一年，晋烈公姬止去世，其子姬倾即位，是为晋孝公。《资治通鉴》误记在前393年。

公元前388年 癸巳
周安王十四年

（本年无记载。）

公元前387年 甲午
周安王十五年

秦伐蜀，取南郑。

【白话】

　　秦国攻打蜀国，夺取南郑（今陕西汉中）。

魏文侯薨，太子击立，是为武侯。

【白话】

　　魏文侯去世，太子魏击即位，是为魏武侯。

【姚注】

　　魏文侯去世、魏武侯即位之事发生在前396年，《资治通鉴》误记于此。

　　武侯浮西河而下[①]，中流顾谓吴起曰："美哉山河之固，此魏国之宝也！"对曰："在德不在险。昔三苗氏，左洞庭，右彭蠡；德义不修，禹灭之。夏桀之居，左河济，右泰华，伊阙在其南，羊肠在其北；修政不仁，汤放之。商纣之国，左孟门，右太行，常山在其北，大河经其南；修政不德，武王杀之。由此观之，在德不在险。若君不修德，舟中之人皆敌国也！"武侯曰："善。"

【白话】

魏武侯顺着西河而下，到中游时回头对吴起说："稳固的河山，真是壮美啊！堪称魏国之至宝。"吴起回答道："国家的至宝在于德政，而不在于地势险要。当初三苗氏部落居住的地方，左边有洞庭湖，右边有鄱阳湖，可是他们不修德义，结果被夏禹消灭。夏桀所统治的地方，左边是黄河和济水，右边是华山，南边是伊阙，北边是羊肠阪，可是他不修仁政，结果被商汤放逐。商纣的国家，左边是孟门，右边是太行山，北边是恒山，南边是黄河，可是他不修德政，结果被周武王诛杀。由此可见，国家的至宝在德不在险。如果君上不修德政，则这条船上的人都会成为您的敌人。"魏武侯说："有道理。"

【姚注】

①西河：今山西与陕西交界的那一段南北流向的黄河。

【姚论】

其实魏国的地理位置一点都不好，身处四战之地，西边的秦国、东边的齐国和南边的楚国都是强敌，后来北边的赵国也逐渐发展成了军事强国。晋国未分裂时，尚足以称霸中原，一旦分裂为三，力量就不够用了。魏文侯深知自己在地缘上的弱势，故极力注意维持与韩、赵的同盟关系，可惜魏武侯不明白这点，反而只因河山之固就沾沾自喜。当年田子方点拨武侯，就是想改掉他这个毛病，奈何他始终不能觉悟。魏国有这样的国君，其衰败自然是不可避免。

魏置相，相田文。吴起不悦，谓田文曰："请与子论功可乎？"田文曰："可。"起曰："将三军，使士卒乐死，敌国不敢谋，子孰与起？”文曰："不如子。"起曰："治百官，亲万民，实府库，子孰与起？"文曰："不如子。"起曰："守西河，秦兵不敢东乡，韩、赵宾从，子孰与起？"文曰："不如子。"起曰："此三者子皆出吾下，而位居吾上，何也？"文曰："主少国疑，大臣未附，百姓不信，方是之时，属之子乎，属之我乎？"起默然良久曰："属之子矣！"

【白话】

　　魏国设置宰相，这次任命的是田文。吴起很不高兴，对田文道："我想与你比较功劳大小，可以吗？"田文回答："可以。"吴起问："统帅三军，使将士乐于赴死，敌国不敢有图谋的念头，这些事你和我比谁更好？"田文说："我不如你。"吴起再问："治理百官，亲善百姓，充实府库，这些事你和我比谁更好？"田文说："我不如你。"吴起又问："镇守西河，使秦兵不敢向东侵犯，韩国、赵国依附听命，这些事你和我比谁更好？"田文还是说："我不如你。"吴起质问道："你这三方面的能力都在我之下，而职位却在我之上，这是什么道理？"田文说："君上年少，国人多疑，大臣不能齐心归附，百姓不能信赖政府，在这种时候，宰相的位置是交给你做好呢，还是交给我做好？"吴起默默不语，过了很长时间才说："还是交给你啊！"

【姚论】

　　武侯即位之初，文侯时的功臣多已年老去世，吴起功勋卓著而不能拜相，是以内心愤愤不平。然此时的吴起既无去国之意，更无权斗之心，故而在明面上与田文论功。田文看似说得吴起哑口无言，赢得了辩论，实则严重伤害了吴起的感情。田文让吴起明白了一个残酷的现实，即无论自己为魏国立下多大的功劳，都不会被他们视为自己人。在魏人看来，吴起只是能征善战、守土理财的工具，但对于"主少国疑，大臣未附，百姓不信"之事，就不能交给吴起来做了。不是说吴起能力不行、资格不够，而是因为他身份不对，终究是个外人。田文这番话，埋下了吴起日后离开的伏笔。

久之，魏相公叔尚主而害吴起。公叔之仆曰："起易去也。起为人刚劲自喜。子先言于君曰：'吴起，贤人也，而君之国小，臣恐起之无留心也。君盍试延以女，起无留心，则必辞矣。'子因与起归而使公主辱子，起见公主之贱子也，必辞，则子之计中矣。"公叔从之，吴起果辞公主。魏武侯疑之而未信，起惧诛，遂奔楚。

【白话】

又过了很长时间，魏国宰相换成了公叔。公叔娶的是魏国公主，他对吴起非常忌惮。公叔的仆人献策道："吴起是很容易去掉的。他为人刚毅劲直，自我感觉非常好。您可以先对国君说：'吴起，是一位贤能的人。可是魏国领土较小，我担心他会没有久留之心。您何不试着将女儿嫁给他，如果他果真没有久留之心，就一定会辞谢的。'然后，您再与吴起一同回家，让公主羞辱您。吴起看到公主对您如此傲慢无礼，就必定不敢再娶魏国公主，这样您的计谋就能成功了。"公叔依计行事，吴起果然辞谢与公主的婚事。魏武侯猜疑吴起，对他不再信任。吴起害怕被诛杀，遂逃奔楚国。

【姚论】

以吴起才干之优、功勋之著、资历之久，早该轮到他做宰相了。魏武侯任命田文为相时，吴起就已是愤愤不平。田文之后，魏武侯又任命公叔为相而再次置吴起于不顾，吴起内心之愤怒和委屈可想而知。吴起之去魏，非只是因小人离间计得逞，而是他老早就对魏国失望透顶。

根据《吕氏春秋·长见》记载，吴起治理西河时，魏国大夫王错在魏武侯面前诋毁他，武侯听信谗言后派人将吴起召回。吴起走到岸门（今山西河津南）时，停下车来，回首遥望西河，眼泪一行行流了下来。吴起的仆人对他说："我私下观察您的志向，对舍弃天下就像扔掉鞋子一样平淡。如今离开西河而流泪，这是什么缘故呢？"吴起擦去眼泪后回答道："你不了解。如果国君信任我，让我能够充分施展自己的才华，那我就可以凭借西河来帮助国君成就王业。现在国君听信谗言而不信任我，西河要不了多久就会被秦国夺取，魏国从此就要被削弱了。"后来，吴起离开魏国前往楚国，西河就完全被秦国吞并，秦国的势力因此日益强大。

楚悼王素闻其贤，至则任之为相。起明法审令，捐不急之官，废公族疏远者，以抚养战斗之士，要在强兵，破游说之言从横者。于是南平百越，北却三晋，西伐秦，诸侯皆患楚之强；而楚之贵戚大臣多怨吴起者。

【白话】
楚悼王芈疑早就听说吴起的贤能，所以吴起一到楚国，便立刻任命他为宰相。吴起就任后，严明法律政令，裁撤冗余的官员，废除疏远的王族，用节省下来的钱安抚奖励征战之士，提高军队的战斗力，破除各家关于合纵连横的游说。于是，楚国向南平定百越，向北击败三晋，向西征讨秦国，各路诸侯都畏惧楚国的强大，而在楚国的王亲贵戚、显要权臣中，也有很多人因既得利益受损而怨恨吴起。

秦惠公薨，子出公立。

【白话】
秦惠公去世，其子（名不详）即位，是为秦出公。

赵武侯薨，国人复立烈侯之太子章，是为敬侯。

【白话】
赵武侯去世，国人又拥立赵烈侯的太子赵章即位，是为赵敬侯。

【姚注】
赵烈侯之后即是赵敬侯，中间并不存在"赵武侯"，见前400年论。

韩烈侯薨，子文侯立。

【白话】

韩烈侯韩取去世，其子韩猷即位，是为韩文侯。

公元前386年 乙未
周安王十六年

初命齐大夫田和为诸侯。

【白话】

周天子正式任命齐国大夫田和为诸侯。

赵公子朝作乱，奔魏；与魏袭邯郸，不克。

【白话】

赵国公子赵朝作乱，逃奔魏国。之后，赵朝与魏国军队一起袭击赵国邯郸，未能攻克。

【姚论】

赵朝之乱在当时的规模虽然不大，政治上的影响却很坏。魏文侯时，极力维护三晋同盟，以抗衡秦、楚。可魏武侯却不但收容了赵国的乱臣贼子，而且还出兵与其一同偷袭赵国的都城邯郸，三晋同盟自此破裂。

公元前385年 丙申
周安王十七年

秦庶长改逆献公于河西而立之；杀出子及其母，沉之渊旁。

【白话】

秦国庶长菌改发动政变，迎接居住在河西的嬴师隰回国继任新国君，是为秦献公。将原国君秦出公和他的母亲杀死，沉在河里。

【姚注】

秦国自春秋晚期以来频繁出现内乱，庶长经常执掌大权并改易国君，公子则经常逃亡至魏，新立之国君亦常为从魏国返回的秦公子。前429年，秦躁公嬴欣去世，秦人将躁公在晋国的弟弟嬴封迎回，立为新国君，是为秦怀公。怀公四年，即前425年，庶长晁领兵围攻怀公，怀公自杀。由于怀公的太子昭子早死，是以秦人立昭子的儿子、怀公的孙子嬴肃为新国君，是为秦灵公。灵公十年，即前415年，秦灵公去世，其子嬴师隰（《吕氏春秋》记为"公子连"）年方十岁，未能继承君位，朝臣将昭子的弟弟、灵公的叔父嬴悼子从晋国迎回，立为新国君，是为秦简公。嬴师隰为防不测逃亡至魏，居住在河西，开启了长达29年的流亡生涯。秦简公十五年，即前400年，秦简公去世，其子继位，是为秦惠公。秦惠公十三年，即前387年，秦惠公去世，其子嬴昌继位，是为秦出公（《史记》《资治通鉴》称"出子"）。秦出公生于前388年，即位时尚不满两岁，朝政由其母把持。出公二年，即前385年，庶长菌改发动政变，杀死秦出公及其母，迎接居住在河西的嬴师隰回国继任新国君，是为秦献公。河西，即黄河之西，原为秦国领土，后为魏文侯攻占。秦献公在河西居住近30年，目睹了魏国因魏文侯变法图强的全部过程，回到秦国就任国君后亦立刻着手进行改革，这为日后秦孝公任用商鞅变法做了铺垫。

齐伐鲁。

【白话】

齐国攻打鲁国。

韩伐郑，取阳城；伐宋，执宋公。

【白话】

韩国攻打郑国，夺取阳城（今河南登封东南）。又攻打宋国，俘虏宋国国君宋悼公宋购由。

【姚注】

这一年，宋悼公宋购由去世，其子宋休公宋田即位，《资治通鉴》误记在前396年。

齐太公薨，子桓公午立。

【白话】

齐太公田和去世，其子田午即位，是为齐桓公。

【姚注】

此处记载有误。前385年，田和去世，其子田剡继位，史称"齐侯剡"或"田侯剡"。前375年，田剡之弟田午弑君自立，是为齐桓公。史家为与春秋五霸时的齐桓公区别，故多称田午为"田齐桓公"或"齐桓公午"。

公元前384年 丁酉
周安王十八年

（本年无记载。）

公元前383年 戊戌
周安王十九年

魏败赵师于兔台①。

【白话】

魏国在兔台击败赵国军队。

【姚注】

①兔台：《史记·赵世家》记载，"（赵敬侯）四年，魏败我兔台。筑刚平以侵卫。"卫国是魏国的附属国，赵国在刚平筑城以入侵卫国，卫国向魏国求援，遂有魏败赵师于兔台。刚平在今河南清丰西，兔台今地不详。

这一年，卫慎公姬颓去世，其子姬训继位，是为卫声公。《史记·卫世家》误记为前373年，《资治通鉴》因《史记》之误。

公元前382年 己亥
周安王二十年

日有食之，既^①。

【白话】

出现日全食。

【姚注】

①既：尽，完了。

公元前381年 庚子
周安王二十一年

楚悼王薨。贵戚大臣作乱，攻吴起；起走之王尸而伏之。击起之徒因射刺起，并中王尸。既葬，肃王即位，使令尹尽诛为乱者；坐起夷宗者七十馀家。

【白话】

楚悼王芈疑去世。楚国的贵戚和大臣作乱，攻打吴起。吴起逃到悼王尸体边，伏在上面。攻击吴起的暴徒用箭射杀吴起，同时也射中了悼王的尸体。葬礼结束后，楚肃王即位，下令宰相将作乱者尽数剪灭，因射杀吴起之事而被灭族的有七十多家。

【姚论】

晚清戊戌变法失败后，谭嗣同拒绝逃亡海外，对劝他离开的人说："各国变法无不从流血而成，今日中国未闻有因变法而流血者，此国之所以不昌也。有之，请自嗣同始。"其实中国自古以来为变法流血者所在多有，而吴起就是第一个最有影响力的政治家。

另，《吕氏春秋·贵卒》对吴起之死有更加详细的记载。吴起对楚悼王说："楚国有余的是土地，不足的是人民。现在您想用本来就已经不足的人民去打仗，以换得本来就有余的土地，这我是无法办到的。"于是，楚悼王下令将楚国的王亲贵戚迁居到偏远广阔的地方去开荒，使得这些贵戚们感到非常痛苦。楚悼王死后，贵戚们回到京城，一起用箭射击吴起。吴起高喊："我今天就让你们看看我是怎样用兵的。"遂拔下箭跑到楚悼王尸体停放的灵堂，自己趴在楚悼王身上，并把箭插在楚悼王的尸体上，大喊："这些乱臣射击楚王的尸体。"吴起死后，按照楚国的法律，兵器触碰到君王尸体属于重罪，攻击吴起的贵戚们都被株连三族。

公元前380年 辛丑
周安王二十二年

齐伐燕，取桑丘。魏、韩、赵伐齐，至桑丘[1]。

【白话】

齐国攻打燕国，夺取桑丘（今河北保定市徐水区西南）。魏、韩、赵三国攻打齐国，兵至桑丘。

【姚注】

①桑丘：与前400年"魏、韩、赵伐楚，至桑丘"的桑丘非一处。

魏国衰弱

公元前379年 壬寅
周安王二十三年

赵袭卫，不克。

【白话】

赵国袭击卫国，未能攻克。

齐康公薨，无子，田氏遂并齐而有之。

【白话】

齐康公姜贷去世，没有儿子，田氏家族遂吞并了整个齐国。

是岁，齐桓公亦薨，子威王因齐立。

【白话】

这一年，齐桓公田午也去世，其子田因齐即位，是为齐威王。

【姚注】

这一年，应该是田剡六年。《史记》在记载田齐之事时，漏记了田剡十年，从齐太公直接跳到了齐桓公。在记载齐桓公田午之事时，又将齐桓公共18年误记为只有6年，因此将齐威王即位之事向前移了22年。《资治通鉴》因《史记》之误。

公元前378年 癸卯
周安王二十四年

狄败魏师于浍①。

【白话】

北方狄族部落在浍水击败魏国军队。

【姚注】

①浍：此处的浍水属汾河支流，在今山西翼城南。另有一浍河，属淮河支流，自河南夏邑流入安徽，是在隋炀帝大业六年（610年），为连接黄河、淮河和长江三大水系而开凿的运渠，与这里所说的浍水非一处。

魏、韩、赵伐齐，至灵丘①。

【白话】

魏、韩、赵三国攻打齐国，兵至灵丘（今山东高唐南）。

【姚注】

①灵丘：《史记·田敬仲完世家》正义记："灵丘，河东蔚

州县。案：灵丘此时属齐，三晋因丧伐之。"句中的河东蔚州县，即今河北蔚县，但此项记载有误：河北蔚县在赵国北部，不可能为齐国所有。齐国当年亦无丧事，《史记》误记前379年为齐桓公田午去世，故张守节臆测前378年三晋伐齐，其实这年只是在田剡七年。西汉初设置灵丘县，因赵武灵王埋葬于此而得名，位于今山西灵丘县，与今河北蔚县接壤，在隋朝时曾隶属蔚州，正义之误当是因此。《孟子·公孙丑下》中有记载："子之辞灵丘而请士师。"朱熹在此处注："灵丘，齐下邑也。"这应该就是《资治通鉴》中本段记载之三晋伐齐的灵丘，位于今山东高唐南。

晋孝公薨，子靖公俱酒立。

【白话】

晋孝公姬倾去世，其子姬俱酒即位，是为晋靖公。

公元前377年 甲辰
周安王二十五年

蜀伐楚，取兹方。

【白话】

蜀国攻打楚国，夺取兹方（今重庆奉节）。

子思言苟变于卫侯曰[1]："其才可将五百乘[2]。"公曰："吾知其可将；然变也尝为吏，赋于民而食人二鸡子，故弗用也。"子思曰："夫圣人之官人，犹匠之用木也，取其所长，弃其所短；

故杞梓连抱而有数尺之朽，良工不弃。今君处战国之世，选爪牙之士，而以二卵弃干城之将，此不可使闻于邻国也。"公再拜曰："谨受教矣！"

【白话】

子思向卫声公姬训推荐苟变道："他的才能可以统领五百辆战车。"卫侯说："我也知道他是个将才，可是苟变在担任行政官员期间，有次征税时吃了老百姓两个鸡蛋，所以我不用他。"子思说："圣人选用人才做官，就好比工匠使用木材，取其所长，弃其所短。因此，对于一根需要多人方能合抱的良木，如果它只是有几尺的地方朽烂，那么高明的工匠是不会扔掉的。如今国君您正处在战国纷争之世，应当选取锋利勇武的人才，却只因为两个鸡蛋而舍弃一员能够保家卫国的大将，这事可千万不能让邻国知道啊！"卫侯再三拜谢说："我接受您的指教。"

【姚注】

①子思：孔子之孙，孔鲤之子，受教于曾子，其门人又传道孟子，人称"思孟学派"。孔子作《论语》，曾子作《大学》，子思作《中庸》，孟子作《孟子》，南宋朱熹将其合称为《四书》，被视为孔门正宗。卫侯，即卫声公姬训，卫国第三十八任国君。声公去世后，其子姬不逝继位，因自觉国小势弱，不足与战国七雄并列，遂自贬为侯，即卫成侯。这也是《资治通鉴》中称姬训为"卫侯"的原因所在。事实上，姬训在位时还是公，是到他儿子姬不逝即位十六年后，卫国才沦为侯国的。

②乘（shèng）：古代作战的兵车，由四匹马拉着，也称一驷。每乘战车载甲士三名，按左、中、右排列。战车中间的甲士，是负责驾驶战车的御者，只随身佩戴保护身体的短兵器。左边的甲士持弓，负责射箭，是整辆战车的负责人，称"车左"，又称"甲首"。右边的甲士执戈，负责击刺，并为战车行进排除障碍，称"车右"，又称"骖乘"。车上同时还会配备殳、戟、长矛等兵器，以供甲士在作战中使用。（见图3）显然，战车具有很强的远距离攻击能力，车左的弓箭可以射击远方，车右的长矛也可攻击到

较远距离，但在近距离进攻和自身防守方面就比较吃亏了，因此战车旁边还需要步兵来护卫。每辆战车的正前方有24人，称"前拒"；左前方有24人，称"左角"；右前方24人，称"右角"。因此，一个完整的作战单元应该是75人。（见图4）

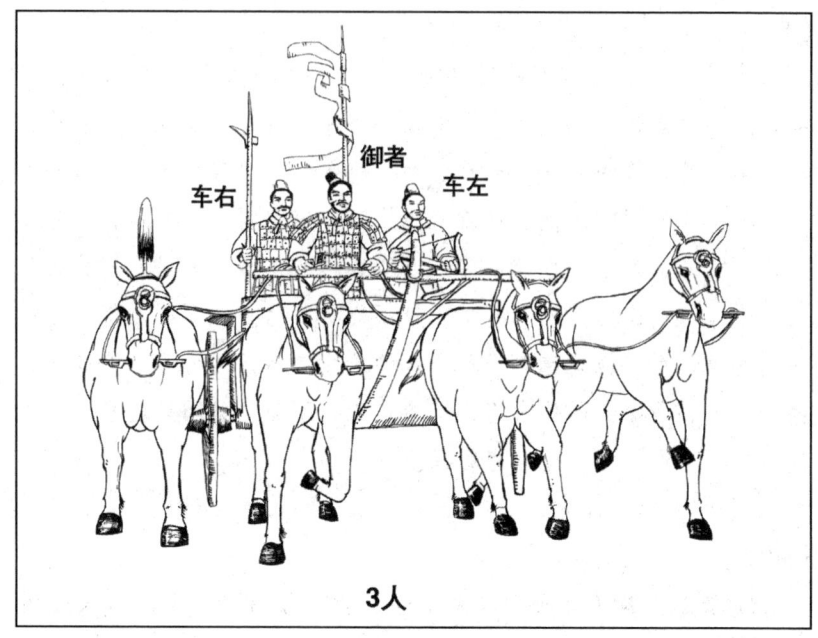

图3

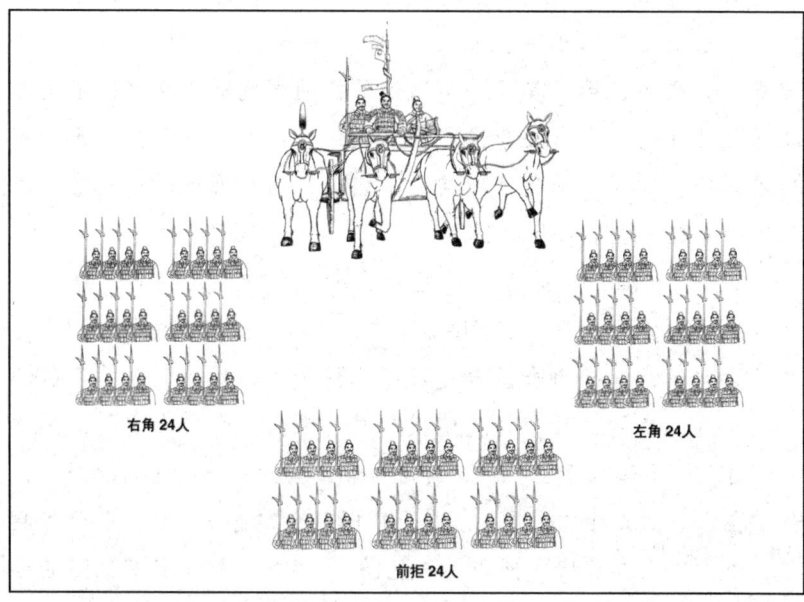

图4

军队中除了作战部队之外，还需要后勤部队。一个完整的后勤单元配置，中间位置是粮草辎重，通常是用牛拉，因为牛相较于马速度虽慢，但更能负重。厩养负责喂养牛马，固衣守装负责衣装器械，炊家子负责烧饭做菜，樵汲负责砍柴打水。（见图5）

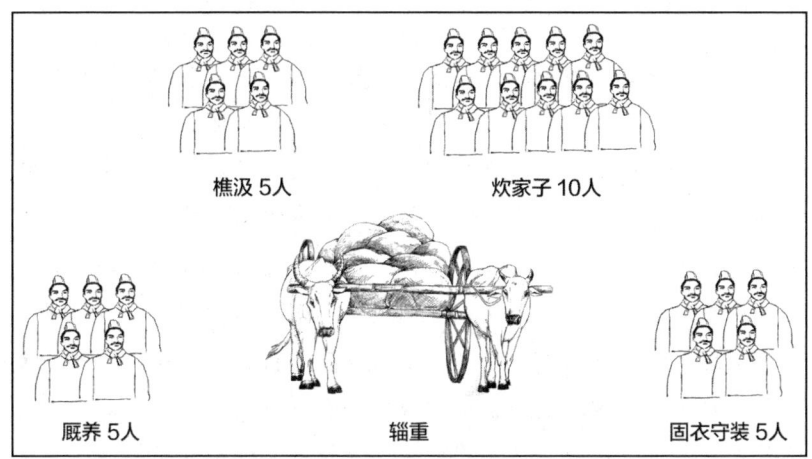

樵汲 5人　　　　　　　炊家子 10人

厩养 5人　　　　　　辎重　　　　　　固衣守装 5人

图5

这就是古书上所记载的"一车甲士三人，步卒七十二人，炊家子十人，固衣守装五人，厩养五人，樵汲五人"，合计刚好100人。因此，《资治通鉴》原文所谓的"五百乘"，绝不只是1500人的军队，而应该是5万人的军队。商汤灭夏桀时，只用了七十乘。周武王灭商纣，孟津观兵时自己只有三百乘，但在牧野之战时诸侯联军合计有四千乘之多。至春秋战国之际，千乘之国为中等国家，万乘之国为超级大国。西汉刘向在《战国策书录》中说："万乘之国七，千乘之国五，敌侔争权，盖为战国。"其中，万乘之国七，所指的自然是齐、楚、燕、韩、赵、魏、秦这战国七雄。千乘之国五则是指鲁、宋、卫、中山、郑。对于千乘之国的卫来说，能够统领五百乘的苟变，足可称之为国士了。

卫侯言计非是，而群臣和者如出一口。子思曰："以吾观卫，所谓'君不君，臣不臣'者也①！"公丘懿子曰："何乃若是？"子思曰："人主自臧，则众谋不进。事是而臧之，犹却众谋，况和非以长恶乎！夫不察事之是非而悦人赞己，暗莫甚焉；不度理之所在而阿谀求容，谄莫甚焉。君暗臣谄，以居百姓之上，民不与也。若此不已，国无类矣！"

【白话】

　　每当卫声公说错话、做错事，大臣们都众口一词地称赞附和。子思说："我看卫国真是叫作'君不像君，臣不像臣'啊！"公丘懿子问道："何至于到这种程度？"子思说："君主总是自我感觉良好，众人就无法贡献自己的智慧。即便事情最终处理对了，还存在排斥众人智慧的问题。更何况，现在明明是君主做错了事，而众人还要齐声附和君主的错误，这就使得恶果更加严重。不考察事情的对错而乐于让别人称赞自己，这是昏暗的极致。不推断事物的道理而只知阿谀奉承，这是谄媚的极致。君主昏暗，大臣谄媚，而凌驾于百姓之上，这样是不会得到民众支持的。如果这种情况得不到改观，国家就一定会灭亡！"

【姚注】

　　①君不君，臣不臣：典出《论语·颜渊》。齐景公问政于孔子。孔子对曰："君君，臣臣，父父，子子。"公曰："善哉！信如君不君，臣不臣，父不父，子不子，虽有粟，吾得而食诸？"意思是：齐景公问孔子如何治理国家，孔子回答说："君要像君，臣要像臣，父要像父，子要像子。"齐景公回答道："有道理啊！如果君不像君，臣不像臣，父不像父，子不像子，那即便国家还有粮食，我又怎么能吃得到呢？"

　　子思言于卫侯曰："君之国事将日非矣！"公曰："何故？"对曰："有由然焉。君出言自以为是，而卿大夫莫敢矫其非；卿大夫出言亦自以为是，而士庶人莫敢矫其非。君臣既自贤矣，而群下同声贤之，贤之则顺而有福，矫之则逆而有祸，如此则善安从生！《诗》曰：'具曰予圣，谁知乌之雌雄？'抑亦似君之君臣乎！"

【白话】

子思对卫声公说:"您的国家将要一天不如一天了。"卫声公问:"为什么这么说呢?"子思回答道:"当然是有原因的。国君您讲起话来自以为是,卿大夫中没人敢纠正您的错误。卿大夫讲起话来也是自以为是,而士人百姓不敢纠正他们的错误。君臣都自以为贤能,下属又异口同声地称赞他们贤能,凡是称赞贤能的都会因顺从有福,纠正错误的都会因忤逆而受祸,这样的国家政治还怎么能好呢?《诗经》上说:'都说自己是圣贤,乌鸦的雌雄谁能辨?'讲的不就是你们这些君臣吗?"

【姚论】

子思的这番话,放在一般情况下固然是至理名言,但卫声公的所作所为亦有其不得已之处。卫国始封于西周初年,国君是周武王的弟弟康叔姬封,传至公元前377年(卫声公姬训时)已历三十八代,国力已经非常衰弱。领土面积狭小到只剩下今河南濮阳一带,且周围又有强敌环伺,西面、南面是魏国,北面是赵国,东面是齐国。早在第三十五代卫昭公时,卫国就已沦为尚未三家分晋的魏氏的附庸。子思要求卫国君贤臣直,奋武强兵,其实是强人所难的。三家分晋和田氏代齐之后都没有杀死主君,而是给他们保留了一两座城市以维持祭祀。这些国君被放逐后整天沉湎于酒色,可他们是心甘情愿要自暴自弃的吗?恐怕不全是如此,他们也没办法,非如此不足以让三晋和田氏放心。一旦他们表现出积极有为的景象,则随时可能会给自己招来灭顶之灾。同样的道理,卫声公未必不想君贤臣直,但是旁边的魏、赵、齐诸雄不会给他奋发自强的空间。子思向卫声公推荐苟变,说苟变的军事才能可以统帅五百乘,被卫声公以两个鸡蛋为由拒绝,这导致子思的严重不满。其实,卫声公不方便对子思说的是,他要一个能统帅五百乘的将才有什么用?他敢去进攻谁?魏国、赵国还是齐国?别说打不过,就算打得过,又怎样?当年吴起率领鲁国的军队打败了齐国,结果鲁国人不是担心战胜强敌之后会成为众矢之的,故而把吴起给逼走了吗?战国期间三位顶尖的政治家吴起、商鞅和吕不韦都是卫国人,其中商鞅还是卫国公室,但他们都在早年就离开了卫国,可见他们非常清楚卫国不是用武之地，因此根本不对卫国抱以希望。卫国君臣非常清楚自己的身份和实力，所以他们也根本不打算奋武强兵，而是利用外交手段周旋于诸雄之间苟延残喘。也正是这个原因，卫国反倒是春秋战国之际活得最久的，不仅远超"千乘之国五"中的其他四个，也超过了"万乘之国七"中的其他六个。卫国是直到秦二世元年（前209年），被秦二世胡亥废掉才算彻底亡国的。能在战争频发的春秋战国之际存活那么多年，虽说是活得很窝囊很没出息，但也已经十分不容易了。否则，卫声公真要听了子思的谏言，也只不过是加速自己的灭亡而已。

鲁穆公薨，子共公奋立。

【白话】

鲁穆公姬显去世，其子姬奋即位，是为鲁共公。

韩文侯薨，子哀侯立。

【白话】

韩文侯去世，其子（名不详）即位，是为韩哀侯。

公元前376年 乙巳
周安王二十六年

王崩，子烈王喜立。

【白话】

周安王姬骄去世，其子姬喜即位，是为周烈王。

魏、韩、赵共废晋靖公为家人而分其地。

【白话】

魏、韩、赵三国共同将晋靖公废黜为平民，瓜分了他残余的领地[1]。

公元前375年 丙午
周烈王元年

日有食之。

【白话】

出现日食。

韩灭郑，因徙都之。

【白话】

韩国灭掉郑国，将自己的都城迁移到新郑（今河南新郑）。

【姚注】

韩国的都城最初在平阳，后迁移至阳翟，本年从阳翟迁移至新郑。

---

[1] 晋国至此灭亡。

赵敬侯薨，子成侯种立。

【白话】

赵敬侯赵章去世，其子赵种即位，是为赵成侯。

【姚注】

这一年，田午弑杀田侯剡而自立，是为齐桓公。

公元前374年 丁未
周烈王二年

（本年无记载。）

【姚注】

这一年，韩严弑杀其君韩哀侯，韩人立哀侯之子韩若山为君，是为韩懿侯。《资治通鉴》误记在前371年。

公元前373年 戊申
周烈王三年

燕败齐师于林狐。

【白话】

燕国在林狐击败齐国军队。

鲁伐齐，入阳关。

【白话】

鲁国攻打齐国，进入阳关（今山东泰安南）。

魏伐齐，至博陵。

【白话】

魏国攻打齐国，抵达博陵（今山东高唐西南，靠近灵丘）。

燕僖公薨，子桓公立。

【白话】

燕僖公去世，其子即位，是为燕桓公。

宋休公薨，子辟公立。

【白话】

宋休公宋田去世，其子宋辟兵即位，是为宋辟公。

卫慎公薨，子声公训立。

【白话】

卫慎公姬颓去世，其子姬训即位，是为卫声公。

【姚注】

卫慎公姬颓去世，卫声公姬训即位之事，发生在前383年，《资治通鉴》误记于此。

公元前372年 己酉
周烈王四年

赵伐卫，取都鄙七十三。

【白话】

赵国攻打卫国，夺取七十三个村镇。

魏败赵师于北蔺。

【白话】

魏国在北蔺（今山西离石西）击败赵国军队。

公元前371年 庚戌
周烈王五年

魏伐楚，取鲁阳。

【白话】

魏国攻打楚国，夺取鲁阳（今河南鲁山）。

韩严遂弑哀侯，国人立其子懿侯。初，哀侯以韩傀为相而爱严遂，二人甚相害也。严遂令人刺韩傀于朝，傀走哀侯，哀侯抱之；人刺韩傀，兼及哀侯。

【白话】

韩国严遂弑杀韩哀侯，韩人立哀侯之子韩若山继位，是为韩懿侯。当初，韩哀侯曾任命韩廆为宰相，却又对严遂宠爱有加，两人之间的仇恨很深。严遂派刺客在朝堂之上袭击韩廆，韩廆逃到韩哀侯身旁，韩哀侯抱住他。刺客为了杀死韩廆，连带韩哀侯也被刺死。

【姚注】

严遂杀韩廆之事，发生在前397年，《资治通鉴》当时的记载是严仲子派刺客聂政刺杀了侠累。其实，严仲子就是严遂，仲子是他的字。侠累就是韩廆，也作韩累、韩傀、韩傫。当时韩国的国君是韩烈侯，也不存在国君被刺的问题。韩严弑杀韩哀侯之事，发生在前374年，《资治通鉴》将严遂杀韩廆与韩严弑哀侯两事混为一谈，又将严遂和韩严两人混为一人，故有"韩严遂弑哀侯""人刺韩廆，兼及哀侯"之误。

魏武侯薨①，不立太子，子罃与公中缓争立②，国内乱。

【白话】

魏武侯魏击去世。武侯生前没有立太子，死后他的儿子魏罃与公中缓争夺君位，国内大乱。

【姚注】

①魏武侯薨：魏武侯去世当在前370年，《资治通鉴》误记在本年。

②公中缓：即魏缓，魏武侯之子，魏罃之弟。

这一年，卫声公姬训去世，其子姬不逝即位，是为卫成侯。《资治通鉴》误记在前362年。

公元前370年 辛亥
周烈王六年

齐威王来朝①。是时周室微弱，诸侯莫朝，而齐独朝之，天下以此益贤威王。

【白话】

齐桓公田午朝拜周烈王。当时周王室已经十分衰弱，各诸侯都不来朝拜周天子，唯独齐国前来朝拜，因此天下人越发称赞齐桓公贤德。

【姚注】

①齐威王：此处应该是齐桓公田午。

【姚论】

公元前375年，田午弑杀其兄田侯剡而自立，其在执政合法性上是有重大污点的，所以这才会前往周天子处朝拜，希望通过周天子的加持来提升其执政的合法性。其余各国无此需要，自然就不去理会周天子了，司马光说"天下以此益贤威王"纯属一厢情愿。尤其可笑的是，司马光口口声声称呼田因齐为"齐威王"，难道就不觉得有什么别扭吗？前403年，韩、赵、魏三家请示周天子，将自己的身份提到与诸侯国平起平坐，这就被司马光洋洋洒洒骂了一千多字，并作为《资治通鉴》全书的开篇，因为他觉得礼纪纲常就是从这个时候开始彻底崩坏的。然而，田因齐自称齐王，那是将自己抬升到与周天子同等地位，司马光却说"天下以此益贤威王"，这是有多荒谬？

赵伐齐，至鄄。

【白话】

赵国攻打齐国，军队抵达鄄（今山东鄄城北）城。

魏败赵师于怀。

【白话】

魏国在怀（今河南武陟西南）地击败赵国军队。

齐威王召即墨大夫，语之曰："自子之居即墨也，毁言日至。然吾使人视即墨，田野辟，人民给，官无事，东方以宁；是子不事吾左右以求助也！"封之万家。召阿大夫，语之曰："自子守阿，誉言日至。吾使人视阿，田野不辟，人民贫馁。昔日赵攻鄄，子不救；卫取薛陵，子不知；是子厚币事吾左右以求誉也！"是日，烹阿大夫及左右尝誉者。于是群臣耸惧，莫敢饰诈，务尽其情。齐国大治，强于天下。

【白话】

齐威王召见即墨（今山东平度东）大夫，对他说："自从你到即墨就任以来，每天都有毁谤你的话传来。然而我派人去即墨视察，发现那里田地开辟，百姓富足，官府无事，使得齐国的东方十分安定。这些，是你不巴结我的左右近臣，求他们替你说好话的缘故。"于是赐给即墨大夫一万户的封邑。齐威王又召见东阿大夫，对他说："自从你到东阿就任以来，每天都有称赞你的话传来。可我派人前去东阿视察，发现那里田地荒芜，百姓穷困饥饿。当初赵国攻打鄄城，你不救；卫国夺取薛陵，你也不知道。这些，是你用重金买通我的左右近臣，求他们替你说好话的缘故！"当天，齐威王下令烹杀东阿大夫以及替他美言的左右近臣。于是，群臣毛骨悚然，再也不敢弄虚作假，所有政务都实事求是地认真执行。齐国因此大治，成为天下强国。

楚肃王薨，无子，立其弟良夫，是为宣王。

【白话】

楚肃王芈臧去世。芈臧没有儿子，其弟芈良夫即位，是为楚宣王。

宋辟公薨，子剔成立。

【白话】

宋辟公宋辟兵去世，其子宋剔成即位。

【姚注】

这一年，魏武侯魏击去世，《资治通鉴》误记在前371年。

公元前369年 壬子
周烈王七年

日有食之。

【白话】

出现日食。

王崩，弟扁立，是为显王。

【白话】

周烈王姬喜去世，其弟姬扁即位，是为周显王。

魏大夫王错出奔韩。公孙顾谓韩懿侯曰："魏乱，可取也。"懿侯乃与赵成侯合兵伐魏，战于浊泽①，大破之，遂围魏。成侯曰："杀䓨，立公中缓，割地而退，我二国之利也。"懿侯曰："不可。杀魏君，暴也；割地而退，贪也。不如两分之。魏分为两，不强于宋、卫，则我终无魏患矣。"赵人不听。懿侯不悦，以其兵夜去。赵成侯亦去。䓨遂杀公中缓而立②，是为惠王。

【白话】

魏国大夫王错逃奔韩国。公孙顾对韩懿侯说："魏国出现内乱，可以趁机攻取。"韩懿侯于是联合赵成侯一起出兵攻打魏国，在浊泽（今山西运城西南）大败魏军，随即包围了魏国都城安邑。赵成侯道："杀掉魏䓨，立公中缓为魏国国君，之后割地退兵，这是对我们两国都有利的做法。"韩懿侯说："不能这样。杀死魏国的国君，是残暴的行为；割地后才退兵，是贪婪的行为。不如让两人分治魏国。一旦魏国被分为两半，则其实力不会比宋国和卫国强，这样我们就再也不用担心魏国的威胁了。"赵成侯不同意。韩懿侯很不高兴，当晚就率领自己的军队离去，赵成侯也只好退兵归国。于是，魏䓨杀死公中缓即位，是为魏惠王。

【姚注】

①浊泽：又作"涿泽"。与齐太公田和求为诸侯时会盟的浊泽非一处，那个浊泽在今河南新郑西南。

②"䓨遂"一句：魏䓨杀死公中缓即位。魏缓的势力不如其兄魏䓨，故投靠韩、赵以助其回国夺位。但在韩、赵撤兵之后，魏缓就无法抵御魏䓨了。

【姚论】

魏武侯即位之初，曾在与吴起同游西河时夸赞魏国的山河之固，当即被吴起以"在德不在险"反驳。吴起当时还说："若君不修德，舟中之人皆敌国也！"果然魏武侯死后，他的两个儿子就为了争夺君位而骨肉相残起来。弟弟魏缓在失败后又引入韩、赵的外国势力，若非韩、赵两国的领袖意气用事，魏国早已是国破家亡了。魏武侯口中的山河之固，又真的发挥多少作用了？魏文侯当年内修德政，外和韩、赵，把一个"诸侯莫能与之争"的魏国交到魏武侯手里。可到魏武侯死时，竟至于几乎被韩、赵联手灭国，其庸碌无能可见一斑。吴起也正是看透了魏武侯的无能失德，才会决心离开为之奋斗多年的魏国，真的不只是因为中了小人的离间之计。

太史公曰：魏惠王所以身不死、国不分者，二国之谋不和也。若从一家之谋，魏必分矣。故曰："君终，无适子，其国可破也。"

【白话】

司马迁说：魏惠王之所以能自身不死，国家不被瓜分，是由于韩、赵两国的意见不合。如果听从其中任何一家的办法，魏国都一定会被瓜分的。所以说："国君死时没有明确的合法继承人，国家就会被击破。"

【姚论】

若按照赵成侯的办法，则韩、赵两国可以得利。按照韩懿侯的办法，则韩、赵两国可以避害。但两国领导者意气用事的结果，是最终损人又不利己，没能得到任何好处，反而彻底得罪了魏国。魏国毕竟还有魏文侯当年留下的雄厚基业在，一旦其内政稳定下来，韩、赵就有苦头吃了。不过从更大的格局来看，无论按照谁的办法，只要盘踞中原的三晋互相攻伐，最大的受益者都是与中原毗邻的边缘国家，如南边的楚、东边的齐，特别是西边的秦。在魏惠王执政期间，西河之地将尽数被秦国重新夺回。

公元前368年 癸丑
周显王元年

齐伐魏，取观津①。

【白话】

齐国攻打魏国，夺取观津（今河南清丰南）。

【姚注】

①观津：又作"观泽"，位于魏国与齐、赵两国交界处。当时魏国刚经历了内乱和韩、赵入侵，齐国亦趁火打劫围攻观津。魏国元气大伤之后，只得献观津以求和。

赵侵齐，取长城①。

【白话】

赵国入侵齐国，占领长城。

【姚注】

①长城：指齐长城，始建于春秋，完成于战国。齐国是史上最早修建长城的国家。齐国在春秋战国时期曾与鲁、晋、宋、卫诸强争锋，遂依托泰沂山脉修筑长城以防御，西起今山东平阴，东至今山东青岛入海，全长1200余里。（见图6）

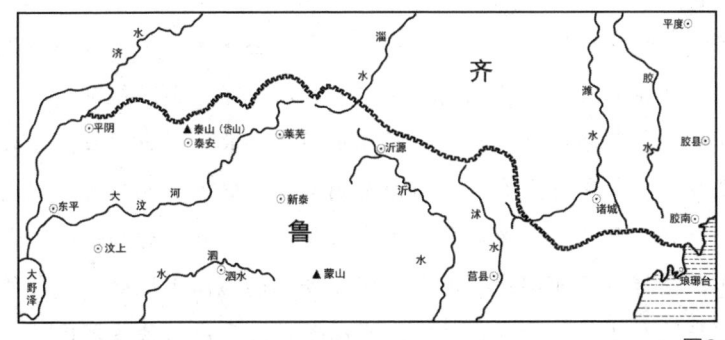

图6

公元前367年 甲寅
周显王二年

（本年无记载。）

公元前366年 乙卯
周显王三年

魏、韩会于宅阳。

【白话】

魏国与韩国在宅阳（今河南郑州北）举行会盟。

秦败魏师、韩师于洛阳。

【白话】

秦国在洛阳击败魏国和韩国军队。

【姚注】

《史记·六国年表》记载："（秦献公）十九年，败韩、魏洛阴。"然至司马光《资治通鉴》中，就改成了"秦败魏师、韩师于洛阳。"胡三省对此注解："洛阳在洛水之北，周公迁殷民于此，谓之成周。"司马光和胡三省因秦国与韩、魏不可能在洛水以南交战，故将司马迁之"洛阴"改成"洛阳"。可在当时的情况下，秦国军队同样不可能向东深入到洛阳（今河南洛阳）这么远。之所以会出现这种困扰，原因在于洛水有两条：一条源自陕西渭南，向东流经陕西东南部及河南西北部，最终在河南巩义注入黄河，为南洛水，亦是通常所指的洛水；另一条源自陕西定边，从西北向东南流至陕西大荔注入渭水，为北洛水。司马迁《史记》中所说的洛阴，指的是北洛水以南，位于今陕西大荔西南。魏文侯时期，吴起率领魏军西渡黄河，占领了原属于秦国的西河。前390年秦国曾入侵的武城，前389年秦国曾入侵的阴晋，这年交战的洛阴，皆位于西河地区，在今陕西大荔、华阴一带。司马光与胡三省因混淆南洛水与北洛水，故有此误。（见图7）

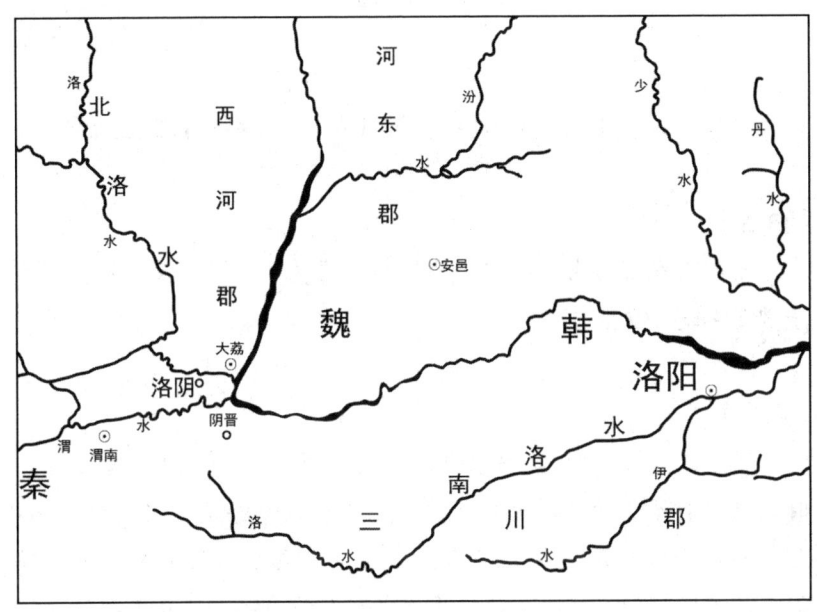

图7

公元前365年 丙辰
周显王四年

魏伐宋。

【白话】

魏国攻打宋国。

公元前364年 丁巳
周显王五年

秦献公败三晋之师于石门①**，斩首六万。王赐以黼黻之服**②**。**

【白话】

秦献公在石门山大败魏、韩、赵三国联军，斩首六万人。周天子赏赐秦献公黼黻。

【姚注】

①石门：石门山，位于今山西运城西南。前369年魏国内乱时，韩赵联军曾于浊泽大破魏茔。浊泽之东，就是石门山。前364年，秦国进攻魏国，韩、赵出兵相救，秦国在石门山大破三国联军。魏文侯时期，吴起率领魏兵攻占秦人的西河。魏武侯即位后，吴起因谗言陷害被迫逃奔楚国，秦国则在献公带领下国力日强，试图逐步夺回被魏国夺走的西河。而这次在石门山大败三晋联军，不但战果辉煌，而且是秦国首次东渡黄河，攻入河东后获得大胜，是以周天子亦不得不敬畏其势，赐黼黻祝贺以示笼络之意。

②黼（fǔ）黻（fú）：古代礼服，上面绣着黑白和黑青相间的斧形图案。《周礼·考工记·画缋》中记载："青与赤谓之文，赤与白谓之章，白与黑谓之黼，黑与青谓之黻。"

公元前363年 戊午
周显王六年

（本年无记载。）

【姚注】

这一年，韩懿侯韩若山去世，其子韩武即位，是为韩昭侯。《资治通鉴》因《史记》之误，记在前359年。

公元前362年 己未
周显王七年

魏败韩师、赵师于浍。

【白话】

魏国在浍水（山西翼城南）击败韩国和赵国的军队。

【姚论】

前370年，魏国击败赵国。前369年，韩赵联军击败魏国，又因在战后处置问题上发生分歧而翻脸。前366年，魏韩联军与秦国交战。前364年，魏韩赵联军与秦国交战。前362年，魏与韩赵联军交战。《孙子兵法·计篇》说："兵者，国之大事，死生之地，存亡之道，不可不察也。"然而三晋在这不到十年的时间里，时而互相交战，时而联手攻秦，简直视国家大事为儿戏，完全没有长远的军事外交战略。且魏国既然与韩、赵联手尚且为秦军所败，又怎么敢与韩、赵再开战端？表面上，魏国在浍水赢得了军事胜利，实则招来了巨大的战略灾祸。

秦、魏战于少梁，魏师败绩；获魏公孙痤①。

【白话】

秦国和魏国在少梁（今陕西韩城南）交战，魏军大败而逃，统帅公孙痤被俘。

【姚注】

①公孙痤（cuó）：即魏国宰相公叔痤。根据《战国策·魏策一》记载，在浍水以北击败韩赵联军的魏军统帅就是公叔痤。得胜回师后，魏惠王非常高兴，亲自到郊外迎接他，又拿出一百万亩土地作为奖赏。对此，公叔痤谢绝道："使士兵阵形不溃散，作战勇往直前，不屈不挠，这是吴起当年训练教导的结果，凭我是做不到的。至于事先勘察地势的险阻，安排应对各种利害得失的防备，使三军将士不感到迷惑，这是巴宁、爨（cuàn）襄的功劳。事先申明赏罚规定，事后让百姓深信不疑，是因为大王您英明的法度。看到敌人可以进攻就擂鼓进攻，不敢有所懈怠，这才是臣的功劳。大王何必因为臣的右手勤劳不懈就如此重赏臣呢？"魏惠王听后非常满意，寻访到吴起的后人，赏赐他土地二十万亩，又赏赐巴宁和爨襄各十万亩。之后又说："公叔真是个长者啊！不但为寡人战胜强敌，还不忘记贤者的后代，不掩饰能者的功劳，对于这样的人，我怎么能不增加赏赐呢？"于是，又多赏赐了公叔痤四十万亩，加上之前的一百万亩，总共是一百四十万亩。

在诸多历史文献记载中，魏国曾有过四个"公叔痤"。第一个是在前387年，即魏武侯时期，设计将吴起逼走的魏国宰相，其在《史记·孙子吴起列传》中被记为"公叔"。第二个是在前362年，于浍水击败韩赵联军的魏国统帅，在《战国策·魏策一》中记为"公叔痤"。第三个也是在前362年，率领魏军在少梁与秦军交战，结果兵败被俘的魏国统帅，《史记·秦本纪》和《史记·魏世家》记为"公孙痤"。第四个是在前361年，于临终病榻前向魏惠王推荐商鞅的魏国宰相，《战国策·魏策一》记为"公叔痤"，而《史记·商君列传》记为"公叔座"。后世史家在考证这段历史时，对于公叔、公叔痤、公孙痤和公叔座这四者是否为同一人，或仅其中两三个是同一人存在各种争议。姚尧认为，要说这四者同为一人，逻辑上是讲得通的。二十五年前，公叔痤还很年轻，凭借君主的宠信当上魏国的宰相后，对功勋卓著、能力超群的吴起非常忌惮，害怕被他夺走相位，故而设计将他逼走。二十五年后，公叔痤出将入相，权势非常稳固。他先是率领吴起留下来的精锐部队在浍水战胜韩赵联军，接着挥师西征在少梁与秦军交战，为秦军击败并俘虏。此役秦军虽然获胜，但也已元气大伤，故释放公叔痤来与魏国讲和。公叔痤原本就年事已高，经过这番折腾，很快就重病不起，临终前将商鞅推荐给魏惠王。

【姚论】

魏军在少梁惨败，表面上是军事上的重大挫折，但实质问题却根本不在军事。

少梁，位于今陕西韩城南，处黄河西岸。其对岸是汾阴，位于今山西万荣西南，汾水即从此处注入黄河。因此，少梁是控制水路交通的枢纽。魏文侯攻秦时，最初就是在少梁筑城以为军事基地。拿下河西之地后，魏文侯又是以少梁为起点修建魏长城，其战略重要性可想而知。秦、魏会在少梁交战，显然不可能是魏国主动进攻，而是秦国趁魏国在浍北与韩、赵激战之际攻取少梁。待到魏军打败韩赵联军再回师救援少梁时，已然是师老兵疲，故而被秦军击败。后秦孝公在求贤令中说："会往者厉、躁、简公、出子之不宁，国家内忧，未遑外事。三晋攻夺我先君河西地，丑莫大焉。"据此推测，当初魏文侯在攻占河西之地时，是曾经得到韩、赵相助的。也就是说，魏文侯在位时极力维护与韩、赵之间的关系，并在他们的帮助下攻占了秦国的河西之地。但到了魏惠王时期，却因为攻打韩、赵而被秦国偷袭了河西之地。可见，少梁之败主要是败在伐交，而非伐兵上。

不仅如此，魏国君相的政治才能也是相当成问题的。按照《战国策》的记载，公叔痤在浍水得胜还朝后，获得魏惠王一百四十万亩土地的赏赐。可是军队打胜仗，是全军将士浴血奋战的结果，别说普通士兵没有获得足够的赏赐，就连作为高级将领的巴宁和爨襄，也是在公叔痤的举荐之后才各获得十万亩土地的赏赐。公叔痤说：

"夫使士卒不崩，直而不倚，挠栋而不辟者，此吴起余教也。"然而，吴起能够训练出这样勇往直前的精锐之师，靠的是为将者长期与普通士兵同甘共苦。可是现在的魏国君臣，打仗时驱使普通士兵去送死，胜利后只有极少数高级将领能够获得赏赐，这样的军队怎么可能还像吴起时一样"士卒不崩，直而不倚，挠栋而不辟"呢？

根据《吴子·励士》记载，魏武侯曾问吴起应该怎样激励士兵勇于战斗，吴起告诉他，对于有功劳的将士，用盛大的宴会和丰厚的酒食款待他们。对于没有功劳的将士，也要给予一定的鼓励。于是，魏武侯在祖庙的厅堂举办盛大的宴会，将各级将领分成三排。立上等功的坐最前排，用最贵重的餐具享用酒食，并且还可以享用牛羊猪三牲。立次等功的坐中排，酒食还是一样，但餐具的规格降低了一层，也不能享用牛羊猪三牲。没有功劳的坐后排，酒食还是一样，但只能使用普通的餐具。宴会结束后，魏武侯又在祖庙的大门前对有功者的父母妻儿进行颁奖赏赐，同样是依据功劳大小有所差别。对于阵亡死难者的家属，每年都会派使者给予慰问，并对他们的父母给予赏赐，以示国君内心里从来没有忘记他们[1]。

这样施行了三年，当秦国派兵靠近西河郡时，魏国士兵听到消息后，都不等到官员发布命令，就有数万人自己带着盔甲上前线杀敌。于是魏武侯召见吴起说："您当年教我的办法，现在见到成效了[2]。"

这，才是真正的"吴起余教"。魏国君相不懂得学习、贯彻、落实吴起军事思想的精神内涵，光是封赏他的后代有什么用？诚然，吴起为魏国做出了巨大的贡献，魏国要表示对先贤的感激，可以在另外的场合，采取其他的形式，诸如为吴起立纪念碑，宣传吴起的功勋和贤能，将吴起的牌位与魏文侯放在一起配享等。就算是要重赏吴起的后代，这也没有问题，但应该单独封赏，而不能将

---

[1] 《吴子·励士》记载："君举有功而进飨之，无功而励之。"于是武侯设坐庙廷，为三行，飨士大夫。上功坐前行，肴席兼重器、上牢；次功坐中行，肴席器差减；无功坐后行，肴席无重器。飨毕而出，又颁赐有功者父母妻子于庙门外，亦以功为差。有死事之家，岁使使者劳赐其父母，著不忘于心。

[2] 《吴子·励士》记载：行之三年，秦人兴师，临于西河，魏士闻之，不待吏令，介胄而奋击之者，以万数。武侯召吴起而谓曰："子前日之教行矣。"

其与浍北之战混淆在一起，否则下次魏军再打胜仗，那岂非又是因为"吴起余教"，又要封赏吴起的后代一次？如果每次打胜仗都封赏，则魏国不可能有那么多土地；如果这次封赏，下次却不封赏，那么赏罚的标准又在哪里？组织激励能够有效运行的关键在于赏罚的标准必须清晰、明确、可预期，惟其如此，将士们才能够心服口服。可是魏惠王在赏赐臣属时完全是任凭个人喜好，最初只打算赏主帅公叔痤一人，后来听了公叔痤的谦让，就又多赏了三个人，还增加了对公叔痤的赏赐，其间的标准何在？全军将士怎么能够服气？

至于公叔痤，且不谈他早年曾设计逼走吴起，就只说这次浍北之战。《战国策》在对此事点评时说："故《老子》曰：'圣人无积，既以为人，己愈有；既以与人，己愈多。'公叔当之矣。"翻译成白话就是："所以《老子》说：'圣人不会追求积蓄。他总是尽可能帮助别人，结果使得自己更加丰富；他总是尽可能给予别人，结果使得自己更加充足。'这说的就是公叔痤啊！"可是在姚尧看来，公叔痤虽然率领着吴起留下的精锐之师，却根本没有领会什么是真正的"吴起余教"。公叔痤名曰让功，其实也就让了吴起、巴宁、爨襄三人，还顺带着拍了领导的马屁，这与吴起当年对魏武侯所说的"君举有功而进飨之，无功而励之"相差何止以道里计？让功于吴起，使公叔痤坐收贤德之名，亦洗刷其早年因嫉妒而逼走吴起的污点。让功于巴宁和爨襄，不仅使得二人对于公叔痤感恩戴德，亦使得全军将士明白，能不能获得封赏的关键，不在于战场上杀死多少敌人，而在于公叔丞相愿不愿意提拔赏识。让功于魏惠王，既奉承了领导的英明，又显示了自己的忠心，结果就是原本表态拒绝的一百万亩土地不但没有减少，反而又增加了四十万亩。算盘固然是打得很精，可这让全军将士怎么想？他们浴血拼杀立下卓越战功却没什么赏赐，当官的只要拍几句马屁就可以获得几十万、上百万亩的土地，谁会心服？谁还愿意与国家和统帅同生共死？我们刚才反复批评魏惠王的赏罚不明，可公叔痤却偏偏奉承魏惠王"县赏罚于前，使民昭然信之于后者，王之明法也"，如此睁眼说瞎话拍领导马屁，其皮厚心黑的程度实在令人叹为观止。公叔痤如此精于谋身，拙于谋国，日后在少梁兵败被俘，难道是没有原因的吗？

卫声公薨，子成侯姬遫立。

【白话】

卫声公姬训去世，其子姬遫（即姬不逝）即位，是为卫成侯。

【姚注】

此事发生在前371年，《资治通鉴》误记于此。

燕桓公薨，子文公立。

【白话】

燕桓公去世，其子即位，是为燕文公。

秦献公薨，子孝公立，孝公生二十一年矣。是时河、山以东强国六，淮、泗之间小国十馀，楚、魏与秦接界。魏筑长城，自郑滨洛以北有上郡；楚自汉中，南有巴、黔中：皆以夷翟遇秦，摈斥之，不得与中国之会盟。于是孝公发愤，布德修政，欲以强秦。

【白话】

秦献公嬴师隰去世，其子嬴渠梁继位，是为秦孝公，当年已经21岁了。这时，黄河和华山、崤山以东有六个强国（齐、楚、燕、韩、赵、魏），在淮河和泗水之间还有十几个小国。秦国与楚国和魏国接壤。魏国修筑了一道长城，自郑县（今陕西渭南市华州区）沿着洛水北上直达上郡。楚自汉中（今陕西汉中）向南，坐拥巴郡（今重庆）和黔中郡（今湖南沅陵）。各国皆把秦国视为没有开化的夷翟，对其鄙视排斥，不准许其参加中原各诸侯国的会盟。于是，秦孝公发愤图强，修行德政，力图让秦国强大起来。

商鞅变法

公元前361年 庚申
周显王八年

　　孝公下令国中曰："昔我穆公，自岐、雍之间修德行武，东平晋乱，以河为界，西霸戎翟，广地千里，天子致伯，诸侯毕贺，为后世开业甚光美。会往者厉、躁、简公、出子之不宁，国家内忧，未遑外事。三晋攻夺我先君河西地，丑莫大焉。献公即位，镇抚边境，徙治栎阳①，且欲东伐，复穆公之故地，修穆公之政令。寡人思念先君之意，常痛于心。宾客群臣有能出奇计强秦者，吾且尊官，与之分土。"于是卫公孙鞅闻是令下②，乃西入秦。

【白话】

　　秦孝公在国中下令："当年我的先祖秦穆公，自岐山、雍县一带起家创业，修行德政，奋武强兵，向东平定晋国之乱，划定黄河为国界，向西称霸于戎翟各部族，拓展领土上千里，被周天子册封为方伯，各路诸侯尽数前来祝贺，为后世开创了辉煌的基业。只是到后来的几位国君，如厉公、躁公、简公及出子在位时，政权非常不稳定，国家内部动乱不止，也就无暇顾及对外征战。三晋攻占了我先君所开创的河西之地，这真是莫大的耻辱。至我父亲献公即位后，安抚边境，迁都栎阳，准备出兵东征，收复穆公时的故土，修明穆公时的政令。每当我想到父亲的未竟之志，都经常会感到内心沉痛。宾客群臣中，有谁能够献上奇谋妙计以促使秦国强大，我愿意赐他高官，封他土地。"卫国的公孙鞅听到这道命令，于是西行来到秦国。

【姚注】

①栎阳：今陕西西安临潼区。秦国原来的都城在雍县，即今陕西凤翔。献公二年，即前383年，献公将都城东迁至栎阳。栎阳再往东，就是魏国从秦国手中夺走的西河。秦献公的迁都之举，主要目的当然是为了夺回西河。可是，魏国却对此毫无警惕之心，竟然在当年忙着出兵攻打赵国。

②公孙鞅：即商鞅。他是卫国公室后裔，故称公孙鞅，又称卫鞅。至秦后，因在河西之战中立功，获封商於十五邑，号为商君，故称商鞅。

公孙鞅者，卫之庶孙也，好刑名之学。事魏相公叔痤，痤知其贤，未及进。会病，魏惠王往问之曰："公叔病如有不可讳，将奈社稷何？"公叔曰："痤之中庶子卫鞅，年虽少，有奇才，愿君举国而听之！"王嘿然。公叔曰："君即不听用鞅，必杀之，无令出境！"王许诺而去。公叔召鞅谢曰："吾先君而后臣，故先为君谋，后以告子。子必速行矣！"鞅曰："君不能用子之言任臣，又安能用子之言杀臣乎！"卒不去。王出，谓左右曰："公叔病甚，悲乎，欲令寡人以国听卫鞅也！既又劝寡人杀之，岂不悖哉！"卫鞅既至秦，因嬖臣景监以求见孝公，说以富国强兵之术；公大悦，与议国事。

【白话】

公孙鞅，是卫国国君庶出的子孙，喜欢法家的刑名之学。曾在魏国宰相公叔痤手下做事，公叔痤深知卫鞅的贤能，但还没来得及向魏惠王推荐，就突然重病不起。魏惠王来到公叔痤的病榻前探望，问道："如果您的病情出现了不可预料的变化，江山社稷该托付给谁呢？"公叔痤道："我手下有位中庶子名叫卫鞅，虽然年纪轻轻，却是身负奇才，希望君上能把国家大政交给他来掌管。"魏惠王听后沉默不语。公叔痤知魏惠王无意任用卫鞅，遂又道："如果您不能采纳我的建议而重用卫鞅，就一定要杀了他，不能让他离开魏国到别的国家去。"魏惠王答应后告辞而去。公叔痤赶紧将卫鞅召来道歉道："我做人的原则是先君后臣，所以先为国君做谋划，然后再把谋划的内容告诉你。你赶紧逃走吧！"卫鞅道："既然君上不能听从您的建议而重用我，又怎么会听从您的建议而杀掉我呢？"于是，卫鞅并未逃离魏国。果然，魏惠王从公叔痤处离开后，对左右说："公叔真是病得不轻啊！想想都让人觉得心里难受。他竟然建议我把国家大政都托付给卫鞅，接着又劝我杀掉卫鞅，这岂不是太糊涂了吗？"卫鞅到达秦国后，通过秦孝公的宠臣景监的推荐见到了孝公，阐述自己富国强兵的策略。孝公大喜，与他进一步商讨国家大事。

【姚论】

《吕氏春秋》和《战国策》在记载此事时说，公叔痤死后，卫鞅听说他已经下葬，就西行来到秦国，秦孝公接纳并重用他。之后果然是秦国一天比一天强大，魏国一天比一天削弱。这不是公叔痤糊涂，而是魏惠王自己糊涂啊！糊涂人最大的祸患，就在于他自作聪明，把明明不糊涂的人视作糊涂[1]。魏惠王糊涂毋庸置疑，而在姚尧看来，公叔痤的糊涂，也同样是不容忽视的。

商鞅在公叔痤手下的职位，《史记》《资治通鉴》记为"中庶子"，《吕氏春秋》《战国策》记为"御庶子"，这两种在战国时期都是太子、丞相府中的家臣，而不属于国家的官员。公叔痤深知商鞅有奇才，却又迟迟不肯将他推荐给魏惠王，这也许与商鞅来魏国的时间不长有关，但更可能的是，公叔痤忌惮商鞅的才华，怕

---

[1] 《吕氏春秋·仲冬纪·长见》记载：非公叔座之悖也，魏王则悖也。夫悖者之患，固以不悖为悖。

《战国策·魏策》记载：此非公叔之悖也，惠王之悖也。悖者之患，固以不悖者为悖。

他夺走自己的权位，就像他当年忌惮吴起一样。否则，公叔痤位高权重，出将入相，怎么也能给商鞅找到个适合他表现锻炼的机会。别的不说，公叔痤在浍北之战得胜归来时，在魏惠王面前夸奖了巴宁和爨襄，难道就不能顺带着夸奖商鞅吗？如果公叔痤平日里经常与魏惠王谈及商鞅，魏惠王自然会有印象，会多加留意。可是公叔痤始终把商鞅留在自己的丞相府做家臣，直到临死前才在病榻前将他推荐给魏惠王。公叔痤既没有历数商鞅的优点，更没有展示商鞅的功劳，甚至都没有把商鞅叫来当面向魏惠王郑重推荐，就直接要魏惠王把国家大政全部交给一个自己听都没听过的中庶子，这怎么能不让魏惠王感到吃惊困惑？别说魏惠王接受不了，满朝文武也都不可能接受，多半是要把这理解为公叔痤的私心。因此，魏惠王当时的沉默不语是非常自然的，而在看到魏惠王沉默不语后，公叔痤本应该详细阐述自己之所以强力推荐商鞅的理由，然后说："即便您不能一开始就让卫鞅当宰相，但至少也要给他个合适的职位，待其表现良好后再酌情提拔。"可是公叔痤却话锋一转，说："如果您不重用卫鞅，就一定要杀了他。"当时，魏惠王的思路正处于公叔痤推荐卫鞅的错愕之中，现在又听到让他更加错愕的说法，所以他会觉得公叔痤是因为病势沉重，以至于脑子不清楚而胡乱说话，这同样是顺理成章的。可见在这段对话中，犯错误的不在于，至少不主要在于魏惠王，而在于公叔痤。但是，魏惠王也同样有很大的问题。如果他真是个爱才之人，事后就应该会思考，毕竟"鸟之将死，其鸣也哀；人之将死，其言也善"，公叔痤在临死前反反复复提到卫鞅，应该不会毫无缘由。即便当下不能真让卫鞅接班做宰相，至少可以把他召来见一见，聊一聊，看看公叔痤为什么对他这么器重。如果发现卫鞅确实有独到之处，就安排在自己身边考察一段时间。可惜的是，魏惠王没有采取任何后续动作，这充分说明他并非真正爱才之人，因此也根本不在乎会错过大贤。

魏文侯在位时任用的两个宰相，魏成推荐了卜子夏、田子方和段干木三位大贤，翟璜推荐了吴起、乐羊、西门豹、李克、屈侯鲋五位能臣。正是在这些贤士能臣的辅佐下，魏文侯才将魏国打造成天下霸主。可是公叔痤在魏武侯和魏惠王两朝任相二十余年，除了在临死前匆匆忙忙推荐商鞅外，居然没有推荐过任何在后世能留下名字的贤才。其实，文侯去世后的魏国不但不缺乏贤才，反而有不少旷世奇才，甚至他们还一度与魏国君相的关系非常亲密，原本是有望成为魏国栋梁的。然而，这些贤才最后都不得不离开了魏国，甚至是遭到无端构陷和残酷迫害后离开魏国，最后成为魏国的心腹大患。吴起在遭到魏国宰相公叔痤构陷后逃往楚国，当上了楚国的宰相。后来魏、赵交战时，吴起率领楚兵救赵，大败魏军。商鞅在公叔痤死后因得不到魏惠王的任用而前往秦国，通过变法使秦国成为天下最强大的国家，后又率领秦军完全夺回了河西之地。还有，孙膑在遭到魏国大将庞涓的陷害后逃到齐国，被齐威王任命为军师，辅佐大将田忌先后在桂陵之战和马陵之战两次击败魏军，迫使庞涓自杀，俘虏魏军主帅太子申。范睢原本是魏国中大夫须贾的家臣，遭到须贾和魏国宰相魏齐的陷害后逃到秦国，被秦昭王任命为宰相，为其定下远交近攻的战略，使得魏国遭到更多来自秦国的进攻和压力。魏文侯把全天下的贤才汇集到自己的国家，故而成为天下霸主。可是，他的不肖子孙即位后，却是把自己国家的贤才一个个逼到敌国，这又怎么可能不导致国家衰败呢？

公元前360年 辛酉
周显王九年

（本年无记载。）

公元前359年 壬戌
周显王十年

卫鞅欲变法，秦人不悦。卫鞅言于秦孝公曰："夫民不可与虑始，而可与乐成。论至德者不和于俗，成大功者不谋于众。是以圣人苟可以强国，不法其故。"甘龙曰："不然，缘法而治者，吏习而民安之。"卫鞅曰："常人安于故俗，学者溺于所闻，以此两者，居官守法可也，非所与论于法之外也。智者作法，愚者制焉；贤者更礼，不肖者拘焉。"公曰："善。"以卫鞅为左庶长。卒定变法之令。

【白话】

卫鞅想要推行变法，秦国人都不支持。卫鞅对秦孝公说："对于一般民众，是不能在改革之初与他们商量讨论的，只能是在改革成功之后，再来与他们共享改革成果。谈论最高道德的人，其观点经常与世俗相冲突。成就伟大功业的人，也不会与众人商议谋划。所以圣人只要能够强国，就不必凡事都拘泥于传统。"甘龙反驳道："不对。根据传统法规来治理国家，官吏非常容易熟悉，百姓也很容易适应。"卫鞅道："普通人总是习惯于传统的习俗，学者们总是沉溺于所学的知识，这两种人，用他们来当官守法是可以的，但不能和他们讨论法制之外的事。应该让聪明的人制定法则，愚笨的人执行法则；贤能的人革新礼教，平庸的人接受礼教的制约。"秦孝公说："有道理。"于是任命卫鞅为左庶长，着手制定变法的政令。

【姚注】

《资治通鉴》这段记载节选自《史记·商君列传》。商鞅在前359年来到秦国游说秦孝公，这是没有疑义的。可是按照《史记·商君列传》和《资治通鉴》的说法，秦孝公是在经过此番辩论后就立刻任命商鞅为左庶长，而按照《史记·秦本纪》的记载，秦孝公是先让商鞅试用了三年，三年后变法收到成效，才任命他当左庶长（卒用鞅法，百姓苦之；居三年，百姓便之。乃拜鞅为左庶长）。经姚尧考证，《史记·秦本纪》的说法更加准确，即秦孝公在前359年的御前辩论后觉得商鞅的话很有道理，遂在国内尝试推行商鞅之法，但并未形成明确的律令和制度。刚开始时，秦国百姓反感新法；三年后，秦国百姓支持新法。于是，秦孝公这才任命商鞅为左庶长，正式在全国范围内变法。

令民为什伍而相收司、连坐，告奸者与斩敌首同赏，不告奸者与降敌同罚。有军功者，各以率受上爵；为私斗者，各以轻重被刑大小。僇力本业，耕织致粟帛多者，复其身；事末利及怠而贫者，举以为收孥①。宗室非有军功论，不得为属籍。明尊卑爵秩等级，各以差次名田宅、臣妾、衣服。有功者显荣，无功者虽富无所芬华。

【白话】

卫鞅下令将民众五家编为一伍，十家编为一什，彼此之间互相监督，否则一家犯法，其余连坐。举报奸谋罪行的，可以获得与斩杀敌首同等的赏赐。包庇奸谋罪行的，将遭到与投降敌营同等的罪罚。战场上立有军功的，可依照标准分别授予上等爵位。私下里寻衅斗殴的，将根据情节轻重分别处以刑罚。在本业上努力经营，辛勤耕地纺织，以使得粮食布匹丰收充盈的，可以免除赋税徭役。从事商业投机以及因懒惰导致贫穷的，遭检举后全家都被收作官奴。宗室子弟中未能立有军功的，不能登记入宗室的名册。明确爵位官阶的尊卑等级，并据此有差别地分配土地田宅、家臣奴婢和衣装服饰。对国家有功勋的，就显赫荣耀；对国家没有功勋的，即便家里再富裕，也没有什么能够炫耀的地方。

【姚注】

①收孥（nú）：古时一人犯法，妻、子连坐，没为官奴婢，谓之"收孥"。孥，通"奴"，以为奴隶。

令既具未布，恐民之不信，乃立三丈之木于国都市南门，募民有能徙置北门者予十金。民怪之，莫敢徙。复曰："能徙者予五十金！"有一人徙之，辄予五十金。乃下令。

【白话】

法令制订完备后，卫鞅没有立刻公布，他怕百姓对新法不够信任，于是命人在都城的南门立下一根三丈长的木头，下令说谁要能把它搬到北门就赏赐十金。百姓们觉得此事太过古怪，没有人敢来搬。卫鞅又说："能搬过去的人赏五十金。"此时真有一人上来将木头搬到北门，于是当即获得了五十金的赏赐。这样，卫鞅才下令颁布新法。

令行期年，秦民之国都言新令之不便者以千数。于是太子犯法。卫鞅曰："法之不行，自上犯之。"太子，君嗣也，不可施刑，刑其傅公子虔，黥其师公孙贾[①]。明日，秦人皆趋令。行之十年，秦国道不拾遗，山无盗贼，民勇于公战，怯于私斗，乡邑大治。秦民初言令不便者，有来言令便。卫鞅曰："此皆乱法之民也！"尽迁之于边。其后民莫敢议令。

【白话】

新法令推行一年后，有上千名秦国百姓前往都城，控诉新法令导致的各种不便。正在此时，太子嬴驷也触犯了法律。卫鞅说："新法之所以不能顺利推行，主要原因就是在上位的人带头触犯法律。"太子，是国君的继承人，不能对他施以刑罚。于是，卫鞅刑囚了太子的老师嬴虔，又在另一个老师公孙贾的脸上刺字。次日，秦国人都小心翼翼地遵从法令。新法推行十年后，秦国出现了路边遗失的东西不会被捡，山上没有盗贼出没的太平景象。百姓们勇于对外作战，却不敢私下里互相争斗，城乡皆得到大治。那些当初指责新法不便的秦人中，又有一些开始称赞新法的便利。卫鞅道："这些全都是乱法之人。"下令将他们全部迁移到边境。此后，百姓再也不敢议论法令的是非了。

【姚注】

①"刑其傅"二句：根据《礼记·文王世子》记载，国君为培养太子，会为其配备傅、师、保作为教师。傅，又分为太傅和少傅，目的是要让太子明白父子、君臣关系的相处之道。其中，太傅的责任是阐明父子君臣之道并身体力行，少傅的责任是将太傅的言传身教详细分析给太子听，以帮助他更好地学习领会。师的责任，是教育太子为人处世的道理，并用古圣先贤的事迹来举例讲解。保的责任，是通过以身作则来影响太子，使得他的言行能够合乎规范。傅、师、保这些官职并非一定要全套设置，关键是要有真正合适的人选。有合适的人选才设置，否则就宁缺毋滥。

臣光曰：夫信者，人君之大宝也。国保于民，民保于信；非信无以使民，非民无以守国。是故古之王者不欺四海，霸者不欺四邻，善为国者不欺其民，善为家者不欺其亲。不善者反之，欺其邻国，欺其百姓，甚者欺其兄弟，欺其父子。上不信下，下不信上，上下离心，以至于败。所利不能药其所伤，所获不能补其所亡，岂不哀哉！昔齐桓公不背曹沫之盟①，晋文公不贪伐原之利②，魏文侯不弃虞人之期③，秦孝公不废徙木之赏④。此四君者道非粹白，而商君尤称刻薄，又处战攻之世，天下趋于诈力，犹且不敢忘信以畜其民，况为四海治平之政者哉！

【白话】

臣司马光认为：诚信，是君主最大的法宝。国家需要依靠人民得以保全，人民则需要依靠诚信得以保全。没有诚信，就无法驱使人民；没有人民，就无法守卫国家。因此，古代成就王业的君主不会欺骗天下，成就霸业的君主不会欺骗邻国，善于治国者不会欺骗百姓，善于治家者不会欺骗亲人。糊涂的人则刚好相反，欺骗邻国，欺骗百姓，甚至兄弟之间、父子之间也互相欺骗。于是，在上者不信任在下者，在下者不信任在上者，上下之间离心离德，最终导致败亡。靠欺骗得来的利益不足以医治他因此遭到的伤害，靠欺骗获得的好处不足以弥补他因此造成的损失。这岂不是很令人痛心！当年，齐桓公不违背与曹沫订下的盟约，晋文公不贪图原城的土地，魏文侯不舍弃与虞人的约会，秦孝公不废除搬木头的赏金。这四位君主的治国之道虽然算不上完美，尤其商鞅更是以刻薄著称，可在当时那个互相攻击侵略的年代，天下的主流思想正日益趋向于使用诡诈和武力，执政者们尚且不敢忘记树立诚信以养育善待百姓，更何况是天下安定太平时的执政者呢！

【姚注】

①"昔齐桓公"一句：据《史记·齐太公世家》记载，前681年，齐国攻打鲁国。鲁国军队战败后，鲁庄公请求献出遂（今山东肥城南）地以讲和，齐桓公同意了，与鲁庄公在柯（今山东阳谷东）地会盟。当双方即将要正式订立盟约时，曹沫手持匕首冲上祭坛挟持齐桓公，威胁他归还侵占的鲁国土地。齐桓公无奈之下只好答应，曹沫这才释放齐桓公，收起匕首回到自己的座位上。脱离险境的齐桓公想要反悔，不再归还鲁国土地，并且要杀死曹沫。管仲道："当初被劫持时答应归还的，现在背弃承诺还要杀人，所获得的只是一时的小痛快，却会因此失信于诸侯，进而失去天下人的支持，我们不能这么做。"齐桓公接受了管仲的建议，将鲁国三次战败所丢失的土地全部还给了鲁国。诸侯们听说此事后，都对齐国充满信任而愿意归附。两年后，齐桓公与诸侯在甄（今山东鄄城北）地会盟，桓公由此开始称霸。

②"晋文公"一句：据《韩非子·外储说左上》记载，晋文公攻打原城，携带了可供全军十天的粮食，遂与大夫约定只打十天。十天后，晋文公还没有攻下原城，就下令鸣金收兵回晋国。此时，有位从原城出来的人报告说："原城最多只能支撑三天，肯定就要投降了。"晋文公身边的群臣也劝谏道："原城的粮食已经吃完，兵力也已经用尽，请君上再等待一些时日吧！"晋文公道："我与将士们定下的是十日之约，如果不按照约定收兵回国，那就是我失信了。为了得到原城而失去信用，这种事我不做。"于是，晋文公下令撤兵回国。原城百姓听说此事后，道："有这样信守承诺的君主，我们怎么能不归附呢？"于是，原城主动向晋文公投降。卫国百姓听说此事后，道："有这样信守承诺的君主，我们怎么能不跟

从呢？”于是，卫国也向晋文公投降。孔子听说此事后，记载道："晋文公攻打原城却得到了卫国，这是因为他守信啊！"

③"魏文侯"一句：见前403年事。

④"秦孝公"一句：见前359年事。

韩懿侯薨，子昭侯立。

【白话】

韩懿侯韩若山去世，其子韩武即位，是为韩昭侯。

【姚注】

韩懿侯去世，昭侯即位之事发生在前363年，《资治通鉴》因《史记》之误，记在本年。

公元前358年 癸亥
周显王十一年

秦败韩师于西山①。

【白话】

秦国在西山击败韩国军队。

【姚注】

①西山：指熊耳山以西地区，就如同将黄河以西地区称"西河"。熊耳山属秦岭东段支脉，位于今河南西部，总体呈东北—西南向延伸，东北端可延伸至今河南洛阳，西南端可延伸至今河南卢氏和栾川，与伏牛山相接。

公元前357年 甲子
周显王十二年

魏、韩会于鄗。

【白话】

魏国与韩国在鄗（今河北高邑东）会盟。

【姚注】

《史记·魏世家》《史记·六国年表》皆记作"与赵会鄗"，《资治通鉴》此处记载有误。胡三省在《资治通鉴》此处注解："班志，鄗县属中山郡。此时为赵地，后汉改曰高邑，唐为赵州柏乡县、赞皇县地。"中山郡是在西汉时设置，因战国时的中山国而得名，位于今河北中南部，在赵国之东北、燕国之西南。前406年，魏文侯在以吴起为统帅，西征夺取秦国河西之地后，又以乐羊为统帅，借道赵国东征灭掉了中山国，命太子魏击驻守。

前383年，赵国在刚平（今河南清丰西）筑城以入侵卫国，卫国向魏国求援。前382年，魏国联合齐国出兵救卫，攻克刚平，然后西渡黄河，围攻赵国的中牟。中牟位于今河南鹤壁市山城区（非今河南郑州市中牟县）。前423年，赵献侯将都城从晋阳迁至中牟。前386年，赵敬侯将都城从中牟迁至邯郸。彼时正值迁都邯郸后不久，中牟的政治军事地位依然非常重要，赵国不容其有失，遂向楚国求援。前381年，楚国出兵援赵，前锋快速北渡黄河，抵达州西（今河南武陟西南）与魏军交战，主力部队则经大梁（今河南开封）北上，饮马黄河，切断魏国的河内与河东之间的联系，使得魏国立刻陷入战略险境。赵国则趁机反攻，相继攻占魏国的棘蒲（今河北魏县南）、黄城（今河南内黄西）等地。此次率领楚军北上救赵攻魏的，就是楚国宰相吴起。《史记·孙子吴起列传》中说吴起在楚国任相后"南平百越；北并陈蔡，却三晋；西伐秦"，其中"却三晋"就是指这次救赵破魏之战。此次中原混战的结果，是魏、赵、卫诸国皆遭到重创，唯有楚国成为最大的赢家，是以"诸侯患楚之强"。可惜就在同一年，楚悼王去世，吴起被楚国贵戚射杀。

与此同时，正是由于魏、赵遭到重创，使得被灭国达二十五年之久的中山得以复国。他们在中山桓公的率领下，先是驱逐了魏国统治者，紧接着又对赵国构成强大威胁。前377年，赵与中山战于房子（今河北高邑西）。前376年，赵与中山战于中人（今河北唐县。据西晋时人张曜《中山记》所载，"中人城，城中有山，故曰中山"，此即为中山国名之源）。前369年，中山修筑长城以抵御赵国。魏惠王与赵成侯于本年（前357年）所会盟的鄗，就位于前377年赵与中山交战的房子附近，两人在此会盟，应是商讨解决中山国之事。

另，这一年，齐桓公田午去世，其子田因齐即位，是为齐威王。《资治通鉴》误记在前379年。

公元前356年 乙丑
周显王十三年

赵、燕会于阿①。

【白话】

赵国与燕国在阿（今河北高阳北）地会盟。

【姚注】

①阿：又名"安"或"葛"。与前文所载之"齐威王烹阿大夫"的"阿"非一处。"齐威王烹阿大夫"的"阿"在今山东东阿。

赵、齐、宋会于平陆。

【白话】

赵国与齐国、宋国在平陆会盟。

【姚注】

公元前356年，商鞅拜左庶长，《资治通鉴》误记在前359年。这一年，卫国将自己的爵位由公降低为侯，《资治通鉴》误记在前346年。

公元前355年 丙寅
周显王十四年

齐威王、魏惠王会田于郊。惠王曰："齐亦有宝乎？"威王曰："无有。"惠王曰："寡人国虽小，尚有径寸之珠，照车前后各十二乘者十枚。岂以齐大国而无宝乎？"威王曰："寡人之所以为宝者与王异。吾臣有檀子者，使守南城，则楚人不敢为寇，泗上十二诸侯皆来朝。吾臣有盼子者，使守高唐，则赵人不敢东渔于河。吾吏有黔夫者，使守徐州，则燕人祭北门，赵人祭西门，徙而从者七千馀家。吾臣有种首者，使备盗贼，则道不拾遗。此四臣者，将照千里，岂特十二乘哉！"惠王有惭色。

【白话】

齐威王与魏惠王约在郊狩猎。魏惠王问："齐国也有什么宝贝吗？"齐威王答："没有。"魏惠王说："我们魏国虽然小，但还有十颗直径长达一寸、可以照亮前后十二辆车子的大珍珠。以齐国这么大，怎么就没点宝贝呢？"齐威王道："我对宝贝的定义和大王您是不一样的。我的大臣中有一位名叫檀子，我派他镇守南部边境，则楚国不敢前来进犯，泗水流域的十二个诸侯国君都前来朝拜。我的大臣中还有一位名叫盼子，我派他镇守高唐（今山东高唐东），则赵国人怕得不敢东向到黄河边来捕鱼。我的大臣中还有一位名叫黔夫，我派他镇守徐州（今河北大城，地处齐、燕、赵三国交界处，非今江苏徐州），则燕国人来到徐州的北门焚香祈祷，赵国人来到徐州的西门焚香祈祷，恳求能准许他们移民过来的多达七千余家。我的大臣还有一位名叫种首，我派他防备盗贼，则齐国因此出现道不拾遗的太平景象。这四位大臣的光芒，足以照耀千里，又岂止是照亮十二辆车子而已！"魏惠王听后面有惭色。

【姚论】

魏文侯以贤才为宝，魏武侯以山河为宝，魏惠王以珠玉为宝，真可谓是一代不如一代。

秦孝公、魏惠王会于杜平。

【白话】

秦孝公与魏惠王在杜平（今陕西澄城）会盟。

鲁共公薨，子康公毛立[①]。

【白话】

鲁共公姬奋去世，其子姬屯即位，是为鲁康公。

【姚注】

①"子康公毛"：《史记·鲁周公世家》记为"共公二十二年卒，子屯立，是为康公"。

公元前354年 丁卯
周显王十五年

秦败魏师于元里，斩首七千级，取少梁。

【白话】

秦国在元里（今陕西澄城南）击败魏国军队，斩首七千余人，夺取少梁。

【姚注】

这条资料记载在《史记·六国年表》当年的秦国栏，记作"与魏占元里，斩首七千，取少梁"。《史记·六国年表》当年的魏国栏和《史记·魏世家》记作"与秦战元里，秦取我少梁"。然在《史记·秦本纪》中记作"与魏战元里，有功"，既没有记载杀敌人数，也没有提及"取少梁"。可能当时秦军实力尚不足以完全占据少梁，故虽一度攻入，旋即主动撤出。

魏惠王伐赵，围邯郸。楚王使景舍救赵。

【白话】

魏惠王率军攻打赵国，围困赵国都城邯郸。楚宣王派景舍为统帅，领兵救赵。

【姚注】

《史记·魏世家》中的记载是："十七年（当作十六年），与秦战元里，秦取我少梁。围赵邯郸。"可见魏国战秦之元里和围赵之邯郸都发生在前354年，且先有战秦元里，后有围赵邯郸。然而费解的是，魏国既在西面为秦军所败，又丢了军事重镇少梁，还怎么敢在东面围攻赵国的都城呢？又据《竹书纪年》记载："梁惠成王十六年（前354年）邯郸伐卫，取漆、富丘城之。"卫国常年是魏国的附属国，每次卫国遭到赵国入侵，都是魏国出兵相救。前383年，赵国在刚平筑城侵卫时，魏国便出兵攻赵，先是攻克刚平，接着西渡黄河，围攻赵国旧都中牟。现既赵国侵卫与魏围邯郸皆发生在前354年，故此二者当有因果关系。于是，我们可以推论当时的历史脉络应该是这样的：前355年，秦孝公与魏惠王在杜平会盟，使魏惠王相信秦国虽因商鞅变法而国力大增，但暂时还无意（或不敢）入侵魏国。前354年，赵国入侵卫国，魏国为援卫而围攻赵都邯郸。秦国则趁魏军主力东向之际进攻魏西河郡之元里，大败魏军，斩首七千人，随后北上攻取少梁。正当魏国因双线作战而左右为难时，秦军又主动撤出了少梁，使得魏惠王不再调兵西向，而是集中全力围攻东线之赵都邯郸。

公元前353年 戊辰
周显王十六年

齐威王使田忌救赵。

【白话】

齐威王派田忌领军救赵。

初，孙膑与庞涓俱学兵法，庞涓仕魏为将军，自以能不及孙膑，乃召之；至，则以法断其两足而黥之，欲使终身废弃。齐使者至魏，孙膑以刑徒阴见，说齐使者；齐使者窃载与之齐。田忌善而客待之，进于威王。威王问兵法，遂以为师。于是威王谋救赵，以孙膑为将；辞以刑馀之人不可，乃以田忌为将而孙子为师，居辎车中，坐为计谋。

【白话】

起初，孙膑与庞涓一起学习兵法，庞涓在魏国当上将军后，自认为能力比不上孙膑，于是把孙膑召来，用刑法砍断他的双脚，又在他脸上刺字，意图使他终身成为废人。齐国有使者来到魏国，孙膑以服刑犯人的身份暗中与其相见，并进行游说。齐国使者遂偷偷将孙膑藏在车内，与他一起回到齐国。田忌非常欣赏孙膑，将他奉为座上宾，又推荐给齐威王。齐威王向孙膑请教兵法后，聘请他为老师。当时，齐威王准备出兵援赵，本打算任命孙膑为大将，但孙膑以自己是受过刑罚的残疾人为由辞谢。于是齐威王任命田忌为大将，孙膑为军师，平常居于有帷盖的车内，为田忌出谋划策。

田忌欲引兵之赵。孙子曰："夫解杂乱纷纠者不控拳，救斗者不搏撠，批亢捣虚，形格势禁，则自为解耳。今梁、赵相攻，轻兵锐卒必竭于外，老弱疲于内；子不若引兵疾走魏都[①]**，据其街路，冲其方虚，彼必释赵以自救：是我一举解赵之围而收弊于魏也。"田忌从之。十月，邯郸降魏。魏师还，与齐战于桂陵，魏师大败。**

【白话】

田忌准备领兵前往赵国，孙膑说："要解开纠缠在一起的乱丝，不可以握拳击打。要排解互相打斗的对象，不可以上前拉扯。只要去进攻其虚弱和要害的地方，则形势的变化自然会使得纷争解开。现在魏、赵两国互相交战，精锐的士兵都已经倾巢而出，国内留下的都是老弱病残。您不如率领急行军突袭魏国都城大梁，占据交通要道，趁他们现在空虚时发动冲击，则魏军必定会放弃进攻赵国而回师救援。这样，我们就可以一举两得，既解了赵国之围，又能够以逸待劳，乘魏军之弊。"田忌听从了孙膑的计策。十月，邯郸投降了魏国。魏军急忙回师，与齐国在桂陵（今河南长垣西北）交战，魏军大败。

【姚注】

①魏都：魏国于前361年将都城从安邑（今山西夏县）迁至大

梁（今河南开封）。

韩伐东周①，取陵观、廪丘。

【白话】

韩国攻打东周，夺取陵观、廪丘。

【姚注】

①东周：在史书记载上有过两个"东周"。前770年，周平王将都城从镐京（今陕西西安）迁移至洛邑（今河南洛阳），史称平王东迁。因都城所处的地理位置不同，史家将这两段时间的周朝分别称为西周和东周。东周又可分为两段，前半段为春秋，后半段为战国。至战国时期，周王室的领土已经缩小到只剩下七个城镇，分别是：王城（今河南洛阳市王城公园一带）、洛阳（今河南洛阳东）、榖城（今河南洛阳西北）、平阴（今河南孟津）、偃师（今河南偃师）、缑氏（今河南偃师东南）和巩县（今河南巩义）。前440年，周考王将其弟姬揭封至王城，因其位于洛阳之西，故称其国为西周国，后称姬揭为西周桓公。西周桓公传位于其子西周威公姬灶，姬灶传位于其子西周惠公姬朝。姬朝又将其幼子姬班封至巩县，因其位于洛阳之东，故称其国为东周国，后称其君为东周惠公。本年韩国所攻打的东周，即在今河南巩义的东周国，所夺取之陵观、廪丘当为巩义的两个村镇。

楚昭奚恤为相。江乙言于楚王曰："人有爱其狗者，狗尝溺井，其邻人见，欲入言之，狗当门而噬之。今昭奚恤常恶臣之见，亦犹是也。且人有好扬人之善者，王曰：'此君子也'，近之；好扬人之恶者，王曰：'此小人也'，远之。然则且有子弑其父、臣弑其主者，而王终己不知也。何者？以王好闻人之美而恶闻人之恶也。"王曰："善，寡人愿两闻之。"

【白话】

　　楚国任用昭奚恤为宰相。江乙对楚宣王说："有个人非常喜欢自己的狗。一次，他的狗向井里撒尿，邻居看见后想到他家里告诉他，却被狗堵住大门，要来咬上门的邻居。现在昭奚恤经常阻挠我来见您，和这条恶狗堵门的道理是一样的。况且，有些人喜欢宣扬别人的长处，您听到后就说：'这是个君子。'就亲近他。有些人喜欢宣传别人的短处，您听到后就说：'这是个小人。'就疏远他。这样一来，那些关于儿子杀死父亲、臣子杀死君主的人和事，您就永远都不会知道了。为什么呢？因为大王您只喜欢听别人的长处，而不喜欢听别人的短处啊！"楚宣王道："有道理，以后两方面的言论我都要听。"

公元前352年 己巳
周显王十七年

秦大良造伐魏。

【白话】

　　秦国大良造卫鞅率军攻打魏国。

【姚注】

　　秦自商鞅变法后为奖励军功，实施二十等爵制。杀敌越多，爵位越高，相对应的政治经济待遇也越高。这二十等级分别是：一，公士；二，上造；三，簪袅；四，不更；五，大夫；六，官大夫；七，公大夫；八，公乘；九，五大夫；十，左庶长；十一，右庶长；十二，左更；十三，中更；十四，右更；十五，少上造；十六，大上造；十七，驷车庶长；十八，大庶长；十九，关内侯；二十，彻侯。据《汉旧仪》记载，第一至四等的公士、上造、簪褭和不更，属于"士"的级别；第五至九等的大夫、官大夫、公大夫、公乘、五大夫属于"大夫"的级别；第十至十八等的左庶长、右庶长、左更、中更、右更、少上造、大上造、驷车庶长、大庶长属于"卿"的级别；第十九、二十等的关内侯、彻侯属于"侯"的级别。前356年，商鞅主持变法时获得的爵位是第十等的左庶长。至前352年，已升至第十六等的大上造（即大良造。胡三省注云："余谓大良造，大上造之良者也。"）。当时，大良造既是秦国的最高爵位，亦是秦国的最高官职，相当于别国的宰相。

司马迁《史记·秦本纪》记作："（秦孝公）十年，卫鞅为大良造，将兵围魏安邑，降之。"《史记·商君列传》记作："于是以鞅为大良造。将兵围安邑，降之。"《史记·六国年表》亦记作："卫公孙鞅为大良造，伐安邑，降之。"然司马光《资治通鉴》却只记"大良造伐魏"，不提"围安邑，降之"，胡三省为《资治通鉴》作注时曾给出个解释，说当时安邑是魏国都城，魏国的军事实力还很强，庞涓、太子申、公子卬还没有打败仗，安邑应该不会这么快就投降秦国。因此，司马光对《史记》的这段记载有疑虑，所以略去了"围魏安邑，降之"。

【姚论】

司马光认为安邑当时仍为魏国都城，原因在《史记·魏世家》有记载："（魏惠王）三十一年，秦、赵、齐共伐我，秦将商君诈我将军公子卬而袭夺其军，破之。秦用商君，东地至河，而齐、赵数破我，安邑近秦，于是徙治大梁。"《史记·商君列传》亦有记载："会盟已，饮，而卫鞅伏甲士而袭虏魏公子卬，因攻其军，尽破之以归秦。魏惠王兵数破于齐秦，国内空，日以削，恐，乃使使割河西之地献于秦以和。而魏遂去安邑，徙都大梁。"按照这种说法，魏国会迁都大梁是因为在前340年，魏军统帅公子卬被商鞅用计俘虏导致魏军大败，河西之地尽数被秦国所取，魏国为了躲避秦国的锋芒，才不得已将都城从安邑东迁至大梁。可事实上，魏惠王迁都并非消极避祸之举，而是有积极进取之图。诚如朱右曾在《竹书纪年存真》所说："惠王之徙都，非畏秦也，欲与韩、赵、齐、楚争强也。安邑迫于中条、太行之险，不如大梁平坦，四方所走集，车骑便利，易与诸侯争衡。"前353年，田忌依孙膑围魏救赵之计突袭魏国都城，若此时魏都仍在安邑，则齐军将深入魏境近千里。既无突袭之效，更乏粮草供应，齐军又怎么敢去围攻魏都？可见，此时魏都已经东迁至大梁。据《竹书纪年》记载，魏惠王迁都大梁在前361年。因都城大梁之故，后魏国亦称梁国，魏惠王亦称梁惠王。

诸侯围魏襄陵。

【白话】

诸侯联军围攻魏国的襄陵（今河南睢县）。

【姚注】

据《竹书纪年》记载，此次围攻襄陵的诸侯联军是齐、宋、卫。显然，除齐国为大国外，宋、卫皆是小国，故此役主要就是齐攻魏，非魏得罪天下诸侯。

公元前351年 庚午
周显王十八年

秦卫鞅围魏固阳，降之。

【白话】

秦国卫鞅率军围攻魏国固阳（今陕西宜川西北），固阳归降。

魏人归赵邯郸。与赵盟漳水上。

【白话】

魏国把邯郸城归还赵国，与赵国在漳水会盟。

【姚注】

前383年，赵侵卫而魏攻赵，结果楚国北上援赵攻魏，给魏国以重创。前354年，又是赵侵卫而魏攻赵，这次魏国的损失更加惨重。东边被齐国击败于桂陵，西边被秦国击败于元里、固阳，南边则被楚国侵占了睢水、濊水之间的土地。前353年，魏军攻占邯郸，至前351年，魏军又被迫退出邯郸城而与赵国讲和。在北伐赵国的三年多时间里，魏国损兵折将、耗费钱粮，到头来却没有任何收获，反而在东、南、西三面损失了大量领土，遂进一步走向衰败。

韩昭侯以申不害为相。

【白话】

韩昭侯任用申不害为宰相。

申不害者，郑之贱臣也，学黄、老、刑名，以干昭侯。昭侯用为相，内修政教，外应诸侯，十五年，终申子之身，国治兵强。

【白话】

申不害，原本是郑国的低级家臣，学习黄、老、刑名之学，以此来游说韩昭侯。韩昭侯任用申不害为相，对内修明政治教化，对外与诸侯积极交往。如此任相十五年，直至申不害去世，韩国一直国家安定，兵力强盛。

申子尝请仕其从兄，昭侯不许，申子有怨色。昭侯曰："所为学于子者，欲以治国也。今将听子之谒而废子之术乎，已其行子之

术而废子之请乎？子尝教寡人修功劳，视次第；今有所私求，我将奚听乎？"申子乃辟舍请罪曰："君真其人也！"

【白话】

申不害曾经请求让他的堂兄有个官做，遭到韩昭侯的拒绝，申不害面有怨色。韩昭侯道："我之所以向您学习，是希望能够治理好国家。现在，我是应该批准您提出的请求，而破坏您创建的法则呢，还是应该遵守您创建的法则，而拒绝您提出的请求？您曾经教育我要根据功劳大小来逐级封赏，现在却又要我接受私人请求，我到底该听哪一种呢？"申不害闻言，于是辟舍，请罪道："您真是位明君！"

昭侯有弊裤，命藏之。侍者曰："君亦不仁者矣，不赐左右而藏之！"昭侯曰："吾闻明主爱一颦一笑，颦有为颦，笑有为笑。今裤岂特颦笑哉！吾必待有功者。"

【白话】

韩昭侯有条裤子破了，命侍者收藏起来。侍者道："您这样就不仁慈了。为什么不赏赐给左右，还要收藏起来呢？"韩昭侯道："我听说贤明的君主会珍惜自己的一颦一笑，该颦的时候才颦，该笑的时候才笑，更何况是现在这个比颦笑更重要的裤子！必须留待以后赏给有功之人。"

公元前350年 辛未
周显王十九年

秦商鞅筑冀阙宫庭于咸阳①，徙都之。令民父子、兄弟同室内息者为禁。并诸小乡聚，集为一县，县置令、丞，凡三十一县。废井田②，开阡陌③。平斗、桶、权、衡、丈、尺。

【白话】

秦国的商鞅在咸阳（今陕西咸阳）修建宫殿，将都城迁到这里。下令禁止父母子女及兄弟姐妹同室休息。将一些小的乡镇合并成县，每个县设置县令和县丞，共三十一县。废除井田制度，重置田间小道。统一斗、桶、权、衡、丈、尺等计量单位。

【姚注】

①冀阙：古时宫廷门外左右相对的两座高建筑物，是公布法令的地方。咸阳：古人在给地方命名时以山之南、水之北为阳，秦之新都位于九嵕（zōng）山之南，渭水之北，从山和水的角度来说都是阳，故名咸阳。

②井田：井田制，中国古时的土地制度。

③阡陌：田间小道。阡，南北走向的田埂；陌，东西走向的田埂。所谓"开阡陌"，就是指拓宽农户耕作土地的面积。

【姚论】

"令民父子、兄弟同室内息者为禁"，后人论及商鞅的这项政策，多是从伦理风俗的角度出发，言其目的在于革除戎狄残留之风俗，代之以中原文明之教养。这固然是不错，但商鞅的用意却远不止于此。随着生产力的发展，过去需要大家族才能完成的生产耕作，已逐渐能由小家庭来独立完成。若此时继续维持大家族的生产方式，则既会导致生产效率难以提高，亦会导致大家族内部因矛盾摩擦而破坏稳定。商鞅将大家族拆解成小家庭，一方面是为了解放生产力，最大程度调动生产者的劳动积极性。另一方面也加强了君权对于社会的控制，使得宗族势力无法与政府权力相抗衡。

郡的设置，始于春秋时的秦穆公。县的设置，始于春秋时的楚武王。然在全国范围内全面推行郡县制，则是从商鞅变法开始的。日后秦始皇废分封而立郡县，即是将商鞅变法形成的秦制推广到天下。在《商君书·垦令》中，商鞅写道："百县之治一形，则徙迁者不饰，代者不敢更其制，过而废者不能匿其举。过举不匿，则官无邪人。迁者不饰，代者不更，则官属少而民不劳。官无邪，则民不敖；民不敖，则业不败。官属少，征不烦。民不劳，则农多日。农多日、征不烦、业不败，则草必垦矣。"翻译成白话的意思就是：各县的政令必须一致，这样官员离任或升迁时就没有办法粉饰自己的政绩，继任的官员不敢更改已有的制度，犯错误被罢官的也无法隐瞒自己的错误。错误的行为无法隐藏，那么官员中就不会有心术不正的人。升迁的官员不粉饰政绩，继任的官员不更改制度，则官员的从属人数就会减少，人民的负担就不会过重。官员中没有心术不正的人，人民就不会游逛。人民不游逛，则农业就不会衰败。官员的从属人数少，则征收的赋税就不会多。人民的负担不重，则干农活的时间就多。干农活的时间多，税负不沉重，农业不衰败，则荒地就一定能得到开垦了。

关于井田制，《孟子·滕文公上》说："方里而井，井九百亩，其中为公田，八家皆私百亩，同养公田，公事毕，然后敢治私事。"意指将九百亩土地作为一单位，中间又以阡陌将其划分为九块，每块为一百亩，中间的那块是公田，其余八块为私田。因形状如同"井"字，故称"井田制"。而之所以每块土地面积一百亩，是因为在西周时期，这正好与一家农户的生产力相适应。按照井田制，这九百亩土地由八家农户共同耕种，农户们首先耕作中间的公田，公田的农事完成后再来耕种自己的私田。然在社会实践中，农户总是在耕种公田时迟缓怠惰，耕作私田时高效勤劳，即《吕氏春秋·审分览》中所谓"今以众地者，公作则迟，有所匿其力也；分地则速，无所匿迟也"。因此，随着生产力的不断提高，井田制必定越来越不能适应时代发展，被废除是迟早的事。至春秋晚期，已有不少国家对井田制进行不同程度的改革，惟此次商鞅变法的力度最为彻底。商鞅废除井田制，一方面确立了土地的产权私有，另一方面确立了土地可以流通，这极大地刺激了农户的生产积极性。此外，井田制原是与西周封建制相配套的，井田制中公田的存在，即是世袭贵族赖以维持其既得利益的经济基础。故有井田则有封建，无井田则无封建，随着井田制被废除，则世袭贵族亦不得不参加劳动，这与商鞅奖励耕战的思想是一脉相承的。

关于"开阡陌",据杜佑《通典·风俗》记载:"按周制,步百为亩,亩百给一夫。商鞅佐秦,以一夫力余,地利不尽,于是改制二百四十步为亩,百亩给一夫矣。"由此可见,商鞅变法后秦国一亩地的边长是之前的2.4倍,则面积是之前的5.76倍。公元前6世纪,即春秋晚期,中国发明了铸铁冶炼技术。公元前5世纪,即战国初期,中国又发明了铸铁柔化技术。正是由于这两项冶铁技术的重要发明,使得铁制农具得以在战国中期被广泛应用于农业生产。商鞅扩大农户耕作土地面积的政策,使得这种当时最为先进的生产工具因为规模经济而得以更加广泛地普及应用。可以说,商鞅"废井田,开阡陌"的农业政策,奠定了秦国日后统一天下的经济基础。

又,1972年在山东临沂银雀山汉墓出土了一大批竹简,其中就有兵圣孙武的著作,包括著名的《孙子兵法》十三篇以及另外一些亡佚的文献。这里面有一篇叫作《吴问》,记载的是吴王询问孙武,晋国六卿中谁会较早灭亡,谁会最后成功。孙武的回答是范氏和中行氏最先灭亡,接下来轮到智氏,再接着轮到韩氏和魏氏,赵氏最有可能获得最后的成功。对此,孙武给出的理由是这样的:范氏和中行氏以一百六十步为一亩,智氏以一百八十步为一亩,韩氏、魏氏以二百步为一亩,赵氏以二百四十步为一亩。且赵氏"公无税",而其余五卿"伍税之"(抽五分之一的税),故而孙武断言,只要赵氏不改变其既定国策,就会最终统一晋国。以事后的眼光来看,孙武与吴王这段对话在前500年左右。前490年,范氏与中行氏被灭,孙武的第一个预言完全准确。前453年,智氏被灭,孙武的第二个预言又完全准确。其所未能预料准确的,仅晋国为韩、赵、魏三家所分,而三家日后皆为秦所灭而已。然孙武能准确预料50年之后的事情,已经非常了不起了。更何况,孙武在预测晋国发展时曾说:"赵毋失其故法,晋国归焉。"孙武不可能知道,100年后魏国会有个伟大的君主叫魏文侯,魏文侯任用伟大的政治家李悝变法,而李悝变法中最重要的一条就是要"尽地力之教"。孙武更不可能知道,150年后秦国会有个伟大的君主叫秦孝公,秦孝公任用伟大的政治家商鞅变法,而商鞅变法不但完全吸收了李悝变法的精华,在农业政策上更是完全照搬并推广了赵国当年的二百四十步的亩制。

由此观之，孙武当年的神机妙算真无愧于"兵圣"的称号。

统一度量衡，不仅有助于在经济领域发展商业，稳定赋税和财政，在政治领域亦有巩固统治和权威之效，因度量衡本身就是国家法权的象征。《管子·七法》中就说："尺寸也，绳墨也，规矩也，衡石也，斗斛也，角量也，谓之法。"《商君书·修权》则说："世之为治者，多释法而任私议，此国之所以乱也。先王县权衡，立尺寸，而至今法之，其分明也。夫释权衡而断轻重，废尺寸而意长短，虽察，商贾不用，为其不必也。故法者，国之权衡也。夫倍法度而任私议，皆不知类者也。"翻译成白话的意思是：世上治理国家的人，大多数都已抛弃法度而听凭私人意见，这就是国家之所以会混乱的原因。先王制定秤砣（权）和秤杆（衡）的轻重，确立尺和寸的长短，这些我们至今都仍然在沿用，是因为度量的标准非常明确。如果抛开权衡而判断轻重，废弃尺寸而估计长短，就算猜得很准，商家也不会这么干，因为它不精确。因此，法度就是国家的权衡。如果违背法度而听凭私人意见，那就都无法推知事理了。

又，据《史记·范雎蔡泽列传》记载，100年后，蔡泽对时任秦国宰相的范雎说："夫商君为秦孝公明法令，禁奸本，尊爵必赏，有罪必罚，平权衡，正度量，调轻重，决裂阡陌，以静生民之业而一其俗，劝民耕农利土，一室无二事，力田蓄积，习战阵之事，是以兵动而地广，兵休而国富，故秦无敌于天下，立威诸侯，成秦国之业。"

秦、魏遇于彤。

【白话】

秦军和魏军在彤（今陕西渭南市华州区南）地发生遭遇战。

【姚注】

前354年，秦国在元里大败魏军，斩首7000人，随后北上攻取少梁。前352年，秦大良造商鞅围攻魏国安邑而降之。前351年，商鞅又围攻魏国固阳而降之。此皆是趁魏国在东边与赵、齐交战，无暇西顾之时机。前351年，魏国被迫归还赵国的都城邯郸，并与赵国在漳水会盟讲和。本年，魏军与秦军在西河之彤地遭遇，当是因魏国东和赵、齐之后，调兵西征反攻秦国。

赵成侯薨，公子继与太子争立①；继败，奔韩。

【白话】

赵成侯赵种去世，其子赵继与太子赵语争夺君位。赵继失败，逃奔韩国。

【姚注】

①太子：赵语，于本年即位，是为赵肃侯。

公元前349年 壬申
周显王二十年

（本年无记载。）

公元前348年 癸酉
周显王二十一年

秦商鞅更为赋税法，行之。

【白话】

秦国商鞅改革赋税法，并颁布实施。

【姚论】

据杜佑《通典·食货四》记载："夏之贡，殷之助，周之藉，皆十而取一，盖因地而税，秦则不然，舍地而税人。"又据马端临《文献通考·田赋考一》记载："秦坏井田之后，任民所耕，不计多少，已无所稽考，以为赋敛之厚薄，其后遂舍地而税人。"皆指商鞅在农业政策上废除周的井田制后，亦在财税政策上废除周的"因地而税"，而改成"因人而税"。当时秦国地广人稀，若仍按照因地而税的旧法，即多垦荒地者多纳税，则势必会挫伤农民垦荒的积极性。现执行因人而税的新法，不论开垦荒地面积的多寡，只以人数课税，则可极大刺激秦人开垦荒地的积极性。且贵族士大夫因收入丰厚而豢养食客，这既不利于中央集权，也不利于农业发展。商鞅将因地而税改成因人而税后，增加了贵族士大夫豢养食客的成本，使得这些食客再也不能靠寄人篱下混饭吃，必须去务农，从而有利于农业发展。不仅如此，与秦国毗邻的三晋之民长期饱受地狭人众之苦，因缺乏足够多的土地资源以发展农业，只好被迫从事商业投机。现在秦国推行鼓励开荒的政策，使得大量三晋之民移居到秦国，为秦国发展农业做出了重大贡献，同时又削弱了作为秦国敌人的三晋的实力。

公元前347年 甲戌
周显王二十二年

赵公子范袭邯郸，不胜而死。

【白话】

赵国公子赵范袭击邯郸，未能取胜，被杀死。

公元前346年 乙亥
周显王二十三年

齐杀其大夫牟。

【白话】

齐国杀死其大夫牟。

【姚注】

《史记·田敬仲完世家》记作"杀其大夫牟辛"。

鲁康公毈，子景公偃立。

【白话】

鲁康公姬屯去世，其子姬偃即位，是为鲁景公。

卫更贬号曰侯，服属三晋。

【白话】

卫国将自己的爵位由公降低为侯，臣服于三晋。

【姚注】

此事发生在前356年，《资治通鉴》误记于本年。

公元前345年 丙子
周显王二十四年

（本年无记载。）

公元前344年 丁丑
周显王二十五年

诸侯会于京师。

【白话】

诸侯在京师（今河南洛阳）会盟。

公元前343年 戊寅
周显王二十六年

王致伯于秦，诸侯皆贺秦。秦孝公使公子少官帅师会诸侯于逢泽以朝王。

【白话】

周显王封秦孝公为方伯，各诸侯国都到秦国来祝贺。秦孝公命令公子嬴少官率领军队，在逢泽（今河南开封南）与诸侯举行会盟，而后朝见周显王。

【姚注】

这条记载当是来自《史记·秦本纪》："（秦孝公）十九年，天子致伯。二十年，诸侯毕贺。秦使公子少官率师会诸侯逢泽，朝天子。"据此，则天子致伯发生在前343年，而诸侯贺秦与使公子少官帅师会于逢泽都发生在次年，即前342年。

【姚论】

前362年，21岁的秦孝公继位时，各诸侯国皆视秦国为没有开化的夷翟，对其鄙视排斥，不准许其参加中原各诸侯国的会盟。对此，秦孝公深以为耻，故发愤图强，修行德政，力图让秦国强大起来。前361年，秦孝公发布求贤令，文中提到先祖穆公"自岐、雍之间修德行武，东平晋乱，以河为界，西霸戎翟，广地千里，天子致伯，诸侯毕贺，为后世开业甚光美"，又提到父亲献公"镇抚边境，徙治栎阳，且欲东伐，复穆公之故地，修穆公之政令"。如今秦国再次迎来了"天子致伯""诸侯毕贺"，且首次得以参加中原诸侯国的会盟。经过近二十年的生聚教训，秦孝公终究实现了当年的志向。

公元前342年 己卯
周显王二十七年

（本年无记载。）

公元前341年 庚辰
周显王二十八年

　　魏庞涓伐韩。韩请救于齐。齐威王召大臣而谋曰："蚤救孰与晚救?"成侯曰："不如勿救。"田忌曰："弗救则韩且折而入于魏,不如蚤救之。"孙膑曰："夫韩、魏之兵未弊而救之,是吾代韩受魏之兵,顾反听命于韩也。且魏有破国之志,韩见亡,必东面而愬于齐矣。吾因深结韩之亲而晚承魏之弊,则可受重利而得尊名也。"王曰："善。"乃阴许韩使而遣之。韩因恃齐,五战不胜,而东委国于齐。

【白话】

　　魏国庞涓率军攻打韩国。韩国派使者向齐国求救,齐威王召集大臣商议道："是早救好呢,还是晚救好?"成侯邹忌道："不如不救。"田忌道："如果不救,则韩国就会灭亡而被魏国吞并。不如早点出兵相救。"孙膑道："现在韩、魏两国的军队都还没有到筋疲力尽的时候,我们现在出兵相救,那是替韩国来承受魏军的攻击,到头来反而还要听命于韩国了。况且魏国这次出兵,有彻底吞并韩国的野心,等到韩国感到自身亡国在即,必定还会再次派使者东来恳求齐国。我们可以先告知韩国肯定会出兵援救,以此加强与韩国之间的亲密关系,却等到较晚的时间再来出兵,以攻击魏国的疲惫之师,这样就可以名利双收了。"齐威王说："有道理。"于是,齐国暗中答应韩国使臣的请求,并让他先行回国。韩国以为有齐国的支持,故而奋力与魏国交战,结果连续五次大战都无法获胜,只好向东归附于齐国。

　　齐因起兵,使田忌、田婴、田盼将之,孙子为师,以救韩,直走魏都。庞涓闻之,去韩而归。魏人大发兵,以太子申为将,以御齐师。孙子谓田忌曰："彼三晋之兵素悍勇而轻齐,齐号为怯。善战者因其势而利导之。《兵法》:'百里而趣利者蹶上将,五十里而趣利者军半至。'"乃使齐军入魏地为十万灶，明日为五万灶，又明日为二万灶。庞涓行三日，大喜曰："我固知齐军怯，入吾地三日，士卒亡者过半矣！"乃弃其步军，与其轻锐倍日并行逐之。孙子度其行，暮当至马陵，马陵道狭而旁多阻隘，可伏兵，乃斫大树，白而书之曰："庞涓死此树下！"于是令齐师善射者万弩夹道而伏，期日暮见火举而俱发。庞涓果夜到斫木下，见白书，以火烛之，读未毕，万弩俱发，魏师大乱相失。庞涓自知智穷兵败，乃自刭，曰："遂成竖子之名！"齐因乘胜大破魏师，虏太子申。

【白话】

于是，齐国这才以田忌、田婴、田盼为将军，孙膑为军师，出兵前去援救韩国，直袭魏国都城。庞涓听说后，立刻放弃韩国而回师魏国。与此同时，魏国集中全部兵力，以太子申为统帅，抵御齐国军队。孙膑对田忌道："三晋的军队向来彪悍勇猛，看不起齐国的军队，觉得齐国的军队非常胆怯。善于作战的将领，就要懂得如何因势利导。《孙子兵法》上说：'以百里的速度急行军，会使其上将栽跟头；以五十里的速度急行军，最终只有一半士兵能够抵达目的地。'"于是命令齐军进入魏国地界后，做饭时修建十万个炉灶。第二天，炉灶数下降为五万。第三天，炉灶数下降为两万。庞涓率领军队走了三天，大喜道："我早知齐国的军队胆怯，进入我国境内三天，士兵就已经逃亡过半了。"于是抛下步兵，亲自率领轻骑兵，以加倍的速度追击齐军。孙膑估算魏军的行程差不多当晚就将抵达马陵（今山东郯城马陵山）。马陵这个地方道路狭窄，旁边又有许多险阻关隘，是打埋伏的好地方。于是砍下大树，削去树皮，在白树干上写下六个大字：庞涓死此树下！再从齐国军队中挑选上万名善射的弓箭手埋伏在道路两旁，约定天黑后见到有火把的光亮就万箭齐发。庞涓果然在夜间赶到那棵被砍的树下，看见白树干上有字，便命人举火把来照看。字还没有读完，便遭到万箭齐发，魏军顿时大乱，四下奔逃失散。庞涓自知智术已经用尽，败局无法挽回，遂拔剑自尽，临死前道："现在成就你小子的名声了！"齐军乘胜大破魏军，俘虏了太子申。

【姚论】

前353年，孙膑用围魏救赵之计在桂陵击败庞涓。十二年后，孙膑又用围魏救韩之计在马陵击败庞涓。这两次战役，历来多被用以从正面解读孙膑的军事天才，而我们同样需要考虑的问题是：庞涓错在哪里，庞涓有没有可能不输？姚尧以为，庞涓至少做错了以下三点：

第一，庞涓在领兵攻打韩国之前，就应该想到日后齐国会出兵干预。《孙子兵法·计篇》中说："夫未战而庙算胜者，得算多也；未战而庙算不胜者，得算少也。多算胜，少算不胜，而况于无算乎！"十二年前，庞涓与孙膑交手时就因其围魏救赵而吃过大亏，怎么这次还是如此不长记性？

第二，在采取重大战略决策时，若非到了必须破釜沉舟的生死存亡之际，则不应该一开始就倾巢而出，致使国内空虚而给敌人以可乘之机。且魏国本身位于四战之地，东边的齐，西边的秦，南边的楚，哪个不是虎视眈眈？《孙子兵法·九变篇》中说："故用兵之法：无恃其不来，恃吾有以待也；无恃其不攻，恃吾有所不可攻也。"庞涓怎可不为敌国的突袭预做准备？试想，如果当初庞涓在魏国留下足够兵力，又何至于害怕齐国的进攻。既然韩国都可以抵挡住魏国的狂攻，则魏国理应也能抵挡住齐国相当长时间的狂攻。待到庞涓灭了韩国，再回头与魏国守城军队内外夹击，必能在大梁城下击败师老兵疲、粮草不济的齐军。

第三，当庞涓不得已从韩国撤兵时，就应该意识到自己此前在战略规划上出现了重大失误。从原来的灭韩，到后来的抗齐，发生如此重大的战略转折，庞涓理应做出更加谨慎周密的规划。其实齐军远道而来，远道而来的军队才想要速战速决，本土作战的军队是完全可以打持久战的。更何况，魏国已经动员全国兵力，由太子申率领前来御齐了。为庞涓计，他本可令太子申在正面战场与齐军纠缠，自己则绕道去抄齐军的后路，如此必能大获全胜。可是，庞涓根本未曾进行战略上的审慎思考，仅凭炉灶数量日益减少这样的细节，就贸贸然孤军深入去追击齐军。《孙子兵法·九地篇》中说："是故不知诸侯之谋者，不能预交；不知山林、险阻、沮泽之形者，不能行军；不用乡导者，不能得地利。四五者不知一，非霸王之兵也。"可惜的是，这四五个"不能"，庞涓几乎全都犯了，其兵败身死也就是顺理成章的了。

至于就人品角度而言，庞涓背信弃义残害自己的同学孙膑，却直到临死前也未曾有过一丝反省悔过，仍在诟骂孙膑是"竖子"。庞涓完全可以称得上是个不折不扣的卑鄙小人，死不足惜。

成侯邹忌恶田忌，使人操十金，卜于市，曰："我，田忌之人也。我为将三战三胜，欲行大事，可乎？"卜者出，因使人执之。田忌不能自明，率其徒攻临淄，求成侯；不克，出奔楚。

【白话】

成侯邹忌嫉恨田忌，命人拿着十金去集市卜卦，道："我是田忌的手下。我家将军领兵作战三战三胜，现在想要做一番更大的事业，你觉得可以吗？"待卜卦者出来，邹忌就教人把他抓住（准备以此陷害田忌）。田忌无法自证清白，便率兵攻打临淄（今山东淄博市临淄区），希望能够抓住邹忌。无法攻克之后，只好逃往楚国。

【姚注】

邹忌陷害田忌之事，在《史记·田敬仲完世家》和《战国策》中均有记载，但《资治通鉴》所记载的只有后半段。前半段说的是邹忌在齐国为相，田忌在齐国为将，两人关系交恶。于是，公孙阅向邹忌献策道："你为什么不建议齐王攻打魏国呢？只要齐国出兵攻打魏国，就一定是由田忌挂帅。如果打赢了，那是您的策略正确。如果打输了，则田忌要么就是死在前线，要么就是撤回国内，无论如何命运都掌握在您的手中。"邹忌依计而行，齐威王果然任命田忌领兵伐魏。没想到田忌此次出征三战三胜，其凭军功所获得的名声和威望远胜过作为策划者的邹忌。于是，公孙阅再次献策邹忌，用派人街头算命的办法诬陷田忌。

【姚论】

在中国几千年的权力斗争中，诬以谋反可谓是最有效的终极解决手段。对用其他方法扳不倒的政敌，通过诬以谋反往往能立刻收到奇效。盖因对君主而言，其他罪过都可以原谅，唯有谋反不能原谅；其他罪过都可以用功劳抵偿，唯有谋反之罪无法用前功抵偿。更可怕的地方在于，谋反罪是否成立的关键，并非是否有当事者谋反的确凿证据，而在于君主是否相信你会谋反。对于每一位功高震主者而言，想要证明自己没有谋反的企图几乎都是不可能的。一旦君主起了疑心，则臣子越是功勋卓著，越是德才兼备，越是得到同僚和民众信任，越是有众人为之分辨求情，反而就越加重了君主的猜忌之心。正是由于这个无法破解的死循环，使得贤能之臣在建立功勋之后，只有通过辞职或自污两种方法来逐渐打消君主的戒心，否则终将难以逃脱兔死狗烹的悲惨结局。

　　值得一提的是，邹忌并非纯粹的奸佞小人，他曾为辅佐齐威王建立霸业立下过汗马功劳。《战国策·齐策一》中有一名篇，叫《邹忌讽齐王纳谏》。说的是邹忌身高八尺，英姿挺拔，容貌俊秀，有一天，他穿戴好衣帽后照着镜子对他的妻子说："我与城北徐公相比，谁更美？"妻子说："您这么美，徐公怎么能跟您相比？"邹忌不大自信，又问小妾，小妾也说："徐公怎么能和您相比呢？"第二天，有客人从外面来，坐下来交谈后，邹忌问客人："我与徐公谁更美？"客人说："徐公不如您美。"又过了一天，徐公亲自前来拜访。邹忌仔细端详后，觉得自己比不上徐公，又再去照镜子，发现自己跟他比实在相差太远了。晚上，邹忌睡觉时思考此事，认为："我的妻子说我比徐公美，是因为爱我。我的小妾说我比徐公美，是因为怕我。我的客人说我比徐公美，是因为有求于我。"于是，邹忌上朝拜见齐威王时说："我知道自己真的是不如徐公美，可是我的妻子爱我，我的小妾怕我，我的客人有求于我，他们都认为我比徐公更美。如今的齐国方圆千里，城池一百二十座，宫中的妃嫔和侍从，没有人不爱大王。朝堂上的大臣，没有人不怕大王。国境之内的百姓，没有人不有求于大王。由此观之，大王您被蒙蔽得相当厉害啊！"齐威王说："有道理。"于是下令："所有大臣官吏和平民百姓，能够当面指出寡人过失的，受上等奖赏。能够上书劝谏寡人的，受中等奖赏。能够在公共场所批评议论，之后传到寡人耳中的，受下等奖赏。"政令刚宣布时，群臣都赶来进谏，以至于门庭若市。几个月后，偶尔还会有人来进谏。一年后，虽然很多人还想进谏，但已经没有什么好说的了。燕、赵、韩、魏等国听说此事后，都到齐国来朝见，这就是所谓的在朝廷上战胜敌国。

由此可见，邹忌本是劝谏齐威王广开言路，提拔人才，并最终辅佐齐威王成就霸业的名臣。可即便是邹忌这样的名臣，到头来也干起了为争权夺利而三番五次用卑鄙手段陷害忠良的勾当，这岂不值得后人三思？究竟是对权力的欲望使得邹忌品德变坏了，还是邹忌原本就有双重人格，抑或邹忌只是在执行齐威王的政策？否则以田忌关系之亲，权力之大，功勋之著，何以在得知邹忌构陷之后不敢入朝辩解，反而直接领兵攻打临淄，这岂非坐实了邹忌说他有谋反之心的指控？为什么田忌自始至终不对齐威王抱以任何希望？要知道，齐威王同样不是昏君，而是位励精图治的有为之主。

公元前340年 辛巳
周显王二十九年

卫鞅言于秦孝公曰："秦之与魏，譬若人有腹心之疾，非魏并秦，秦即并魏。何者？魏居岭厄之西，都安邑，与秦界河，而独擅山东之利，利则西侵秦，病则东收地。今以君之贤圣，国赖以盛；而魏往年大破于齐，诸侯畔之，可因此时伐魏。魏不支秦，必东徙，然后秦据河、山之固，东乡以制诸侯，此帝王之业也。"公从之，使卫鞅将兵伐魏。魏使公子卬将而御之。

【白话】

卫鞅对秦孝公说："秦国看待魏国，就像是人有心腹大患，不是魏国吞并秦国，就是秦国吞并魏国。为什么这么说呢？魏国居于险厄山岭之西，建都在安邑，与秦国以黄河为界，独享崤山以东的地利。国势强盛时，便向西入侵秦国，国势困顿时，便向东收缩以自保。如今，秦国在您的英明领导下实力强盛，而魏国去年大败于齐国，各诸侯国背弃与其之间的盟约，我们可以趁此时机攻打魏国。魏国无法抵抗秦国，必定会向东迁徙。届时，秦国据有黄河和群山的险要，向东制服各诸侯国，这真是帝王之业啊！"秦孝公听从其建议，派卫鞅率兵攻打魏国。魏国则派公子卬为将，领兵前来抵抗。

军既相距，卫鞅遗公子卬书曰："吾始与公子欢；今俱为两国将，不忍相攻，可与公子面相见盟，乐饮而罢兵，以安秦、魏之民。"公子卬以为然，乃相与会；盟已，饮，而卫鞅伏甲士，袭虏公子卬，因攻魏师，大破之。

【白话】

两军在前线对阵，卫鞅给公子卬写信道："想当初，我与公子交情极好。现在，我们分别担任两国的大将，真是不忍心互相攻杀。我期待能与公子见面，共同宣誓结盟，畅饮之后罢兵回国，让秦、魏两国人民能够安心。"公子卬信以为真，便亲自前来赴会。双方盟誓结束，正在饮酒时，卫鞅事先埋伏下的甲士冲出来，俘虏了公子卬。卫鞅乘势攻击魏军，魏军大败。

魏惠王恐，使使献河西之地于秦以和。因去安邑，徙都大梁①。乃叹曰："吾恨不用公叔之言！"

【白话】

魏惠王听到兵败的消息后非常惊恐，派使者向秦国献出河西之地求和。于是，魏惠王从安邑迁都至大梁，这样感叹道："我真后悔当年没有听公叔痤的话！"

【姚注】

①徙都大梁：将都城迁至大梁。魏惠王迁都大梁之事发生在前361年，其原因不是为躲避秦国锋芒，而是主动与韩、赵、齐、楚在东方诸国争雄，详见前352年论。

【姚论】

在东线马陵之战惨败于齐国，紧接着又在西线惨败于秦国，魏国彻底从战国初年的天下霸主沦为二等国家。因此，魏惠王的悔恨感叹应该是发自肺腑、痛彻心扉的。只是我们不能确知他所说的"恨不用公叔之言"，指的是恨不用公叔之言重用商鞅，还是恨不用公叔之言杀掉商鞅。但无论是杀是用，即便时间可以倒流，魏惠王依然会有今日之败。

据《孟子·梁惠王上》记载，前319年，魏惠王在接见孟子时对他说："晋国，天下莫强焉，叟之所知也。及寡人之身，东败于齐，长子死焉；西丧地于秦七百里；南辱于楚。寡人耻之。"这一年，是魏惠王生命中的最后一年，不久后便去世了。他是长寿之君，活到81岁，执掌魏国之政长达五十年之久，却眼睁睁地看着当年"天下莫强"的魏国在东、西、南三个方向都遭到失败的耻辱。为什么会搞到这步田地呢？

前317年，即魏惠王去世两年后，张仪为秦国做说客，在面见魏襄王时说："魏国的领土方圆不到千里，士兵人数不超过三十万。四周地势平坦，处在与各诸侯国四通八达的中心，又没有高山大河的隔绝。从新郑到大梁只有两百余里的路程，无论是驾车还是步行，不用花费多少力气就能到达。魏国南面与楚国接境，西面与韩国接境，北面与赵国接境，东面与齐国接境。为了在四境派兵布防，仅驻守边塞堡垒的士兵就不少于十万。魏国所处的地理位置本来就是个天然的战场。如果魏国向南与楚国交好而不与齐国交好，那么齐国就会从东边发起攻击。如果魏国向东与齐国交好而不与赵国交好，则赵国就会从北边发起攻击。如果与韩国不合，那么韩国就会攻击魏国的西面。如果与楚国不亲，那么楚国就会攻击魏国的南面。这就是所谓的四分五裂的地理形势啊！"

张仪从地缘战略的角度指出魏国所处的地理劣势，这固然有一定道理，但却非必然因素。否则当年魏文侯同样是以这块地方起家，何以能够成为天下霸主？更何况魏武侯即位之初，还对吴起沾沾自喜地说："美哉山河之固，此魏国之宝也。"所以问题的关键还是当年吴起所说的"在德不在险"，亦是后来孟子所说的"天时不如地利，地利不如人和"。

魏文侯在位期间，只有两次对外用兵：一次是向西夺取秦国的西河之地，一次是向东灭了中山国。中山只是个中等国家，故真正对大国用兵只有伐秦这一次。用兵期间，齐、楚并未对魏国制造任何麻烦，韩、赵还为魏国提供了各种援助。反观在魏武侯和魏惠王时期，除了北部的燕国之外，齐、楚、韩、赵、秦五国都与魏国轮番大战过多次，且每次都是魏国主动出击临近的韩、赵，结果被齐、楚、秦三大强国突袭后路。魏文侯执政时期，近安韩、赵，远和齐、楚，故对外用兵时全无后顾之忧。可是魏武侯、魏惠王时却总想着吞并韩、赵，统一三晋，遂把自己的虚弱面完全暴露在齐、楚、秦三强面前。可见，魏国衰落的根本原因不在于地理位置，而在于统治者缺乏战略眼光，不懂得如何应对利用地理。

至于军事层面，魏文侯伐秦用的是吴起，伐中山用的是乐羊，皆名将之才。反观魏惠王，即位初期用的是公叔痤北伐西征，结果兵败被俘。前341年，东边御齐用的是太子申挂帅，再次兵败被俘。前340年，西边御秦用的是公子卬挂帅，结果又是兵败被俘。除了那位人品卑劣的庞涓外，魏惠王所任用的统帅全是皇亲国戚。这也是姚尧认为魏惠王所谓"吾恨不用公叔之言"说了也是白说的原因所在。因为魏惠王注定不可能重用商鞅，这是由其自身素质所决定的。至于说杀掉商鞅，那也同样无济于事。截至前340年底，商鞅给魏国带来的损失基本上也就是"西丧地于秦七百里"，至于"东败于齐，长子死焉""南辱于楚"，这可怪不得商鞅。况且，秦国若没有商鞅，或许未必能成为超级强国并最终统一天下，但以秦孝公的雄才大略，难道不会趁魏国在东边和齐、赵打得不可开交之际出兵收复河西之地吗？因此，魏国的衰败不仅是因为魏惠王没有听公叔痤的临终遗言，亦不仅是因为魏国所处的是四战之地，其关键原因还在于魏国自文侯去世后的历任君主皆不懂得珍惜人才、善待人才、延揽人才、重用人才。正如前文所述，魏文侯以贤才为宝，魏武侯以山河为宝，魏惠王以珠玉为宝，真可谓是一代不如一代。魏惠王死后，其子襄王继位，素质比惠王还要差。孟子见到魏襄王后，对他的评价是："望之不似人君，就之而不见所畏焉。"孟子对魏国彻底失望，遂离开前往齐国了。

秦封卫鞅商於十五邑。号曰商君。

【白话】

秦国将商（今陕西丹凤）、於（今河南西峡）之地的十五座城邑封赏给卫鞅，号为商君。

齐、赵伐魏。

【白话】

齐国和赵国攻打魏国。

楚宣王薨，子威王商立。

【白话】

楚宣王去世，其子芈商继位，是为楚威王。

公元前339年 壬午
周显王三十年

（本年无记载。）

公元前338年 癸未
周显王三十一年

秦孝公薨，子惠文王立。公子虔之徒告商君欲反，发吏捕之。商君亡之魏；魏人不受，复内之秦。商君乃与其徒之商於，发兵北击郑。秦人攻商君，杀之，车裂以徇，尽灭其家。

【白话】

秦孝公嬴渠梁去世，其子嬴驷即位，是为秦惠文王。公子嬴虔的党徒们指控商鞅谋反，便派官吏前去捉拿。商鞅逃往魏国，魏人拒不接纳，他只好折返回到秦国。于是商鞅与其门徒来到封地商於，发兵北上攻击郑县。秦国军队进攻商鞅，将其杀死，之后又将其尸体车裂以示众，全家老小也全部被灭。

初，商君相秦，用法严酷，尝临渭论囚，渭水尽赤。为相十年，人多怨之。赵良见商君，商君问曰："子观我治秦孰与五羖大夫贤[1]？"赵良曰："千人之诺诺，不如一士之谔谔。仆请终日正言而无诛，可乎？"商君曰："诺。"赵良曰："五羖大夫，荆之鄙人也，穆公举之牛口之下而加之百姓之上，秦国莫敢望焉。相秦六七年而东伐郑，三置晋君[2]，一救荆祸[3]。其为相也，劳不坐乘，暑不张盖。行于国中，不从车乘[4]，不操干戈。五羖大夫死，秦国男女流涕，童子不歌谣，舂者不相杵。今君之见也，因嬖人景监以为主；其从政也，凌轹公族，残伤百姓。公子虔杜门不出已八年矣。君又杀祝懽而黥公孙贾。《诗》曰：'得人者兴，失人者崩。'此数者，非所以得人也。君之出也，后车载甲，多力而骈胁者为骖乘，持矛而操闟戟者旁车而趋[5]。此一物不具，君固不出。《书》曰：'恃德者昌，恃力者亡。'此数者，非恃德也。君之危若朝露，而尚贪商於之富，宠秦国之政，畜百姓之怨。秦王一旦捐宾客而不立朝，秦国之所以收君者岂其微哉！"商君弗从。居五月而难作。

【白话】

　　起初，商鞅在秦国做宰相时，执行法律极为严酷。他曾经亲临渭水处决犯人，整条渭水都被血染红了。在秦国担任宰相的十年间，商鞅遭到许多人的怨恨。有一次，赵良来见商鞅时，商鞅问他："你看我治理秦国，与当年的五羖大夫百里奚相比，谁更贤明？"赵良说："一千个人唯唯诺诺，还不如有一位士人敢于直言不讳。请允许我坦率地说出自己内心的想法，而不必遭到杀身之祸，可以吗？"商鞅道："当然可以。"赵良道："五羖大夫，原本是楚国一个身份卑微的平民，秦缪公（即秦穆公）将他由放牛人提拔至万民之上，整个秦国无人能望其项背。他在秦国做了六七年的宰相，其间向东讨伐郑国，三次协助晋国立国君，一次挽救楚国的危难。他做宰相的时候，身体劳累也不坐车，夏天炎热也不打伞盖。他在国内视察时，没有前呼后拥的车辆跟随，也没有操持干戈的卫士护驾。五羖大夫死的时候，秦国的男女老少痛哭流涕，孩子不再唱歌，舂米的人也不再举杵。如今反观您在秦国做宰相，最初是通过君上的宠臣景监引荐才得以进身，执掌大权后又凌辱公室贵族，残害平民百姓。公子虔被您逼得八年没敢出门，又杀死祝懂，给公孙贾施以面部刺字的刑罚。《诗经》中说：'得人心者兴旺，失人心者灭亡。'上述这几件事，可算不上是得人心啊！每次您出行的时候，后面都会跟随许多车辆和甲士，要有勇武有力的侍卫在旁边护卫，还要有持矛操戟的武士在车旁趋驰。这些配置只要缺了一项，您就绝不出行。《尚书》上说：'依靠仁德者昌盛，凭借暴力者灭亡。'上述这几件事，可算不上依靠仁德啊！您现在所身处的险境，就如同清晨的露水，可您却还在贪恋商於之地的富庶收入，还在专擅秦国的政权，还在积蓄百姓的怨恨。一旦秦王去世，届时秦国想要收拾您的人，难道还会少吗？"商鞅不听。五个月后，商鞅便遭到大难。

【姚注】

　　①五羖（gǔ）大夫：指春秋时辅佐秦缪公称霸的百里奚。百里奚最初是虞国大夫，晋献公以假道伐虢之计先后灭了虢国和虞国，百里奚便与虞君一起做了俘虏。晋献公将女儿嫁给秦缪公做夫人

时，百里奚被当作陪嫁的奴仆送到秦国。之后，百里奚不甘屈辱，逃离秦国跑到楚国的宛（今河南南阳）地，被楚国驻守边境的人捉住。秦缪公听说百里奚贤能，本想用重金将他赎回，又担心楚国不给，遂派使者对楚人说："我国陪嫁的奴仆百里奚逃到这里，希望能用五张黑色的公羊皮将其换回。"楚人同意，释放了百里奚。此时，百里奚已经七十多岁，秦缪公解除其身上枷锁后与他讨论国家大事。百里奚推辞道："我是个亡国之臣，哪里值得您来询问呢？"秦缪公道："虞国国君不任用您，所以才会亡国，这不是您的罪过。"坚持向他请教。如此谈论三天，秦缪公非常高兴，将国政委任于他，号其为"五羖大夫"。羖，黑色公羊之意。因百里奚是用五张黑色公羊皮从楚国换来的，故有此号。

②三置晋君：即晋惠公、晋怀公和晋文公，皆为秦所立。

③一救荆祸：胡三省注《资治通鉴》时记为："救荆之事未详，可能是指前632年楚国在城濮之战败于晋国后，秦缪公对楚国有所支持。"

④不从车乘：古时乘车通常都是站立在车厢，唯有一种特制的安车是可以坐着的，专供老弱、妇女或贵族使用。此处说百里奚"不从车乘"，当是指百里奚出门乘车时不坐特制的安车，而是与普通人一样站在车上。

⑤阚戟：古兵器。

【姚论】

百里奚辅佐秦缪公称霸，其功绩主要在具体事务。商鞅辅佐秦孝公称霸，其功绩不仅在具体事务，更在于制度改革。因此，在百里奚和秦缪公相继去世后，秦国势力日渐衰落，乃至河西之地全部被魏国夺走。而在秦孝公和商鞅相继去世后，秦国势力仍然蒸蒸日上，直至秦始皇统一天下。这就是商鞅比百里奚伟大的地方。赵良说商鞅因执法严格而得罪权贵，在秦孝公去世后可能会遭到报复，这固然是有先见之明。然商鞅此举不是为了满足私欲，而是为了树立法制的尊严和权威。商鞅未必不知道得罪权贵的下场，只是为实践理想，不得不如此坚持。商鞅虽不得善终，却正因其为殉道而死，而愈加显得光芒万丈。列国变法，远如春秋时的管仲在齐，近如战国时的李悝在魏、吴起在楚、申不害在韩，虽一时富国强兵，却终不免人亡政息，皆是由于变法者只能改革部分人事，而未能触动整体制度。姚尧不禁再次想起了商鞅曾经的领导、魏国宰相公叔痤。公叔痤谋身远胜于谋国，故而一生荣宠不断，留下的却是日益衰落的魏国。商鞅谋国远胜于谋身，故而虽然身死家灭，留下的却是日益强盛的秦国。商鞅心胸之博大，志向之高远，品格之坚毅，岂是赵良等辈所能理解？

公元前337年 甲申
周显王三十二年

韩申不害卒。

【白话】

韩国宰相申不害去世。

公元前336年 乙酉
周显王三十三年

宋太丘社亡。

【白话】

宋国设立在太丘（今河南永城北）的祭祀神坛崩塌。

邹人孟轲见魏惠王，王曰："叟[1]，不远千里而来，亦有以利吾国乎？"孟子曰："君何必曰利，仁义而已矣！君曰何以利吾国，大夫曰何以利吾家，士庶人曰何以利吾身，上下交征利而国危矣。未有仁而遗其亲者也，未有义而后其君者也。"王曰："善。"

【白话】

邹国人孟轲（即孟子）进见魏惠王，惠王问道："老先生，您不远千里而来，是不是能给我们魏国带来什么利益？"孟轲说："君上您何必谈利益，只要有仁义就足够了。您作为国君，想的是对国家能有什么利益，那么您的士大夫想的就是对他的家族能有什么利益，士人百姓想的就是对其自身能有什么利益。这样上上下下只知道追逐利益，国家就危险了。从来没有仁者会抛弃他的父母，也从来没有义者会将君主弃之脑后。"魏惠王道："有道理。"

【姚注】

①叟：老头儿，也用作对老年男子的尊称。孟子生于前372年，当年36岁。魏惠王生于前400年，当年64岁，长孟子28岁。魏惠王称呼孟子为"叟"，是为对有德者表示尊敬。

初，孟子师子思[1]，尝问牧民之道何先。子思曰："先利之。"孟子曰："君子所以教民者，亦仁义而已矣，何必利！"子思曰："仁义固所以利之也。上不仁则下不得其所，上不义则下乐为诈也，此为不利大矣。故《易》曰：'利者，义之和也。'又曰：'利用安身，以崇德也。'此皆利之大者也。"

【白话】

起初，孟子拜子思为师，曾经向他请教治理百姓当以何者为先。子思回答道："首先应当让百姓获得利益。"孟子道："君子教育百姓，只要谈仁义就足够了，何必要谈利益？"子思道："施行仁义的本质就是为了带来利益啊！在上者不仁，在下者便居无定所；在上者不义，在下者便坑蒙拐骗，这就是最大的不利。所以《易经》上说：'利，就是义的和谐统一。'又说：'通过利来安顿自身，来弘扬道德。'这些都是最大的利。"

【姚注】

①子思：孔伋，字子思，孔子之孙。子思去世于前402年，三十年后，即前372年，孟子出生，故孟子向子思请教问题，事实上是不可能的。孟子真正拜师的对象，是子思的学生。《史记·孟子荀卿列传》上说："孟轲，驺人也。受业子思之门人。"

臣光曰：子思、孟子之言，一也。夫唯仁者为知仁义之为利，不仁者不知也。故孟子对梁王直以仁义而不及利者，所与言之人异故也。

【白话】

臣司马光认为：子思和孟子所说的话，讲的都是同一个道理。只有仁者才能懂得仁义就是最大的利，不仁的人是不知道的。故而孟子在面对魏惠王时直接宣扬仁义而闭口不谈利益，这是因为谈话对象不同的缘故。

【姚论】

子思和孟子所说的，当然不是同一个道理。子思是把义与利合起来看，孟子却是把义与利割裂来看。《史记·孟子荀卿列传》上说："（孟子）道既通，游事齐宣王，宣王不能用。适梁，梁惠王不果所言，则见以为迂远而阔于事情。"可见，魏惠王虽然经常看人不准，但在看待孟子这事上是没有走眼的。或者反过来说，连经常看人走眼的魏惠王都认定孟子"迂远而阔于事情"，便可看出孟子迂腐偏执到何种程度。子思的观点是正确的，仁义的本质就是利益。当人民遭灾时，君主最大的仁义就是开仓放粮、兴修水利；当人民贫困时，君主最大的仁义就是发展经济、修路致富；当人民愚昧时，君主最大的仁义就是普及文化、兴办教育。否则，嘴巴上整天挂着"仁义"二字，实际上却不能给老百姓任何利益，这就叫口惠而实不至。人民要这种只会空谈仁义的君主又有什么用呢？

公元前335年 丙戌
周显王三十四年

秦伐韩，拔宜阳。

【白话】

秦国进攻韩国，攻克宜阳。

公元前334年 丁亥
周显王三十五年

齐王、魏王会于徐州以相王。

【白话】

齐威王与魏惠王在徐州（今山东滕州南）会盟，互相尊称为王。

【姚注】

据《战国策·魏策二》记载，魏惠王在马陵之战惨败于齐后曾对宰相惠施说："齐国，是寡人的仇敌，深仇大恨我就是到死了也不会忘记。魏国虽然小，但寡人还是经常想举全国之力而进攻齐国，你觉得怎么样？"惠施回答道："不可以。臣听说，成就王业者合乎法度，成就霸业者善用计谋，而刚才大王对我说的话，既不合乎法度，也谈不上计谋。大王最初是与赵国结怨（桂陵之战最初是与赵国结怨，马陵之战最初是与韩国结怨），之后才会同齐国交战。如今交战兵败，国内没有做好攻防的战备，大王又想动用举国之力讨伐齐国，这就不是臣所谓的法度和计谋了。大王您真的想要报复齐国吗？那还不如脱下君主的服装，降低身份去朝拜齐国。这样一来，楚国必定会勃然大怒。此时大王再派人挑拨齐、楚两国的矛盾争端，则楚国必定会进攻齐国。以修整过的楚军对付疲劳的齐军，则齐国必然会败于楚国，这就相当于是为魏国报仇了。"魏惠王采纳惠施的建议，遂派使者向齐国报告，表示愿意以臣子之礼前来朝拜。

前334年，魏惠王魏䓨与齐威王田因齐在徐州会盟，尊田因齐为齐王。田因齐不敢独自称王，遂亦承认魏䓨为魏王，故史称"徐州相王"。严格来说，魏惠王魏䓨在此之前称为魏侯，到此时才称为魏王；齐威王田因齐在此之前称为齐公，到此时才称为齐王。至于"魏惠王""齐威王"的称呼，那都是死后才有的谥号。

【姚论】

司马光著《资治通鉴》，以"三家分晋"为惊天动地的标志性大事件。事实上，按照司马光的逻辑，真正惊天动地的标志性大事件应该是"徐州相王"。因三家分晋只是周天子将比自己低二级的政治集团的地位提升至比自己低一级，名义上并不影响周天子对天下的领导权。但徐州相王则不然，这是两个诸侯国在并未知会周天子的情况下互相承认对方为王，把自己提升到与周天子平齐的位置，又岂非惊天动地？在此之前，虽有楚、吴、越三国在春秋时期称王，但三国都是不受中原诸侯待见的"蛮夷"。中原诸侯甚至将三国称王视为不受待见之后的泄愤之举，对其只有鄙视而没有重视。可是徐州相王，是由两个政治地位极其重要、深受周天子器重的中原大国称王，其意义就大不相同了。这标志着周王室不仅在实力上早已无法与诸侯相抗衡，就连名义上的共主地位也已经彻底丧失。自管仲辅佐齐桓公称霸以来，所打的旗号都是"尊王攘夷"，即通过尊崇周天子来号令天下诸侯，而自从徐州相王之后，周天子连作为旗号的价值都没有了。

韩昭侯作高门，屈宜臼曰[①]："君必不出此门。何也？不时。吾所谓时者，非时日也。夫人固有利、不利时。往者君尝利矣，不作高门。前年秦拔宜阳，今年旱，君不以此时恤民之急而顾益奢，此所谓时诎举赢者也[②]。故曰不时。"

【白话】

韩昭侯修建了一座高大的门楼，屈宜臼对他说："您肯定是走不出这座门楼的。为什么这么说呢？因为时不对。我所说的时，并非是指时日（而是指时运）。人生在世，都有顺利和不顺利的时候。过去您也曾有时运顺利的时候，那时您没有修建高门。可现在，去年被秦国攻占了宜阳，今年国内又遭遇了干旱，您不在此时抚恤百姓，却反而更加奢侈挥霍，这就是所谓的越穷越乱花钱。所以我说时不对。"

【姚注】

①屈宜臼：楚国大夫，当时正在韩国。按《史记·韩世家》记载，屈宜臼不是当面对韩昭侯说，而是听说此事后与他人议论韩昭侯。

②时诎（qū）举赢：在穷困的时候做有富余时才能做的举动，亦指在本该收缩的时候采取扩张的举动。诎，通"屈"，指匮乏，亦有弯曲收缩之意；赢，盈余、多余，亦有前进伸张之意。

越王无强伐齐。齐王使人说之以伐齐不如伐楚之利。越王遂伐楚。楚人大败之，乘胜尽取吴故地，东至于浙江。越以此散，诸公族争立，或为王，或为君，滨于海上，朝服于楚。

【白话】

越王姒无强攻打齐国。齐王派出使者游说，言伐齐的好处不如伐楚更大。于是，越王出兵攻打楚国，结果遭到大败。楚国乘胜追击，将当初被越国占领的吴国旧地也全部吞并，势力一直向东扩张到浙江（即钱塘江）。越国至此分崩离析，各王室贵族竞相争权，有的自立为国王，有的自立为国君，分散于沿海一带，皆臣服于楚国。

【姚注】

先秦时期，长江以南的诸部落合称为"百越"，也称"诸越"，但彼此之间不具备统属关系。其中，分布在今浙江绍兴一带的越人称为"于越"，分布在今浙江温州一带的越人称为"东越"，分布在今福建福州一带的越人称为"闽越"，分布在今广东一带的越人称为"南越"，分布在今广西一带的越人称为"骆越"。越王勾践就是于越的领袖，巅峰时期曾控制于越、东越和闽越，之后灭掉吴国，进军江淮，一度称霸中原。战国初期，位于五岭以南的南越和骆越为楚国宰相吴起所灭，纳入楚国的势力范围。此次越国被灭，则于越、东越和闽越亦尽数被并入楚国的势力范围。

苏秦合纵

公元前333年 戊子
周显王三十六年

楚王伐齐，围徐州。

【白话】

楚威王攻打齐国，围困徐州。

【姚注】

楚王因忌恨齐、魏徐州相王而出兵报复，果如惠施所料。

【姚论】

按照司马光的逻辑，徐州相王当然是乱臣贼子的悖逆之举，理应遭到天下各国的讨伐。然而讽刺的是，真正出兵讨伐齐国的，只有那个三百多年前就已自立为王的楚国。楚国讨伐齐国，显然不是如司马光所期望的那样是为了维护周天子的王权，而是愤慨于魏、齐居然也配像自己一样称王？至于西边势力日益强盛的秦国，没有基于愤慨而出兵讨伐魏、齐，而是在九年之后（前325年）也跟着称王了。又过了两年（前323年），韩国和燕国称王，七雄中只有赵国因自觉实力不济而决定暂不跟进。又过了五年（前318年），连宋国这样的中等国家也按捺不住，开始称王了。

韩高门成。昭侯薨，子宣惠王立。

【白话】

韩国的高门楼修建完成。韩昭侯去世，其子即位（名不详），是为韩宣惠王。

【姚注】

印证屈宜臼去年的预言，韩昭侯未能走出门楼。

初，洛阳人苏秦说秦王以兼天下之术，秦王不用其言。苏秦乃去，说燕文公曰："燕之所以不犯寇被甲兵者，以赵之为蔽其南也。且秦之攻燕也，战于千里之外；赵之攻燕也，战于百里之内。夫不忧百里之患而重千里之外，计无过于此者。愿大王与赵从亲①，天下为一，则燕国必无患矣。"

【白话】

起初，洛阳人苏秦游说秦惠王，献上兼并天下的策略，秦惠王拒不采纳。于是苏秦离开秦国，前往燕国，游说燕文公道："燕国之所以能够免遭军事攻击，是因为有赵国在南面作屏障。况且，秦国要想攻打燕国，是在千里之外作战，而赵国要想攻打燕国，是在百里之内作战。不去担心百里之内的忧患，反而重视千里之外的事情，这可算是最不妥当的想法了。希望大王能与赵国结为亲密盟邦，南北合纵为一体，则燕国就可以免于祸患了。"

【姚注】

①从：通"纵"，与"横（衡）"相对。《韩非子·五蠹》上说："从者，合众弱以攻一强也；而衡者，事一强以攻众弱也。"

意思是说，合纵，即联合众多弱国来抵抗一个强国，以防止土地被强国兼并；连横，即侍奉一个强国，与其一起进攻其他众多弱国，以兼并弱国的土地。在各大国之间游走，游说各国采取合纵或连横策略的说客，是为纵横家。

文公从之，资苏秦车马，以说赵肃侯曰："当今之时，山东之建国莫强于赵，秦之所害亦莫如赵。然而秦不敢举兵伐赵者，畏韩、魏之议其后也。秦之攻韩、魏也，无有名山大川之限，稍蚕食之，傅国都而止。韩、魏不能支秦，必入臣于秦；秦无韩、魏之规则祸中于赵矣。臣以天下地图案之，诸侯之地五倍于秦，料度诸侯之卒十倍于秦。六国为一，并力西乡而攻秦，秦必破矣。夫衡人者皆欲割诸侯之地以与秦，秦成则其身富荣，国被秦患而不与其忧，是以衡人日夜务以秦权恐愒诸侯，以求割地。故愿大王熟计之也！窃为大王计，莫如一韩、魏、齐、楚、燕、赵为从亲以畔秦，令天下之将相会于洹水之上，通质结盟，约曰：'秦攻一国，五国各出锐师，或桡秦，或救之。有不如约者，五国共伐之！'诸侯从亲以摈秦，秦甲必不敢出于函谷以害山东矣。"肃侯大说，厚待苏秦，尊宠赐赍之，以约于诸侯。

【白话】

燕文公听从了苏秦的建议，资助他车马行装，派他到赵国去游说赵肃侯。苏秦对赵肃侯说道："当今之时，崤山以东的国家中以赵国最强，秦国最忌惮的国家也是赵国。然而，秦国之所以不敢举兵攻赵，怕的是韩国和魏国在背后算计。如果秦国先出兵攻打韩、魏，则由于两国缺乏名山大川作为屏障，是以秦国只要蚕食一部分领土，兵锋就能很快逼近韩、魏的国都。韩、魏若不能抵挡秦国，就必定会对秦国俯首称臣，而秦国一旦缺少韩、魏作为牵制，战祸就会很快蔓延到赵国头上。请允许我比照天下地图来做分析，各国土地面积之和是秦国的五倍，估计士兵数量之和相当于秦国的十倍。倘若六国能够结成一体，共同向西进攻秦国，则必定能攻破秦国。那些主张连横的人，都希望将各诸侯国土地割让给秦国。一旦秦国成就大业，这些人就能够跟着荣华富贵，而对于各诸侯国面临秦国侵略的危害，却从来不去担忧。因此这些主张连横的人日思夜想的，就是利用秦国的权势来恐吓各诸侯国，以迫使各国割地，希望大王在此事上一定要审慎思考。如果是我来为大王筹划，则最好的办法就是由韩、魏、齐、楚、燕与赵国合纵结为盟国以共同抗秦，让天下的将相在洹水（古水名，流经今河南安阳北）举行会盟，通过交换人质的方式缔结盟约，约定：'如果秦国攻打其中一国，其余五国就都要派出精兵，或者牵制阻挠秦国，或者救援被攻击国。如果其中一国不遵守盟约，则其余五国就共同讨伐它！'只要各诸侯国合纵结盟以对抗秦国，那么秦国就再也不敢出函谷关来侵害山东六国了。"赵肃侯闻言大喜，厚待苏秦，给他很高的地位和封赏，让他去联合各诸侯国。

会秦使犀首伐魏①，大败其师四万馀人，禽将龙贾，取雕阴，且欲东兵。苏秦恐秦兵至赵而败从约，念莫可使用于秦者，乃激怒张仪，入之于秦。

【白话】

恰逢此时秦国派犀首领兵攻打魏国，大败魏军四万多人，擒获魏将龙贾，攻取雕阴（今陕西富县），接着又要引兵东进。苏秦担心秦兵下一步会攻打赵国，从而导致其合纵战略遭到挫败，又感念自己身边没有能出使秦国的合适人选，于是故意激怒张仪，使他前往秦国。

【姚注】

①犀首：官名，指公孙衍。《史记·张仪列传》记载："犀首者，魏之阴晋人也，名衍，姓公孙氏。与张仪不善。"

张仪者，魏人，与苏秦俱事鬼谷先生，学纵横之术，苏秦自以为不及也。仪游诸侯无所遇，困于楚①，苏秦故召而辱之②。仪恐③，念诸侯独秦能苦赵，遂入秦。苏秦阴遣其舍人赍金币资仪，仪得见秦王。秦王说之，以为客卿。舍人辞去，曰："苏君忧秦伐赵败从约，以为非君莫能得秦柄；故激怒君，使臣阴奉给君资，尽苏君之计谋也。"张仪曰："嗟乎，此吾在术中而不悟，吾不及苏君明矣。为吾谢苏君，苏君之时，仪何敢言！"

【白话】

张仪，是魏国人，当初曾与苏秦一起在鬼谷先生门下学习合纵连横之术。苏秦自认为才能不及张仪。张仪游说各诸侯国，没有受到赏识，在楚国又遭逢困顿，故而苏秦将他召来羞辱了一番。张仪被激怒后，心想各诸侯国中，只有秦国才能让赵国吃苦头，遂前往秦国投奔。苏秦又暗地里派门客赠送钱财资助张仪，使张仪得以见到秦惠王。秦惠王对张仪非常赏识，任命他为客卿。此时苏秦派来的门客向张仪告辞，对他说："苏秦先生担心秦国攻打赵国，这会挫败诸侯合纵的计划，认为除了您之外没有人能操纵秦国，所以故意激怒您，又暗中派我来给您提供资助，这些都是苏秦先生的计谋啊！"张仪感慨地说："哎呀！我已落入别人的计谋之中还不自知，可见我的水平不如苏先生那是显而易见的了。请您代我答谢苏先生，只要苏先生在世一天，我张仪就绝不敢有二话！"

【姚注】

①困于楚：据《史记·张仪列传》记载，张仪学成之后游说诸侯，曾陪同楚国丞相饮酒，不久楚相的玉璧不见了，门客们都怀疑是张仪偷的，理由是"张仪贫穷，品行不端"。于是众人一起把张仪抓起来打了几百下竹板，但张仪始终没有招认，众人也就只好将他释放。张仪的妻子见到张仪的惨状后，说："哎，如果你没有去读书游说，又何至于遭受今天这样的屈辱？"张仪对其妻道："你看我的舌头还在吗？"其妻笑着回答："舌头还在。"张仪道："这就足够了。"

②苏秦故召而辱之：据《史记·张仪列传》记载，苏秦先是派人暗中引导张仪说："你当初和苏秦关系很好，现在他已经功成名就，你为何不去投靠他，以实现自己的功名呢？"于是张仪来到

赵国，呈上名帖后请求拜见苏秦。苏秦却事先通知门房不给张仪通报，又设法使其连续几天不能离开。不久，苏秦接见张仪，把他安排坐在堂下，吃丫鬟仆人们吃的饭菜，并多次责备他道："以你的本事才能，何至于把自己搞到如此穷困屈辱的地步？我当然可以推荐你，让你获得富贵，只是你不配。"说完就把张仪打发走了。

③仪恐：《史记·张仪列传》记作"怒"，应更合理。

【姚论】

据史书记载，孙膑、庞涓、苏秦和张仪皆在鬼谷子门下求学。孙膑和庞涓是同学，庞涓发迹后，因自认为能力不及孙膑，遂暗地里将其召至魏国，而后剔除他的膝盖骨，又在他的脸上刺字。如此丧心病狂、残酷迫害同学的结果，是孙膑被迫逃到齐国，后率领齐军先后在桂陵和马陵大败魏军。庞涓被逼无奈之下自杀，落得个身败名裂的下场。孙膑虽然青史留名，但终究是身体遭到了重大创伤，与庞涓可谓是双输。反观苏秦和张仪这对同学，苏秦同样是自认为能力不及张仪，也是暗地里将其召至赵国。可苏秦对待同学的做法，却是一方面用屈辱来激励张仪去秦国游说，一方面又用金钱来资助张仪游说成功。张仪成功之后，对苏秦感恩戴德，保证了两人一生的荣华富贵，可谓是双赢。所谓性格决定命运，着实令人扼腕。

于是苏秦说韩宣惠王曰："韩地方九百馀里，带甲数十万，天下之强弓、劲弩、利剑皆从韩出。韩卒超足而射，百发不暇止。以韩卒之勇，被坚甲，跖劲弩①，带利剑，一人当百，不足言也。大王事秦，秦必求宜阳、成皋；今兹效之，明年复求割地。与则无地以给之；不与则弃前功，受后祸。且大王之地有尽而秦求无已，以有尽之地逆无已之求，此所谓市怨结祸者也，不战而地已削矣。鄙谚曰：'宁为鸡口，无为牛后。'夫以大王之贤，挟强韩之兵，而有牛后之名，臣窃为大王羞之！"韩王从其言。

【白话】

于是，苏秦又游说韩宣惠王，道："韩国的领土方圆九百多里，穿戴盔甲的正规军几十万，天下最好的强弓、劲弩和利剑都产自于韩国。韩国士兵脚踏弩机射箭，可以连续射上百发而不停止。以韩国士兵的勇猛，披上坚固的盔甲，脚踏强劲的弓弩，佩戴锋利的宝剑，以一敌百也是不在话下的。大王若是向秦国臣服，则秦国必定会来索求宜阳（今河南宜阳西）、成皋（今河南荥阳西北）之地。就算您现在满足他，到明年还会来索求别的土地割让。届时如果再给，则事实上已无土地可给；如果不给，则以前割让的土地将前功尽弃，反而还要遭受后患。况且大王的土地是有限的，而秦国的索求是无限的，以有限的土地来迎合无限的索求，这就是所谓的花钱买怨恨，将来不用打仗，土地就被割光了。俗话说：'宁为鸡口，无为牛后。'以大王您如此的贤能，拥有韩国强大的兵力，却落得个牛后的名声，我真是私下里为您感到羞耻！"韩宣惠王接受了苏秦的劝说。

【姚注】

①跖（zhí）：踏，踩。

苏秦说魏王曰："大王之地方千里，地名虽小，然而田舍庐庑之数，曾无所刍牧。人民之众，车马之多，日夜行不绝，輷輷殷殷①，若有三军之众。臣窃量大王之国不下楚。今窃闻大王之卒，武士二十万②，苍头二十万③，奋击二十万④，厮徒十万⑤；车六百乘，骑五千匹；乃听于群臣之说，而欲臣事秦！故敝邑赵王使臣效愚计，奉明约，在大王之诏诏之。"魏王听之。

【白话】

苏秦又游说魏惠王道："大王的领土方圆千里，表面上看虽然不大，可事实上农田房屋排列得非常稠密，已经达到无处可以放牧的程度。百姓之众、车马之多，整日整夜地在马路上络绎不绝，其发出的喧嚣声音和壮观气势，就好像是三军出征一样。臣私下估计，魏国实力不亚于楚国。现在臣听说大王手下的士兵，有武卒二十万、苍头二十万、奋击二十万、厮徒十万，战车六百乘、战马五千匹，却居然还要听从群臣的建议，去臣服秦国！因此我们赵王派我来向您呈上这个不成熟的计谋，以求能够订立盟约，现静候大王的指示决断。"魏惠王听从了苏秦的建议。

【姚注】

①鞈（hōng）鞈：众多车辆走动的声音。殷殷：众多、盛大的样子。

②武士：魏武卒，是由吴起在魏文侯时期所创建的这支部队，为当时天下最强悍的军队。《荀子·议兵篇》记载："魏氏之武卒，以度取之，衣三属之甲，操十二石之弩，负服矢五十个，置戈其上，冠轴带剑，赢三日之粮，日中而趋百里。中试则复其户，利其田宅。"意思是说，按照魏武卒的标准，每位士兵身上穿三种铠甲（包括上身、大腿、小腿，以护住全身），手持十二石的强弓，背负五十支箭，肩膀上扛着长戈，头上戴着铁盔，身上佩着利剑，再携带三天的军粮，还要必须能在半天之内急行军一百里。一旦被选中为魏武卒，就可以免除他的赋税徭役，同时给予田宅上的便利。

③苍头：头上裹着青巾的军队。《史记·苏秦列传》索隐注："谓以青巾裹头，以异于众。荀卿'魏有苍头二十万'是也。"

④奋击：又作"奋戟"，执戟冲入敌阵的野战军。《史记·张仪列传》集解注："言执戟奋怒而入陈也。"索隐注："谓又有执戟者奋怒而趋入阵。"

⑤厮徒：后勤兵。《史记·苏秦列传》索隐注："谓厮养之卒。斯，养马之贱者，今起为之卒。"正义注："谓炊烹供养杂役。"

苏秦说齐王曰："齐四塞之国，地方二千馀里，带甲数十万，粟如丘山。三军之良，五家之兵①，进如锋矢，战如雷霆，解如风雨，即有军役，未尝倍泰山、绝清河、涉渤海者也。临淄之中七万户，臣窃度之，不下户三男子，不待发于远县，而临淄之卒固已二十一万矣。临淄甚富而实，其民无不斗鸡、走狗、六博、蹹鞠。临淄之涂，车毂击，人肩摩，连衽成帷，挥汗成雨。夫韩、魏之所以重畏秦者，为与秦接境壤也。兵出而相当，不十日而战，胜存亡之机决矣。韩、魏战而胜秦，则兵半折，四境不守；战而不胜，则国已危亡随其后；是故韩、魏之所以重与秦战而轻为之臣也。今秦之攻齐则不然，倍韩、魏之地，过卫阳晋之道，经乎亢父之险，车不得方轨，骑不得比行，百人守险，千人不敢过也。秦虽欲深入则狼顾，恐韩、魏之议其后也，是故恫疑、虚喝、骄矜而不敢进，则秦之不能害齐亦明矣。夫不深料秦之无奈齐何，而欲西面而事之，是群臣之计过也。今无臣事秦之名而有强国之实，臣是故愿大王少留意计之！"齐王许之。

【白话】

苏秦又游说齐威王，道："齐国四面都是险地要塞，领土方圆二千余里，带甲的士兵有几十万，粮食储备堆积如山。三军装备精良，五大都市的士兵勇猛，进攻时如离弦利箭般迅速，作战时如雷霆万钧般威猛，撤退时如风雨骤停般干脆。即便遇到战事，敌人也从未能翻过泰山，渡过清河，泛舟渤海。都城临淄有居民七万户，依臣私下推测，平均每户最少有三个男子，这样不需要到偏远的县城征兵，仅临淄城就能有二十一万士兵了。临淄富庶殷实，百姓们无不斗鸡、赛狗、下棋、踢球。在临淄稠密的街道上，车辆之多以至于车轴互相撞击，行人之多以至于肩膀互相摩擦，将衣服连起来，可以结成帷帐，将汗水挥出来，就好像下了场雨。韩国和魏国之所以非常畏惧秦国，主要原因是他们与秦国接壤。双方如果派兵对阵，则交战不用十天，就到面临生死存亡的关头。韩、魏若是能战胜秦国，则其自身兵力也会损伤过半，再无法守护边境；若是败给了秦国，则随后就有亡国的危险。因此，韩、魏在对秦作战的问题上表现得十分慎重，不敢轻易开启战端，而是很容易就向秦国臣服。可秦国来进攻齐国就不一样了，他得背对韩、魏的领土，经过卫国阳晋（今山东郓城西）的要道，再穿越亢父（今山东济宁南）的险塞，车辆和战马都不能并排行驶，只要有一百个人把守险要之处，则一千个人都不敢从此经过。秦国即便想长驱深入，也必须顾忌韩、魏两国抄他的后路。所以他总是恫吓猜疑、虚张声势、骄横矜夸，却终究不敢贸然进攻。由此可见，秦国显然是不敢来侵害齐国的。可是许多齐人不去仔细思考秦国对齐国的无可奈何，却总想着要向西对秦国俯首称臣，这是群臣们的失策啊！如今，齐国既无臣服秦国之名，又有强大国家之实，因此臣希望大王能够稍微考虑一下臣的谋划。"齐王同意了苏秦的建议。

【姚注】

①五家之兵：五大都市的常备军。战国时期，各国出于中央集权及地缘攻守之需要，皆先后在边地设郡，七雄中独齐国例外。齐国采取五都之制，除国都临淄为中都外，即墨（今山东平度东）为东都，莒（今山东莒县）为南都，平陆（今山东汶上北）为西南都，高唐（今山东高唐东）为西北都。五都皆设有常备军驻守，合称"五都之兵"或"五家之兵"，是齐国的主力部队。

乃西南说楚威王曰："楚，天下之强国也，地方六千馀里，带甲百万，车千乘，骑万匹，粟支十年，此霸王之资也。秦之所害莫如楚，楚强则秦弱，秦强则楚弱，其势不两立。故为大王计，莫如从亲以孤秦。臣请令山东之国奉四时之献，以承大王之明诏；委社稷，奉宗庙，练士厉兵，在大王之所用之。故从亲则诸侯割地以事楚，衡合则楚割地以事秦，此两策者相去远矣，大王何居焉？"楚王亦许之。

【白话】

于是，苏秦又前往西南方游说楚威王，道："楚国，是天下的超级强国，领土方圆六千多里，带甲的士兵有上百万，战车千乘，战马万匹，储备的粮食可以供十年用，这是称霸天下的资本。秦国最大的心腹之患莫过于楚国，楚国强则秦国弱，秦国强则楚国弱，两国可谓势不两立。因此，为大王考虑，不如与各国合纵以孤立秦国。我将让崤山以东的各国一年四季都来朝贡，以尊奉大王的命令；再将他们的社稷委托给您，将他们的宗庙奉献给您，训练士兵，磨砺兵器，以听从您的指挥调遣。因此，合纵就是让各诸侯国割地以尊奉楚国，连横就是让楚国割地以尊奉秦国，这两种策略可谓天差地别，大王您会选择哪一种呢？"楚王也同意了苏秦的建议。

于是苏秦为从约长，并相六国，北报赵，车骑辎重拟于王者。

【白话】

于是，苏秦成为主持六国合纵联盟的从约长，同时兼任六国的宰相。当他北归向赵国复命时，随行的车马和携带的行李，可与君王出行的阵势相比拟。

【姚论】

苏秦对东方六国的游说辞，节选自《史记·苏秦列传》，但有所删减。此番游说又大体可以分成三个部分：一是对韩、魏，二是对燕、赵、齐，三是对楚国。

先说韩、魏。与秦国接壤的国家，主要就是韩、魏、楚三国。楚国地处南方，且地广人多，兵精粮足，是七雄中实力仅次于秦的强国；而韩、魏地处天下的中枢，实力又明显不足与秦抗衡，是以秦国要想统一天下，肯定不会以进攻楚国为优先，而必定是先兼并韩、魏。因此，苏秦对韩、魏的游说主要是分三个层次：第一，韩、魏虽然领土面积不大，但综合国力并非弱到任由秦国予取予求的程度，尤其是以韩、魏军事实力之强，并非不能与秦国一战，何至于对秦国如此畏惧？第二，就算是韩、魏臣服于秦国，愿意通过割地的方式来祈求一时之和平，可是这并非一劳永逸的解决方案，秦国明年肯定还会再来索求割地，直到完全兼并韩、魏为止。第三，如果韩、魏觉得仅凭自身力量无法抗衡秦国，则他来号召其他各国与韩、魏合纵，共同抵抗秦国。

再说燕、赵、齐。苏秦对此三国游说的立足点依然是地缘结构，正是由于有韩、魏两国作为屏障，燕、赵、齐三国才不至于被秦国的兵锋所侵害。一旦秦国兼并了韩、魏，接着继续向东就会入侵齐国，向北就会入侵赵国，再向北就会入侵燕国。为此，三国必须全力支持韩、魏，与其结成合纵联盟，因为保韩、魏就是保自己。

最后说楚国。苏秦对楚国的游说，没有从地缘的角度分析，而是将楚国视作能与秦国平起平坐的超级大国，建议由楚国来作为合纵联盟的领袖，率领各国共同对抗秦国。

苏秦的游说看起来头头是道，亦说得各诸侯热血沸腾，同意缔结盟约。但究其实质而言，"合众弱以攻一强"的合纵策略，注定是要失败的。

对于处在天下中枢位置的韩、魏而言，仅凭其自身实力不足以单独抗衡秦国，这是毋庸置疑的。所以，苏秦设计的战略构想，是通过联合燕、赵、齐、楚这四个边缘位置的国家，以组成合纵联盟来帮助韩、魏共同抵御秦国。可如果边缘国家不支持韩、魏抗秦呢，又当怎样？苏秦给的方案，是"秦攻一国，五国各出锐师，或桡秦，或救之。有不如约者，五国共伐之"。然而这真的有可能做到吗？假设秦国进攻韩国，而只有魏、赵、燕、齐四国出兵相救，楚国作壁上观，难道此时四国能够再去攻打楚国吗？这岂非将中立国逼成敌国？显然，苏秦所构想的六国合纵联盟，放在太平时节固然是说得好听，可一旦真的发生战争，就很难保证其执行效果了。因为这个联盟表面上是有惩罚机制，实际上却是根本无法实施的，只能寄希望于缔约方深明大义，自觉遵守。而对于国君来说，是无论如何不能将自己国家的安全和发展，建立在邻国的"深明大义"之上的，万一他哪天不深明大义了怎么办？后来楚怀王不就是贪图张仪所许诺的商於之地，而断绝与齐国的盟约吗？

退一步说，就算诸侯都能够深明大义，愿意协助韩、魏共同抗秦，可是他们愿意出多大力气呢？韩、魏处在抗秦最前线，自身领土面积又不大，故而秦国的每次入侵对他们来说都有灭国的危险。边缘国家却因为远离前线，故而不可能对韩、魏的焦虑心理感同身受。如果韩、魏希望各国出兵二十万相助，可是各国只愿意出兵五万，那该如何是好？毕竟出兵打仗是非常消耗人力、财力和物力的，需要有强大的经济资源支撑。《孙子兵法·谋攻篇》上说："凡用兵之法，驰车千驷，革车千乘，带甲十万，千里馈粮。则内外之费，宾客之用，胶漆之材，车甲之奉，日费千金，然后十万之师举矣。"试问，如果边缘国家出兵支援韩、魏，军费该由谁出？

如果是由边缘国家出，则其内心必定非常不愿意消耗自己的财力去为韩、魏打仗。如果由韩、魏出，则其自身的财力尚不足以应付强秦，又哪里还能应付边缘国家的军队长途跋涉所需要的巨大开销？如果能够战胜秦国，或许还能靠瓜分战利品来维持合纵联盟的团结。如果无法战胜秦国，更不用说败于秦国，则必定会激发合纵联盟之间的利益纠纷。为秦国计，最好的办法就是虚张声势，频繁对韩、魏发动试探性的骚扰战。如果韩、魏愿意出钱请边缘国家出兵援助，则秦国就停止进攻，以消耗韩、魏的国力。如果韩、魏不愿意花钱请边缘国家出兵援助，则秦国就猛烈进攻，以攻占韩、魏的城池。长此以往，韩、魏与边缘国家的矛盾必定会日益加剧，导致合纵联盟的破裂。

再退一步说，就算在某段时间内，边缘国家的君主深明大义，不与韩、魏在军费上斤斤计较。可对于韩、魏来说，这终究不是长久之计，不能把国家安全永远寄托在别人的不计较之上。更何况，任何国家都不能以当下的安全为满足，还必须积极寻求发展。因此，在遭受秦国进攻时，韩、魏需要依靠边缘国家来帮助他们抗秦。可一旦西线无战事，韩、魏就不得不考虑对外扩张以壮大自身的问题，而扩张的对象也必定是燕、赵、齐、楚四国，毕竟综合国力决定了韩、魏不可能主动对秦国发起进攻。

由此可见，如果秦国对地处天下中枢的韩、魏发动进攻，则韩、魏必定会因边缘四国是否出兵援助的问题而与边缘四国发生剧烈矛盾。如果秦国不对韩、魏发动进攻，则韩、魏必定会因自身扩张的需要而与边缘四国发生剧烈矛盾。既然处在合纵联盟核心位置的韩、魏，在无论秦国进攻还是不进攻的情况下，都注定会与边缘四国发生剧烈矛盾，那么合纵联盟的破产也就是迟早的事了。

同样的道理，对于燕、赵、齐三国来说，虽然有韩、魏两国作为其安全屏障，但每个国家都不能满足于安全而不追求发展。又由于他们远离秦国，所以扩张的对象也只能是合纵联盟里的其他国家。否则，三国养着那么多军队，难道就是为了在前线帮助韩、魏抗秦的吗？如果韩、魏愿意报销军费，那也就算了。如果韩、魏不愿意报销军费，那么三国又怎么可能大量消耗自己的人力物力，去千里之外常年为别的国家站岗呢？肯定还得用来与周边的国家交战。因此，从燕、赵、齐三国的角度而言，也迟早会让合纵联盟破产。

至于楚国，苏秦的游说辞最为可笑，他为了劝说楚威王加入合纵联盟，竟然说要让"山东之国奉四时之献，以承大王之明诏；委社稷，奉宗庙，练士厉兵，在大王之所用之"，甚至还说"从亲则诸侯割地以事楚，衡合则楚割地以事秦"。试问，对于"山东之国"而言，如果合纵的结果是对楚国割地臣服，那又何必费心费力搞什么合纵呢？所谓连横的结果，最坏无非就是对秦国割地臣服而已，难道对楚国割地臣服和对秦国割地臣服又有什么不同吗？这和他在其余五国的游说辞不是自相矛盾吗？抑或是他一心只想赶紧促成合纵联盟，故而一开始就心存欺骗？对于楚国来说，是冲着其余五国愿意割地臣服的想法，所以才来加入合纵联盟的，既然其余五国不愿意如此，则退出合纵联盟也是迟早的事。

综上所述，按照苏秦所设定的合纵联盟的战略构想，其破灭原本就是必然之事。六国充其量只是会在秦国兵锋太盛时，因共同的危机感而暂时联合，形成"合众弱以攻一强"的合纵联盟。一旦秦国入侵的危机解除，六国就会因为自身对外扩张的需要，而导致合纵联盟破灭。既然六国有对外扩张的需要，却又不敢入侵强秦，则必定会选择与秦国和好，形成"事一强以攻众弱"的连横局面。显然，合纵只会在特定时候真正达成，连横才是战国争雄的常态，而其中最大的受益者必定是国力最强的秦国，让他可以有足够的时间和空间对山东六国各个击破。后人常指责六国不能坚守合纵联盟，只知对秦国割地臣服[1]，故而为秦所灭只是咎由自取[2]，殊不知，合纵联盟本身就是漏洞百出，注定不可能被长期施行。秦国之所以能兼并六国而统一天下，靠的远不止合纵连横之类的外交战略，而是商鞅变法所带来的国富兵强。除非六国也能够发动一次类似于商鞅变法的彻底变革，否则为秦所灭都只是时间的问题。无论纵横家们如何施展合纵连横，都只能改变秦灭六国的进程，而绝不可能改变秦灭六国的结局。

---

[1] 苏洵《六国论》：六国破灭，非兵不利，战不善，弊在赂秦。

[2] 杜牧《阿房宫赋》：灭六国者六国也，非秦也。

齐威王薨①，子宣王辟彊立；知成侯卖田忌，乃召而复之。

【白话】

齐威王田因齐去世，其子田辟彊即位，是为齐宣王。齐宣王知道田忌是被成侯邹忌设计陷害的，故而重新将其召回，并官复原职。

【姚注】

①齐威王薨：齐威王之死发生在前320年，此处记载有误。

燕文公薨，子易王立。

【白话】

燕文公去世，其子即位，是为燕易王。

卫成侯薨，子平侯立。

【白话】

卫成侯姬不逝去世，其子即位，是为卫平侯。

【姚注】

卫成侯去世，卫平侯即位发生在前343年，《资治通鉴》误记于此。因发生在前383年的卫慎公去世之事被误记在前373年，故此后在记载多位卫国国君之事时皆被延后了十年。

公元前332年 己丑
周显王三十七年

秦惠王使犀首欺齐、魏，与共伐赵，以败从约。赵肃侯让苏秦，苏秦恐，请使燕，必报齐。苏秦去赵而从约皆解。赵人决河水以灌齐、魏之师，齐、魏之师乃去。

【白话】

秦惠王派公孙衍用欺诈术，使得齐国与魏国共同出兵攻打赵国，以此来破坏各国合纵的盟约。赵肃侯斥责苏秦，苏秦感到惊恐，遂请求出使燕国，说此行必定会报复齐国。苏秦离开赵国后，合纵联盟随之土崩瓦解。赵国引黄河水淹灌齐魏联军，于是齐魏联军撤走。

魏以阴晋为和于秦，实华阴①。

【白话】

魏国献出阴晋（今陕西华阴东）向秦国求和，阴晋实际上就是华阴。

【姚注】

①华阴：班固在《汉书·地理志》的华阴县下自注："故阴晋，秦惠文王五年（当为六年）更名宁秦，高帝八年更名华阴。"因公孙衍本是魏国阴晋人，此时为秦国大良造，前一年曾大败魏军，攻取雕阴，本年又挑动魏、齐攻赵，故魏国割让阴晋以求和。

齐王伐燕，取十城；已而复归之。

【白话】

齐王攻打燕国，夺取十座城市，不久又归还燕国。

【姚注】

据《史记·苏秦列传》记载，前333年，燕文公去世，其子燕易王继位。齐国趁燕国国丧之机前来进攻，夺取了十座城市。燕易王对苏秦说："过去先生到燕国来时，先王曾资助您前往赵国游说，之后才有了六国合纵联盟。如今齐国先是攻打赵国，接着又攻打燕国，致使先生的谋划成为天下笑柄，先生能替燕国收复被侵占的领土吗？"苏秦深感惭愧，道："请让我去为大王取回来。"

苏秦见到齐威王后，先是对他拜了两拜，弯下腰来表示祝贺，接着又抬起头来表示哀悼。齐威王问道："怎么刚祝贺之后，这么快就哀悼了呢？"苏秦说："我听说，一个人就算是再饿，也不会去吃乌喙（又称"乌头"，一种散寒止痛之草药，直接食用有剧毒），因为他虽然能暂时填饱肚子，实际结果却和饿死没什么差别。现在燕国虽然弱小，可燕王却是秦王的小女婿，大王贪图十座城市的利益，却因此与强秦结下了仇怨。届时，弱小的燕国做先锋，强大的秦国在后面掩护，进而号召天下精兵来攻打齐国，这就相当于吃乌喙。"齐威王闻言变色，表情严肃而悲伤道："既然如此，那我该怎么办呢？"苏秦道："我听说，古代善于处理事情的人，总能够转灾祸为吉祥，变失败为成功。大王如果真能听从臣的建议，就请立刻归还燕国十座城市。燕王无缘无故就收回十座城市，必定会很高兴。秦王知道您是因为他的缘故才归还十座城市，也必定会很高兴。这就叫作放弃仇恨而获得如磐石一般稳固的友谊。一旦燕国和秦国都来臣服于齐国，则大王号令天下，各国又还有谁敢不听从呢？因此，大王只需要表面上做出附和秦国的姿态，就可以用十座城市夺取天下，这正是霸王的基业啊！"齐威王道："有道理。"于是归还了燕国的十座城市。

公元前331年 庚寅
周显王三十八年

（本年无记载。）

公元前330年 辛卯
周显王三十九年

秦伐魏，围焦、曲沃。魏入少梁、河西地于秦①。

【白话】

秦国出兵伐魏，围攻焦（今河南三门峡）和曲沃（今河南三门峡西南）。魏国向秦国献出少梁、河西之地。

【姚注】

①少梁：少梁是河西之地中战略位置最重要的城市，故特别分开记述。前340年，商鞅俘虏魏公子卬大败魏军时，魏惠王曾献出河西之地以求和。可能在实际交接时，魏国尚保留几座城市未曾割让给秦国，又或者在之后几年，魏国陆续夺回几座城市。魏国于魏文侯时期在黄河以西设置两个郡，北面的是上郡，南面的是西河郡。前333年，秦惠王以公孙衍为主帅，领兵北上攻打魏国的上郡，大败魏军，俘虏魏军主帅龙贾。此战过后，魏国在黄河以西的防卫力量遭到重挫，少梁事实上已无足够兵力防守，丢失是迟早的事。前330年，秦惠王以樗里疾为主帅，出函谷关围攻曲沃和焦，魏国遂以割让少梁及整个河西之地为条件求和。然曲沃和焦地处函谷关之东，秦国争夺天下的必经之途，故这次割让土地并不能换取太长时间的和平，秦军很快又会再来围攻。（见图8）

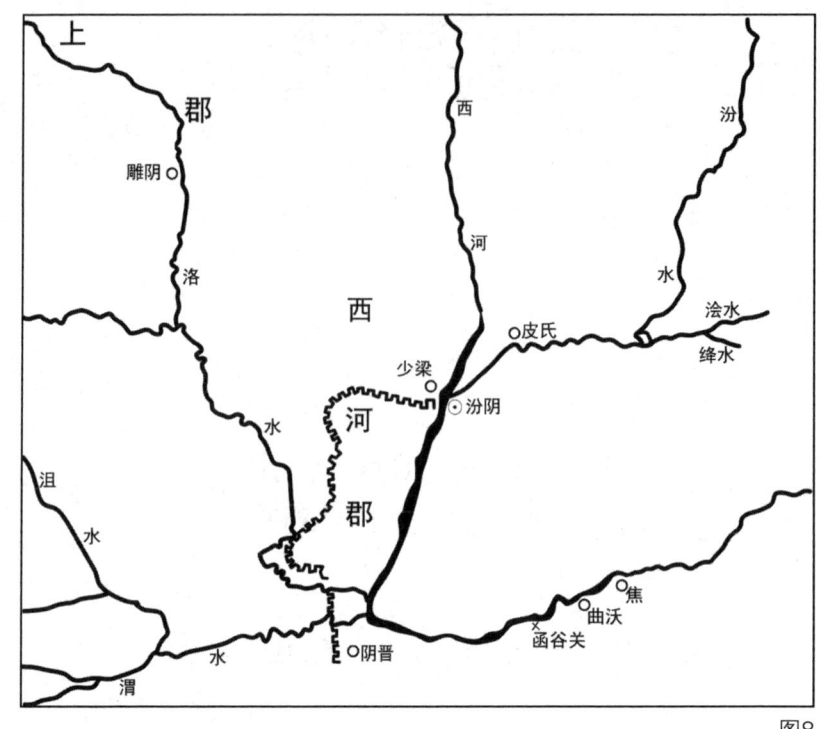

图8

公元前329年 壬辰
周显王四十年

秦伐魏，渡河，取汾阴、皮氏，拔焦。

【白话】

秦国进攻魏国，渡过黄河，夺取汾阴（今山西万荣西南，在黄河东岸，与少梁相对）、皮氏（今山西河津，在黄河东岸，与龙门相对），攻克焦。

楚威王薨，子怀王槐立。

【白话】

楚威王芈商去世，其子芈槐即位，是为楚怀王。

宋公剔成之弟偃袭攻剔成；剔成奔齐，偃自立为君。

【白话】

宋国国君宋剔成的弟弟宋偃发动政变，攻击宋剔成。宋剔成逃往齐国，宋偃自立为国君。

张仪连横

公元前328年 癸巳
周显王四十一年

　　秦公子华、张仪帅师围魏蒲阳，取之。张仪言于秦王，请以蒲阳复与魏，而使公子繇质于魏。仪因说魏王曰："秦之遇魏甚厚，魏不可以无礼于秦。"魏因尽入上郡十五县以谢焉。张仪归而相秦。

【白话】

　　秦国公子华和张仪率领军队围攻魏国蒲阳（今山西隰县），予以占领。张仪建议秦惠王将蒲阳还给魏国，并派公子繇到魏国去当人质。张仪以此劝说魏惠王道："秦国对待魏国可谓相当仁厚，魏国可不能对秦国不讲礼义。"于是，魏惠王割让上郡的十五个县，以此来报答秦国。张仪回到秦国后，被任命为宰相。

【姚论】

　　为推行张仪之连横战略，秦国先攻占魏之蒲阳，这是立威；接着又归还蒲阳，且遣子人质，这是施恩。其目的，就在于要拉拢位于天下中枢的魏国，使得合纵联盟彻底无法成局。按照常理而言，魏国作为被拉拢对象，本来是该获得一定利益作为对价的。可是魏国先是被秦国攻占了蒲阳，接着又用远大于蒲阳的上郡十五县换回蒲阳，如此核算下来，魏国为了与秦国和好，竟然白白损失了上郡十五县，换来的只是秦国公子为质。真不知道是该骂魏国君臣太愚蠢，还是该夸张仪太雄辩。

公元前327年 甲午
周显王四十二年

秦县义渠①，以其君为臣。

【白话】

秦国征服西戎的义渠国，改立为义渠县（今甘肃庆阳南），将其国君作为秦之臣属。

【姚注】

①义渠：春秋战国时期在今甘肃东部、陕西北部建立的国家。其祖先在商朝称獯鬻，西周称猃狁，因该部族信仰的图腾是犬，故西周末年又称其为犬戎。犬戎（当时的獯鬻）曾进攻周文王的祖父古公亶父，迫使古公从根据地豳（今陕西彬州）迁移至岐山（今陕西宝鸡），建立了周国。随着周文王、周武王的势力日强，连续出兵攻打犬戎，将其驱逐至泾水、洛水以北。西周末年，周幽王因宠褒姒而欲废申后、去太子，结果申侯勾结犬戎进攻周幽王，将其杀死于骊山脚下。犬戎因此占据西周的焦获（今陕西泾阳北）地区，居住于泾水和渭水之间，时不时就骚扰中原。幽王死后，诸侯立原太子继位，即周平王。平王因不堪犬戎骚扰，故东迁至洛邑（今河南洛阳）。在护送平王东迁的队伍中，有一支就是秦国的祖先秦襄公。周平王封秦襄公为诸侯，称其如果能打败犬戎，夺回被犬戎占

据的岐山、沣水一带的土地，则这片土地即可归其所有。于是，秦襄公建立秦国，开启了世代对犬戎的战争。至秦穆公时，用由余之策讨伐犬戎，征服了十二个部落国家，拓展领土一千里，而犬戎则分裂成一百多个互不统属的部落，其中之一就有义渠[1]。义，是古羌语中数词"四"的发音；渠，则是名词"水"的意思。故"义渠"即"四水"之意。在今甘肃宁县，有马莲河、城北河、九龙川、水磨沟四水相汇，此当为义渠之名的由来。义渠自建国后，以泾北为根据地，不断对外扩张，与秦对峙交锋数百年，为秦心腹大患。据《后汉书·西羌传》记载，前327年，义渠国乱，秦惠王遣庶长操将兵定之，义渠遂臣于秦。然所谓的"秦县义渠"，当是指秦将从义渠所吞并的领土设置为县，而不可能是将整个义渠国都设为县。又据《后汉书·西羌传》记载："（秦）昭王立，义渠王朝秦，遂与昭王母宣太后通，生二子。至王赧四十三年，宣太后诱杀义渠王于甘泉宫，起兵灭之，始置陇西、北地、上郡焉。"此处的陇西郡和北地郡皆为原义渠国之领土，上郡则是将部分原义渠国领土与原魏国所设之上郡合并。由此可见，义渠国的领土辽阔，设置成两个郡还有余，绝非一个县所能容纳。

秦归焦、曲沃于魏。

【白话】

秦国将已经攻占的焦和曲沃归还给魏国。

---

[1] 《史记·匈奴列传》记载：秦穆公得由余，西戎八国服于秦，故自陇以西有绵诸、绲戎、翟、豲之戎，岐、梁山、泾、漆之北有义渠、大荔、乌氏、朐衍之戎。而晋北有林胡、楼烦之戎，燕北有东胡、山戎。各分散居豁谷，自有君长，往往而聚者百有余戎，然莫能相一。

公元前326年 乙未
周显王四十三年

赵肃侯薨，子武灵王立；置博闻师三人，左、右司过三人，先问先君贵臣肥义，加其秩。

【白话】

赵肃侯赵语去世，其子赵雍即位，是为赵武灵王。设立博闻师（高级顾问）三人，又设立左、右司过（监察官）三人。即位后的第一件大事，就是去问候赵肃侯时的重臣肥义，增加他的俸禄。

公元前325年 丙申
周显王四十四年

夏，四月，戊午，秦初称王。

【白话】

夏季，四月，戊午日，秦国正式称王。

【姚注】

严格来说，直到此时秦国国君才能称为"秦王"，此前只能称为"秦公"。

卫平侯薨，子嗣君立[①]。卫有胥靡亡之魏[②]，因为魏王之后治病。嗣君闻之，请以五十金买之。五反，魏不与，乃以左氏易之。左右谏曰："夫以一都买一胥靡，可乎？"嗣君曰："非子所知

也！夫治无小，乱无大。法不立，诛不必，虽有十左氏，无益也。法立，诛必，失十左氏，无害也。"魏王闻之曰："人主之欲，不听之不祥。"因载而往，徒献之。

【白话】

卫平侯去世，其子嗣君即位。卫国有个服劳役的奴隶逃到魏国，因通晓医术而为魏国王后治病。卫嗣君听说此事后，提出要用五十金将他买回来。如此反复五次，魏国仍然拒不放人。于是，卫嗣君又提出用左氏（今山东菏泽定陶区）城交换。左右劝谏道："用一座城池去买一个奴隶，值得吗？"卫嗣君回答道："这你们就不懂了！治理国家时不因小事而忽略，那么到头来就不会有大乱子。如果法制不能建立，刑罚不能执行，则虽然有十个左氏，也是没有用处的。如果能够建立法制，严格执法，则就算失去十个左氏，也不会有大问题。"魏惠王听说此事后，道："国君的愿望，不满足他的话，会招致不祥。"于是用车将逃犯遣返卫国，也没有索取报偿。

【姚注】

①"卫平侯薨"二句：卫平侯去世，卫嗣君继位发生在前335年，《资治通鉴》误记于此。

②胥靡：古代服劳役的奴隶或刑徒。

【姚论】

卫嗣君这番话乍听之下显得慷慨激昂，义正辞严，但细究起来却有太多的疑点经不起推敲。卫嗣君用五十金买逃犯，这原本还是符合情理的。可既然往返五次，魏国皆不答应，卫嗣君就应该酌情提高报价至六十金、八十金，乃至一百金。哪有之前往返五次不答应时，卫嗣君都不考虑提高报价，坚持咬定五十金不松口，到第六次就突然把报价提高到一座城市的？一座城市与五十金之间的价差可谓有天壤之别，卫嗣君此举岂非太不合情理？且卫国此时领土面积狭小到只剩下濮阳一带，像"失十左氏，无害也"之类的话，由秦、楚等大国说说也就算了，卫国有什么资格说？卫国若要再失去十个左氏，国家基本上也就不剩下什么了。半个多世纪以来，卫国一直是魏国的附属国。每次卫国遭到赵国入侵，都是魏国出兵相救，甚至魏国还为此付出过惨痛的代价，在东、南、西三个方向遭到齐、楚、秦三国的重创。现在卫国的一个奴隶可以为宗主国的王后治病，这难道不是巩固两国关系的大好机会吗？卫嗣君非要把奴隶抓回来，难道就不怕耽误了魏国王后的病情，因而得罪魏国吗？另一方面，魏惠王的表态也很奇怪，说什么"人主之欲，不听之不祥"。在那个群雄竞相称王的年代，卫国国君不但不敢再进一步，反而由公国自降为侯国。面对这样窝囊的附庸，身为宗主国的魏惠王何必去在乎他的什么"人主之欲"？魏国不给他带来"不祥"就谢天谢地了，他又能有什么能力给魏国带来"不祥"？

姚尧推测，卫嗣君非要追回逃犯，可能是在刻意模仿商鞅。从其对左右说"非子所知也"时的傲然自负，以及说"法立，诛必，失十左氏，无害也"时的把握十足，可推知年轻（卫嗣君生年不详，然其执政时间长达42年，故推测其即位时应该较为年轻）而又缺乏执政经验的卫嗣君，必定在某本书或某个人的成功故事中获得过强大的信心支撑。商鞅在秦国推行变法之初，悬赏重金以徙木立信，之后通过变法使得秦国成为天下最强大的国家。这或许给年轻的卫嗣君留下了不可磨灭的印象，故而他刚继承君位，就试图通过追回逃犯来树立法制的权威。而观其将赎金从五十金升至一座城市之举，确实与商鞅徙木立信时将赏金从十金升至五十金颇为类似。可惜的是，卫嗣君只能学到商鞅变法的表面动作，却根本不懂得商鞅变法的内在精神和具体措施。即位五年后，卫国实力进一步衰退，卫嗣君连"侯"都不敢称了，继其祖父卫成侯由"公"自贬为"侯"后，再度由"侯"自贬为"君"。

至于魏惠王为什么不索取任何报偿就将逃犯遣返，姚尧也是百思不得其解，或许他真的是老糊涂了吧。至前325年，魏惠王已经75岁，统治魏国长达44年。严格说来，魏惠王不能算是残暴昏君，甚至在他自己看来，他还是非常勤勉用心、非常励精图治的。他曾对孟子说："寡人之于国也，尽心焉耳矣。河内凶，则移其民于河东，移其粟于河内；河东凶亦然。察邻国之政，无如寡人之用心者。"然而，就是这样一位自认为"用心治国"的君王，却在44年的执政时间里，将祖辈留下来的天下头号强国搞到整天损兵折将、割地臣服的地步，其内心的痛苦与彷徨可想而知。相较于卫嗣君因无知者无畏而产生的超强自信，一辈子吃尽苦头的魏惠王已经没有任何自信，他自己也不知道该坚持什么，不该坚持什么，这就是魏惠王之所以会被张仪的连横之策玩弄于股掌之间的缘故。也许，在魏惠王的内心深处，始终对当年错失商鞅之举充满了愧疚和悔恨，所以当他在暮年看到一位刻意模仿商鞅的年轻人时，才会显得这般宽厚、这般好说话吧？

公元前324年 丁酉
周显王四十五年

秦张仪帅师伐魏，取陕。

【白话】

秦国张仪率军攻打魏国，夺取陕（今河南三门峡西）城。

苏秦通于燕文公之夫人，易王知之。苏秦恐，乃说易王曰："臣居燕不能使燕重，而在齐则燕重。"易王许之。乃伪得罪于燕而奔齐，齐宣王以为客卿①。苏秦说齐王高宫室，大苑囿，以明得意，欲以敝齐而为燕。

【白话】

苏秦与燕文公的夫人私通，被燕易王发现。苏秦很恐惧，遂对燕易王说："我继续留在燕国，也不能提高燕国的国际地位。但如果我前往齐国，却可以设法提高燕国的国际地位。"易王同意了。于是苏秦假装是得罪了燕国而逃奔齐国，齐威王任命他为客卿。苏秦游说齐威王增高宫殿、扩建园林，以彰显其功业上的成就。苏秦此举，目的是想要削弱齐国的财政，从而有利于燕国。

【姚注】

　①齐宣王：当为齐威王。《资治通鉴》将齐威王去世、齐宣王即位之事记在前333年，故有此误。

公元前323年 戊戌
周显王四十六年

　秦张仪及齐、楚之相会啮桑。

【白话】

　秦国张仪与齐国、楚国的宰相在啮桑（今江苏沛县南）举行会盟。

　韩、燕皆称王。赵武灵王独不肯，曰："无其实，敢处其名乎！"令国人谓己曰君。

【白话】

　韩国和燕国都称王。七雄中唯独赵武灵王还不愿称王，道："没有称王的实力，又怎敢用称王的名分！"下令国人称自己为君。

公元前322年 己亥
周显王四十七年

　　秦张仪自啮桑还而免相，相魏①，欲令魏先事秦而诸侯效之；魏王不听②。秦王伐魏，取曲沃、平周③，复阴厚张仪益甚。

【白话】

　　秦国张仪从啮桑归来后被免去宰相之职，前往魏国担任宰相，试图先让魏国臣服秦国，再让其余各国群起效仿，但魏惠王没有听从张仪的意见。秦惠王出兵进攻魏国，夺取曲沃、平周（今山西介休西），又暗地给张仪赠送更多丰厚的财物。

【姚注】

　　①相魏：担任魏国宰相。《战国策·魏策一》记载："张子仪以秦相魏。"又记："张仪欲并相秦、魏，故谓魏王曰：'仪请以秦攻三川，王以其间攻南阳，韩氏必亡。'"可见，张仪非因啮桑之会表现不佳而罢秦相后再转投魏国。相反，张仪是凭借秦国的势力做支撑才担任魏国宰相的，目的是落实其所倡导的连横战略。当时，魏惠王环顾四周，东边有齐，西边有秦，南边有楚，北边有赵，实力均强于魏国。魏惠王想要对外扩张，唯一敢欺负的就只有卧榻之侧的韩国。然早年魏国数次伐赵或伐韩，皆被齐、楚、秦趁虚而入。极盛之时攻打韩、赵尚且落得个损兵折将、割地臣服的下场，更何况现在国势已衰？因此，当张仪提出由秦国攻打韩国的三川，魏国乘虚攻打韩国的南阳时，可谓正中魏惠王的下怀。对于魏惠王而言，既然已无能力独自对外扩张，则"事一强（秦）以攻众弱（韩）"的连横战略就成为必然的选择。为促成秦、魏联盟以攻占韩国的领土，故魏惠王任命张仪为相。

　　②魏王不听：魏王不听从。据《战国策·魏策一》记载，公孙衍原为秦大良造，后因张仪权势日隆而被迫去秦赴魏。刚到魏国不久，张仪又来魏国拜相，公孙衍心中的恼怒可想而知。于是，公孙衍派人对韩国宰相公叔道："张仪已经促成秦魏联盟，扬言魏攻南

阳，秦攻三川，则韩国必亡。魏惠王之所以器重张仪，目的也是为了能够多占土地。这样一来，韩国的南阳肯定是保不住了。您何不主动割让一部分南阳的领土给魏国，就当成是公孙衍的功劳，以此来破解秦、魏之间的盟约。魏惠王见公孙衍可以通过外交手段获得土地，就必定会疏远秦国而亲近韩国，抛弃张仪而重用公孙衍，让他来做宰相。"公叔一听有道理，遂依计而行，公孙衍果然以南阳之地为功劳，当上了魏国宰相。公孙衍就任后，全面推翻张仪时期的连横战略，使魏国不再臣服于秦国。

③取曲沃、平周：秦惠王恼怒魏国背约，遂怒而出兵征讨。曲沃位于黄河以南，平周位于黄河以北的今山西中部，两者相距甚远。此当是秦国在完全吞并黄河以西的土地后，从西河郡和上郡分南北两路出兵渡河东征。

公元前321年 庚子
周显王四十八年

王崩，子慎靓王定立。

【白话】

周显王姬扁去世，其子姬定即位，是为周慎靓王。

燕易王薨，子哙立。

【白话】

燕易王去世，其子姬哙即位。

齐王封田婴于薛，号曰靖郭君。靖郭君言于齐王曰："五官之计，不可不日听而数览也。"王从之；已而厌之，悉以委靖郭君。靖郭君由是得专齐之权。

【白话】

齐威王将薛（今山东枣庄市薛城区）封给田婴，号称靖郭君。靖郭君对齐威王道："各主管部门的规划建议，您都不能不每日聆听，反复阅读。"齐威王听从了他的意见，不久就感到厌烦，把所有政事都委托给靖郭君处理。靖郭君由此得以专擅齐国之权。

【姚论】

历来奸臣擅权，或以人生苦短为由劝君王及时行乐，或以无为而治为由劝君王放松警惕，或以事务繁琐令君王痛苦不堪，或以声色犬马令君王兴趣偏离。其目的，皆是为了千方百计诱导君主远离朝政，盖因权力无不是生存于政事之中，根植于赏罚之上。一旦放下了具体政事，便不能亲自施行赏罚，则权力亦必然随之日渐丧失。对此，韩非子在《二柄》一文中有非常深刻的论述，摘录如下：

> 明主之所导制其臣者，二柄而已矣。二柄者，刑德也。何谓刑德？曰：杀戮之谓刑，庆赏之谓德。为人臣者畏诛罚而利庆赏，故人主自用其刑德，则群臣畏其威而归其利矣。故世之奸臣则不然，所恶，则能得之其主而罪之；所爱，则能得之其主而赏之。今人主非使赏罚之威利出于己也，听其臣而行其赏罚，则一国之人皆畏其臣而易其君，归其臣而去其君矣。此人主失刑德之患也。夫虎之所以能服狗者，爪牙也，使虎释其爪牙而使狗用之，则虎反服于狗矣。人主者，以刑德制臣者也，今君人者释其刑德使臣用之，则君反制于臣矣。故田常上请爵禄而行之群臣，下大斗斛而施于百姓，此简公失德而田常用之也，故简公见弑。子罕谓宋君曰："夫庆赏赐予者，民之所喜也，君自行之；杀戮刑罚者，民之所恶也，臣请当之。"于是宋君失刑而子罕用之。故宋君见劫。田常徒用德而简公弑，子罕徒用刑而宋君劫。故今世为人臣者兼刑德而用之，则是世主之危甚于简公、宋君也。故劫杀拥蔽之主，兼失刑德而使臣用

之，而不危亡者，则未尝有也。

翻译成白话是这样的：

英明的君主用来控制臣属的，不过是两种权柄而已，这两种权柄就是刑和德。所谓刑，就是杀戮；所谓德，就是奖赏。做臣属的畏惧刑罚而渴望奖赏，因此君主必须亲自掌握刑赏大权，这样群臣就会畏惧他的威严，而追求他给予的奖励。可现在世上的奸臣却不是如此，对于他们所憎恶的人，能够通过君主的权力予以刑罚；对于他们所喜爱的人，能够通过君主的权力予以奖赏。如果君主不是将赏罚的威严和利益掌控在自己手里，而是听任他的臣属去施行赏罚，那么全国百姓就只会害怕其臣属而轻视君主本人，归附其臣属而疏远君主本人了。这是君主失去刑赏之权的祸患。虎之所以能制服狗，靠的是它的爪牙。倘使老虎把自己的爪牙去掉而交给狗使用，那么老虎反而会被狗制服。君主，就是要依靠刑赏来制服臣属，如果君主把自己的刑赏大权去掉而交给臣属使用，则君主就会反过来被臣属所控制了。当年，田常对上向齐简公请求爵禄以赐给群臣，对下用大斗放贷粮食却以小斗收回的方式施恩于百姓，这就是齐简公失去奖赏大权而为田常所用，故最终导致齐简公被杀害。子罕对宋桓侯说：“奖赏恩赐，这是老百姓所喜欢的，请君主您自己施行；杀戮刑罚，这是老百姓所憎恶的，请由我来施行。”于是，宋桓侯失去刑罚大权而被子罕掌握，最终导致宋桓侯被劫持。田常仅仅是掌握了奖赏大权，就导致齐简公被杀害；子罕仅仅是掌握了刑罚大权，就导致宋桓侯被劫持。可见，当今做臣属的如果能够同时兼具刑赏大权，那么其君主将会遭到比齐简公和宋桓侯更严重的危险。因此，那些被劫杀、被蒙蔽的君主，同时失去刑赏大权而交由臣属执掌，却还不导致危亡的情况，从来都没有过。

靖郭君欲城薛，客谓靖郭君曰：“君不闻海大鱼乎？网不能止，钩不能牵，荡而失水，则蝼蚁制焉。今夫齐，亦君之水也。君长有齐，奚以薛为！苟为失齐，虽隆薛之城到于天，庸足恃乎！”乃不果城。

【白话】

靖郭君准备在薛地筑城，一位门客劝阻他道："您没有听说过海里的大鱼吗？网罩不住它，钩牵不住它，那是因为有大海的缘故。一旦离开海水，就算是蝼蚁也可以制服它。现在对您来说，齐国就是您的大海。如果您能长期掌控齐国，还需要在薛地筑什么城！如果您失去了齐国的大权，则就算把薛城的城墙砌到天上，又岂能保障得住自己！"于是，靖郭君果然放弃了筑城计划。

靖郭君有子四十人，其贱妾之子曰文。文通傥饶智略，说靖郭君以散财养士。靖郭君使文主家待宾客，宾客争誉其美，皆请靖郭君以文为嗣。靖郭君卒，文嗣为薛公，号曰孟尝君。孟尝君招致诸侯游士及有罪亡人，皆舍业厚遇之，存救其亲戚，食客常数千人，各自以为孟尝君亲己，由是孟尝君之名重天下。

【白话】

靖郭君有四十个儿子，其中有个是地位卑贱的小妾所生的儿子，名叫田文。田文通达倜傥，富有智谋，建议靖郭君散布钱财，以蓄养士人。靖郭君让田文主持家政，接待宾客，宾客们都争相在靖郭君面前称赞田文，建议靖郭君立他为继承人。靖郭君死后，田文继位为薛公，号称孟尝君。孟尝君四处招揽各国游士及犯罪出逃之人，为他们购置家产，给予丰厚的待遇，甚至还救济他们的家人亲戚。于是，孟尝君门下有食客数千人，他们都觉得孟尝君对自己最亲近，故而孟尝君的名声得以遍传天下。

臣光曰：君子之养士，以为民也。《易》曰："圣人养贤，以及万民。"夫贤者，其德足以敦化正俗，其才足以顿纲振纪，其明足以烛微虑远，其强足以结仁固义；大则利天下，小则利一国。是以君子丰禄以富之，隆爵以尊之；养一人而及万人者，养贤之道也。今孟尝君之养士也，不恤智愚，不择臧否，盗其君之禄，以立私党，张虚誉，上以侮其君，下以蠹其民，是奸人之雄也，乌足尚哉！《书》曰："受为天下逋逃主、萃渊薮^①。"此之谓也。

【白话】

臣司马光认为：君子的养士，是为了百姓的利益。《易经》说："圣人养贤，恩泽及于百姓。"所谓的贤者，其道德足以敦厚教化、匡正风俗，其才干足以整顿朝纲、振作纪律，其智慧足以明察秋毫、高瞻远瞩，其刚强足以团结仁人、坚守正义。用在大处，则可有利于天下；用在小处，则可有利于一国。因此，君子才会用丰厚的俸禄来令贤士富裕，才会用崇高的爵位来令贤士尊贵。通过养一位贤士而将恩泽推广至万民，这便是养贤之道。可是，现在孟尝君的养士，无论其聪明还是愚笨，也不管他是好人还是坏人，一概予以收留。孟尝君盗用君王的俸禄，结立自己的私党，博取自己的虚名。对上欺侮君王，对下盘剥百姓，不过是个奸雄而已，有什么值得推崇的呢！《尚书》上说："商纣王是天下逃犯的窝主，杂草丛生的巢穴。"指的就是孟尝君这种人。

【姚注】

①受：商纣王，姓子，名受。逋（bū）：逃亡，亦指逃亡在外的人。萃：草木丛生的样子，引申为聚集。渊：深水潭，鱼所聚集处。薮（sǒu）：草木多的湖泽，亦引申为聚集之所。

孟尝君聘于楚，楚王遗之象床。登徒直送之，不欲行，谓孟尝君门人公孙戌曰："象床之直千金，苟伤之毫发，则卖妻子不足偿也。足下能使仆无行者，有先人之宝剑，愿献之。"公孙戌许诺，入见孟尝君曰："小国所以皆致相印于君者，以君能振达贫穷，存亡继绝，故莫不悦君之义，慕君之廉也。今始至楚而受象床，则未至之国将何以待君哉！"孟尝君曰："善。"遂不受。公孙戌趋去，未至中闺，孟尝君召而反之，曰："子何足之高，志之扬也？"公孙戌以实对。孟尝君乃书门版曰："有能扬文之名，止文之过，私得宝于外者，疾入谏！"

【白话】

　　孟尝君代表齐国前往楚国访问，楚怀王送给他一张象牙床。孟尝君令登徒直将象牙床护送回国，可登徒直不愿意去，对孟尝君的门客公孙戌道："象牙床价值千金，倘若有一丝一毫的损伤，那我就是把妻子儿女都卖了也赔不起啊！您要是有办法让我躲掉这趟差使，那么我家里有把祖传的宝剑，愿意敬献给您。"公孙戌答应了登徒直的请求，入见孟尝君道："许多小国愿意奉上相印，请求您兼任他们国家的宰相，是因为您能够使贫穷者发达，使灭亡者复存，使断绝者延续，故而大家都非常敬佩您的仁义，仰慕您的廉洁。可是您现在刚到楚国就接受了象牙床这么贵重的礼物，那您让那些还没去的国家将来拿什么样的礼物来接待您呢？"孟尝君听后回答："有道理。"遂谢绝了楚国的馈赠。公孙戌向孟尝君告辞后，走起路来快步流星，还没走到内院的小门，孟尝君就又把他叫了回来，问道："你为什么会趾高气昂、神采飞扬的呢？"公孙戌便把赚得宝剑的实情告诉了孟尝君。于是，孟尝君令人在门上张贴告示，写道："无论何人，只要是能够宣扬我田文的名声，劝止我田文的过失的，即便是私下接收了别人的贿赂也没有关系，请赶快来提意见。"

　　臣光曰：孟尝君可谓能用谏矣。苟其言之善也，虽怀诈谖之心①，犹将用之，况尽忠无私以事其上乎！《诗》云："采葑采菲，无以下体②。"孟尝君有焉。

【白话】

　　臣司马光认为：孟尝君真可算得上是能虚心纳谏的人了。只要对方所提意见是正确的，即便其出发点是心怀欺诈，也应该要予以采纳，更何况是那些对领导抱持尽忠无私之心的金玉良言呢？《诗经》上说："采集蔓菁，采集葸菜，只观其叶，不论其根。"孟尝君就是有这种雅量啊！

【姚注】

①谖（xuān）：欺诈，欺骗。

②"采葑"二句：采摘芜菁时只看上面的叶子，而不管下面的根。葑，即蔓菁，又名芜菁；菲，亦为芜菁类植物，又指葍菜。这两句诗语出《诗经·邶风·谷风》，原诗为弃妇诗之名篇，是通过女子自诉的口吻，讲述其辛勤努力操持家庭生计，却终被负心男子抛弃的悲剧。此二句实则是以叶喻色，以根喻德，批评男子只知看重新欢的美色，而忽视妻子持家的妇德。然《资治通鉴》将诗句用在此处，其意思是说，领导在听取谏言时，只论其所呈现出来的观点正确与否，而不去追问他说这些话究竟是抱持什么样的目的和动机。

【姚论】

司马光刚严厉批评完孟尝君沽名钓誉，紧接着又极力称赞他虚心纳谏，这实在令人错愕。孟尝君真的是虚心纳谏之人吗？"只观其叶，不论其根"真的可行吗？事实上，只要领导愿意做出虚心纳谏的姿态，那么来自下属的谏言就绝不会少。因此，问题的关键不在于有没有人谏言，而在于领导采纳什么样的谏言，采纳之后又会如何执行。由于领导一人的精力有限，下属的谏言众多，所以就需要有过滤机制：有些人的谏言需要认真听，有些人的谏言可听可不听，有些人的谏言绝不能听，而过滤机制中最重要的组成部分就是谏言者的人品道德。唯有好的根才能长出好的叶，否则即便偶有几片叶子青翠，又焉知它们不是有毒有病的？又岂能只观其叶不论其根呢？同样的道理，但凡人品高尚者提出的谏言，虽偶有偏颇之处，但总体上还是有益的。至于人品卑劣者提出的谏言，虽不敢说一无是处，然为领导者日理万机，难道会有时间逐一分辨在大量不靠谱的谏言中有几项是靠谱的吗？是故后世君王在求贤令中往往强调要诏举"贤良方正直言极谏之士"，盖因唯有贤良方正之士，其直言极谏才是有价值的，才值得花时间、花精力去思考听从。至于只会谄媚逢迎、趋炎奉势的小人，领导本应将其屏蔽于视线之外，又哪里有机会去听他的谏言呢？孟尝君的三千门客中，难道就没有人谏言他在养士时应该有所挑选甄别，只能对贤能之士特别尊奉、

③"魏用犀首"一句：魏国确实曾任用公孙衍和张仪，但西河之亡却与此无关。秦国攻占西河，居首功者是商鞅。他先是在秦国主持变法以富国强兵，接着又在酒宴上俘虏了魏军主帅公子印，进而大败魏军，迫使魏惠王不得不献出西河之地以求和。之后关于西河的争夺，亦与魏惠王任用公孙衍和张仪二人关系不大。

【姚论】

缪留之论，似是而实非。田陈代齐之事，说明一人独掌朝政大权不是绝对可靠的。齐简公用田常和监止，说明二人共掌朝政大权不是绝对可靠的。晋用六卿，以及之后的三家分晋，说明多人共掌朝政大权也不是绝对可靠的。事实上，细究应由几个人掌管朝政本来就是舍本逐末，其关键在于君主事先是以何种方式将朝政分派给何人，事后又如何进行考核监督。历来明主治世，朝堂之上必定人才济济，哪有说用此就必须舍彼，冰炭绝不可同炉的？魏文侯当年两用魏成和翟璜为政，初时以魏成为相，之后以翟璜为相，亦未闻势力更强的魏成因此而结党营私，实力稍弱的翟璜因此而里通外国。缪留内心里只有权斗党争，所以看谁都是在权斗党争，韩宣惠王向这种小人之心的人咨询国家大事，这才是国家真正危险的地方。

韩国所处的地理位置，西面是秦国，南面和东南面是楚国，北面和东北面是魏国。秦、楚作为超级大国自不待言，魏国虽较战国初年时的极盛相差甚远，但在韩国眼中依然是惹不起的强权。韩国处在三大国的包围之中，根本无法展开独立自主的外交政策，要想对抗其中任何一国的侵略，都必须依靠其他大国的支援。彼时，魏国以张仪为相，以公孙衍为将，韩国则以公仲为相而兼用公叔。盖因公仲支持张仪之连横，而公叔支持公孙衍之合纵，若秦攻韩，则由公叔出面，配合魏、楚合纵以自保。若魏、楚攻韩，则由公仲出面与秦连横以自保。故韩两用公仲与公叔，实为在大国夹缝中生存的不得已之法，废弃两者中的任何一人，即是将国家的命运全部押在合纵或连横中的一方，成为别人外交政策的附庸，再无转圜的空间和余地。其中的利害关系，又岂是缪留所能明白。

公元前320年 辛丑
周慎靓王元年

卫更贬号曰君。

【白话】

卫国再次将自己的爵位由侯降到君。

【姚注】

前356年，卫国将自己的爵位由公降为侯，本年由侯降为君。同年齐威王田因齐去世，其子田辟疆即位，是为齐宣王。《资治通鉴》误记在前333年。

公元前319年 壬寅
周慎靓王二年

秦伐韩，取鄢。

【白话】

秦国进攻韩国，夺取鄢（今河南鄢陵）地。

魏惠王薨，子襄王立。孟子入见而出，语人曰："望之不似人君，就之而不见所畏焉。卒然问曰：'天下恶乎定？'吾对曰：'定于一。''孰能一之？'对曰：'不嗜杀人者能一之。''孰能与之？'对曰：'天下莫不与也。王知夫苗乎？七八月之间旱，则苗槁矣。天油然作云，沛然下雨，则苗浡然兴之矣。其如是，孰能御之！'"

【白话】

魏惠王魏罃去世，其子魏嗣即位，是为魏襄王。孟子前去拜见魏襄王，出来后对人说："从远处看，魏王根本就没有个君王的样子。走近之后，依然感觉不到他有什么令人敬畏之处。见到我后，突然冒出一句：'天下要怎样才能安定？'我回答说：'天下统一才能天下安定。'他又问：'谁能够让天下统一？'我说：'不喜欢杀人的人可以统一。'他又问：'如果不杀人，谁会愿意归顺他呢？'我答道：'天下百姓没有不愿意归顺他的。大王您了解禾苗的生长吗？七八月间如果遇上干旱，禾苗就会枯萎。如果此时天上乌云密布，大雨倾盆，则禾苗又将立刻焕发勃勃生机。若是治理国家也能这样，那么天下又有谁能阻挡他呢！'"

【姚注】

这段记载来自于《孟子·梁惠王上》，但在转载时略去了几句话。在"其如是，孰能御之"之后，孟子紧接着是这样说的："今夫天下之人牧，未有不嗜杀人者也。如有不嗜杀人者，则天下之民皆引领而望之矣。诚如是也，民归之，由水之就下，沛然谁能御之？"翻译成白话的意思是：现在治理天下百姓的人，没有不喜欢杀人的；如果此时能有一个不喜欢杀人的国君，则天下老百姓都会伸长脖子以期待他的到来。如果真能这样，老百姓归顺于他，就像水往低处流一样，其浩荡的声势又有谁能够阻挡呢？

【姚论】

孟子认为，天下只有统一才能够安定，这句话是正确的。但孟子认为，只有不嗜杀人者能够统一天下，这就值得推敲了。因此，魏襄王接下来的问题是顺理成章的，如果不鼓励杀戮，不对外征战，怎么可能统一天下？要说最不嗜杀人者，反而是那些弱国小国，因为他们没有杀人的能力，所以盼望着自己不要被卷入战争，难道他们才最能够统一天下？孟子整天沉浸在儒家"仁者无敌"的幻想之中，总觉得只要有仁义，那么不需要流血杀戮，就可以让天下百姓竞相归附。所以，当读到《尚书·武成》里记载武王伐纣的战争场面是血流漂杵时，孟子竟然武断地说《尚书》的这段记载完全不可信。因为在他看来，周武王是天下最仁义的人，商纣王是天下最不仁义的人，最仁义的人去讨伐最不仁义的人，怎么可能会出现血流漂杵的惨烈场面？应该是商朝的军队望风投降，周武王兵不血刃就拿下都城朝歌才对。孟子说魏襄王望之不似人君，可在魏襄王的眼中，孟夫子又何尝不是顽固不知变通呢？孟子说魏襄王突然冒出一句"天下恶乎定"，其实这又焉知不是魏襄王在话不投机的局面下没话找话？作为刚即位不久的君王，魏襄王理应在世人面前留下敬重贤士的好名声，因此他必须给孟子以足够的礼遇。可是孟夫子翻来覆去那套"仁者无敌"的说辞，魏惠王当年就已经无法忍受了，更何况是血气方刚的魏襄王。此次见面之后，失望的孟子离开魏国前往齐国，而历史的发展也并未证明孟子的观点有多高明。事实上，最终统一天下的国家是秦国，而秦国正是最"嗜杀人"的国家。商鞅变法的核心之一就是奖励军功，为此秦国实施二十等爵制。杀敌越多，爵位越高，相对应的政治经济待遇也越高。《韩非子·定法》中记载："商君之法曰：'斩一首者爵一级，欲为官者为五十石之官；斩二首者爵二级，欲为官者为百石之官。'官爵之迁与斩首之功相称也。"正是由于有了如此丰厚而又明确的激励机制，这才使得秦人对于上阵杀敌充满热情，从而缔造出令天下闻风丧胆的虎狼之师。按照孟子的观念，只要有仁义在，什么样的虎狼之师都不必畏惧。他曾对魏惠王说，只要大王施行仁政，减省刑罚，降低赋税，使老百姓能安心种田，耕种的闲暇时间，要教育年轻人懂得孝悌忠信的道理，在家时尊重父兄，在外时尊重领导，则这些人就算拿着木棍也能够打败秦、楚装备精良的武士[1]。像这种充满浪漫主义的幻想，也就只有孟子自己相信，不会有哪个君王敢当真。

---

[1] 《孟子·梁惠王上》记载：王如施仁政于民，省刑罚，薄税敛，深耕易耨，壮者以暇日修其孝弟忠信，入以事其父兄，出以事其长上，可使制梃以挞秦、楚之坚甲利兵矣。

公元前318年 癸卯
周慎靓王三年

楚、赵、魏、韩、燕同伐秦，攻函谷关。秦人出兵逆之，五国之师皆败走。

【白话】

楚、赵、魏、韩、燕五国联军讨伐秦国，进攻函谷关。秦国出兵迎战，五国联军败退撤兵。

【姚论】

《史记·楚世家》记载："（楚怀王）十一年，苏秦约从山东六国共攻秦，楚怀王为从长。至函谷关，秦出兵击六国，六国兵皆引而归，齐独后。"可见，此战是东方各国在常年实施连横战略多次吃了秦国的亏后，又重新拾起了苏秦的合纵战略。后人论及合纵之败，常说六国的土地是秦国的多少倍，人口是秦国的多少倍，士兵是秦国的多少倍，比例如此悬殊，却最终一次次失败，原因皆在不团结上。这话虽然不能说全无道理，却只是停留在表面现象。我们更应该深入思考的是，为什么六国会不团结？对于秦人而言，作战的意义很清楚，赢了可以加官进爵、分钱分地，输了就是亡国灭种、为奴为婢，是故秦人在与五国联军交战时格外团结，士气格外高昂。可是对于五国联军而言，其作战的意义在哪里？似乎是要消灭秦国这个最大的威胁，可是各国究竟愿意为之付出多少代价，最终能够获得多少利益，却是各不相同的。对于韩、魏这些饱受秦国直接入侵的国家而言，或许还愿意同秦国殊死搏斗，可对于燕、赵这些未曾受到秦国直接入侵的国家而言，就没有这种压力和迫切感了。至于齐国，干脆就不参加五国联军，因为其劳师远征函谷关，所付出的成本远高于韩、魏，所能获得的收益却远低于韩、魏。更何况，在可预见的时间内，齐国并不会遭到秦国的直接入侵，那又何必去得罪这个超级大国呢？莫不如韬光养晦，利用相对和平的战略机遇期来发展壮大自己。因此，除非能够妥善解决合纵联盟的利益分配和成本负担的比例问题，否则东方各国的合纵联盟就一定会失败。

宋初称王。

【白话】

宋国国君宋偃首次称王，是为宋康王。

公元前317年 甲辰
周慎靓王四年

秦败韩师于修鱼，斩首八万级，虏其将鲡、申差于浊泽①。诸侯振恐。

【白话】

秦国在修鱼（今河南原阳西南）击败韩国军队，斩首八万人，并在浊泽（今河南长葛西北）俘虏韩军将领鲡和申差。各诸侯国震惊恐慌。

【姚注】

①"秦败韩师"四句：此记载出自《史记·韩世家》，然《史记·秦本纪》之记载为："秦使庶长疾与战修鱼，虏其将申差，败赵公子渴、韩太子奂，斩首八万二千。"照此说法，秦军俘虏韩将之地是修鱼，而非浊泽。姚尧以《秦本纪》之记载为正确。因浊泽位于修鱼以南80公里处，中间还要经过魏国的东长城和韩国的都城新郑。韩将既在修鱼战败，则绝不可能逃至浊泽再被俘。《韩世家》记虏韩将于浊泽，当是与三年后的岸门之战混淆。浊泽位于岸门西北25公

里处，途中又无山川险塞阻隔，故其与岸门作为同一场战役的两个战场是完全有可能的。本年修鱼之战是因上一年五国联军伐秦在函谷关战败后，秦以樗里子为主帅，统领大军出关追击所致。修鱼地处韩、魏边界，与函谷关的直线距离长达260公里，其正南方60公里处即为韩国都城新郑，东南方50公里处即为魏国都城大梁。（见图9）秦军如此劳师远征，还能在三晋腹地获得如此辉煌的战果，足见其国力之盛，兵力之强。前333年，当苏秦首倡合纵联盟时，他对赵肃侯说："秦不敢举兵伐赵者，畏韩、魏之议其后也。"又对齐威王说："秦虽欲深入则狼顾，恐韩、魏之议其后也，是故恫疑、虚喝、骄矜而不敢进，则秦之不能害齐亦明矣。"短短十六年过去，秦军已经可以打穿整个韩国和大半个魏国，所谓的"韩、魏之议其后"虽不能说完全不用考虑，但亦非无法逾越的鸿沟了。

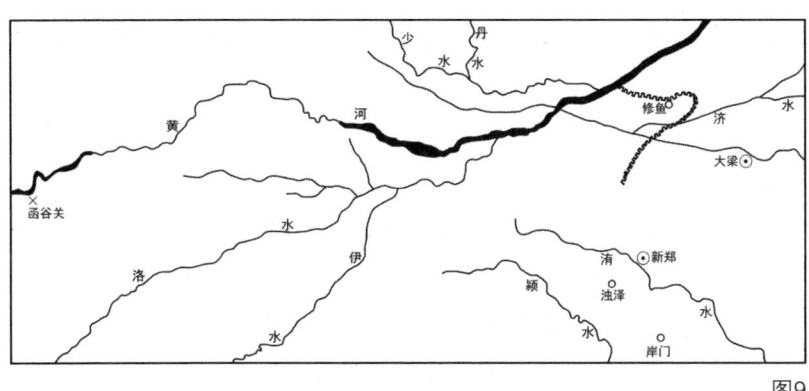

图9

齐大夫与苏秦争宠，使人刺秦，杀之。

【白话】

齐国大夫与苏秦争夺齐王的宠信，派刺客刺杀了苏秦。

【姚注】

据《史记·苏秦列传》记载，被行刺时苏秦并未当场死掉，而是负伤逃走了。齐王下令捉拿凶手，但始终没有抓到。苏秦因重伤不治，临死前对齐王说："我快要死了，请您将我车裂于闹市，宣布我的罪状是'为了燕国而祸乱齐国'。这样，暗杀我的凶手很快就会出现了。"齐王依言而行，刺杀苏秦的凶手果然自动现身。齐王遂将其斩首，为苏秦报仇。

张仪说魏襄王曰："梁地方不至千里，卒不过三十万，地四平，无名山大川之限，卒戍楚、韩、齐、赵之境，守亭、障者不过十万①，梁之地势固战场也。夫诸侯之约从，盟于洹水之上，结为兄弟以相坚也。今亲兄弟同父母，尚有争钱财相杀伤，而欲恃反覆苏秦之馀谋，其不可成亦明矣。大王不事秦，秦下兵攻河外，据卷、衍、酸枣，劫卫，取阳晋，则赵不南，赵不南则梁不北，梁不北则从道绝，从道绝则大王之国欲毋危不可得也。故愿大王审定计议，且赐骸骨。"魏王乃倍从约，而因仪以请成于秦。张仪归，复相秦。

【白话】

张仪游说魏襄王道："魏国的领土方圆不到千里，士兵人数不超过三十万。四周地势平坦，又没有高山大河隔绝，与楚、韩、齐、赵四国交界，在边境地区驻守边塞堡垒的兵力就不少于十万。魏国所处的地理位置，本来就是个天然的战场。各诸侯国相约合纵抗秦，在洹水边盟誓，结为兄弟之邦，以示相互支援的坚定信念。可事实上，即便是同一父母所生的亲兄弟，尚且会为争夺钱财而互相残杀，更何况合纵联盟只是依靠苏秦这么个反复无常之人提出的无用之谋，其失败是显而易见的。如果大王不臣服于秦，则秦国将出兵进攻河外（黄河以南地区），攻占卷（今河南原阳西）、衍（今河南原阳西南）、酸枣（今河南原阳东北），再袭击卫国，夺取阳晋，如此则赵国军队不能南下援魏，赵军不能南下则魏军亦不能北上，魏军不能北上则合纵联盟互相支援的道路就被断绝，合纵之路断绝则魏国想要不危亡都不可能了。因此，臣恳请大王审慎思考，拟定战略，且允许臣辞职。"于是，魏王背弃合纵联盟，又试图通过张仪的关系来与秦国求和修好。张仪回到秦国后，重新担任秦国宰相。

【姚注】

①"守亭"一句：《史记·张仪列传》记作"守亭、障者不下十万"。姚尧以《史记》之记载为准，即魏国日常驻守四国边境的常备军人数不少于十万，再加上发生战事时需要调派增援的机动部队，需要占用的兵力就更大了。而魏国总兵力不超过三十万，则能够用来对抗秦国的兵力非常有限。

鲁景公薨，子平公旅立。

【白话】

鲁景公去世，其子姬旅即位，是为鲁平公。

子之之乱

公元前316年 乙巳
周慎靓王五年

　　巴、蜀相攻击，俱告急于秦。秦惠王欲伐蜀，以为道险狭难至，而韩又来侵，犹豫未能决。司马错请伐蜀。张仪曰："不如伐韩。"王曰："请闻其说。"仪曰："亲魏，善楚，下兵三川①，攻新城、宜阳，以临二周之郊，据九鼎②，按图籍，挟天子以令于天下，天下莫敢不听，此王业也。臣闻争名者于朝，争利者于市。今三川、周室，天下之朝市也，而王不争焉，顾争于戎翟，去王业远矣。"司马错曰："不然。臣闻欲富国者务广其地，欲强兵者务富其民，欲王者务博其德：三资者备而王随之矣。今王地小民贫，故臣愿先从事于易。夫蜀，西僻之国而戎翟之长也，有桀、纣之乱；以秦攻之，譬如使豺狼逐群羊；得其地足以广国，取其财足以富民，缮兵不伤众而彼已服焉。拔一国而天下不以为暴，利尽四海而天下不以为贪，是我一举而名实附也，而又有禁暴止乱之名。今攻韩，劫天子，恶名也，而未必利也；又有不义之名，而攻天下所不欲，危矣。臣请论其故：周，天下之宗室也。齐，韩之与国也。周自知失九鼎，韩自知亡三川，将二国并力合谋，以因乎齐、赵而求解乎楚、魏，以鼎与楚，以地与魏，王弗能止也。此臣之所谓危也。不如伐蜀完。"王从错计，起兵伐蜀；十月取之。贬蜀王，更号为侯；而使陈庄相蜀。蜀既属秦，秦以益强，富厚，轻诸侯。

【白话】

巴、蜀两国互相攻击，双方都向秦国请求紧急支援。秦惠王本打算征讨蜀国，又觉得道路艰险狭隘，军队不容易到达，且韩国还有可能趁机侵扰，故而犹豫之中难于决断。司马错建议出兵攻打蜀国，张仪则说："不如攻打韩国。"秦惠王道："请让我听听你们各自的理由。"张仪道："我们先与魏国亲近，与楚国友善，而后向韩国的三川地区出兵，攻占新城（今河南伊川）、宜阳，将兵锋推进至东、西周的城郊。之后占据周王室的九鼎，掌握天下的地图和户籍，挟持周天子以号令天下，则天下没有敢不遵从的，这才是一统天下的王业。臣听说，争取名位就要在朝堂上争，争取利益就要在集市上争。如今的三川和周王室就是天下的集市和朝堂，大王不在此处争夺，反而跑到边远地区去与戎狄小国争夺，这就离王业太远了。"司马错说："不对。臣听闻，要想让国家富裕，就必须使领土扩张；要想让军队强大，就必须使百姓富裕；要想成就王业，就必须使德政广播。只要三方面条件具备，则王业是随之而来、水到渠成的事。现如今，大王您的国家土地狭小、百姓贫穷，因此臣请求您先从容易的事情开始做起。蜀国地处西部边陲，首领又是戎狄之君，像桀、纣一样昏乱。以秦国之强去攻打蜀国，就好像是让豺狼去驱逐群羊。占据了蜀国的土地，就可以使秦国的疆域扩张；夺取了蜀国的财货，就可以使秦国的百姓富裕；整顿武装部队后，不需要造成太多杀伤，即可令对方臣服。攻占一个国家而不会让天下人觉得暴虐，获取无尽的利益而不会让天下人觉得贪婪，可以说只要我们一采取行动，就能获得名副其实的利益，同时还能博取禁止暴乱的美名。如果现在攻打韩国，挟持周天子，则获得的是坏名声，而且也未必会有实际的利益。出征时背负着不义之名，攻击的对象又是天下人不愿意我们攻击的，这样做就太危险了。臣请求论述其中的缘由：周王室，是天下各国的宗室。齐国，是韩国的盟邦。一旦周王室知道自己将失去九鼎之宝，一旦韩国知道自己将失去三川之地，则必将通力合作，借助齐、赵的力量而向楚、魏求援，倘若周王室将九鼎送给楚国，韩国将三川之地送给魏国，届时大王您也无法阻止，这就是臣所谓的危机所在。比不上伐蜀那般稳妥。"秦惠王听从司马错的计策，发兵攻打蜀国，十月占领。秦惠王将蜀国的封号由王贬为侯，派遣陈庄担任蜀国的宰相。自从蜀国归属之后，秦国变得更加富庶强大，也因此更加轻视各诸侯国。

【姚注】

①三川：指三川郡，属韩国，韩宣惠王时所设置，以境内有黄河、洛水和伊水三川故得名。

②九鼎：《史记·封禅书》上说："禹收九牧之金，铸九鼎。皆尝亨鬺上帝鬼神。"盖夏代的青铜铸造业已经相当发达，大禹将天下划分为九州后，又铸青铜以为九鼎，每鼎对应一州，鼎身所刻图形即为该州山川名胜之状，是故九鼎即为天下王权的象征。商汤灭夏桀，周武王伐商纣后，九鼎亦随之迁徙[1]。周武王在时，曾公开展示九鼎[2]。成王即位后，依武王之遗命在洛邑筑城，又由周公将九鼎迁移至此[3]。周室衰微后，各诸侯国开始觊觎王权。前606年，即周定王时期，楚庄王攻打陆浑戎，行军至洛邑时，在周王室的城郊举行阅兵。周定王派王孙满前来犒劳军队，楚庄王即问鼎之大小轻重，被王孙满以"在德不在鼎"之论回绝[4]，故"问鼎"一词亦有觊觎政权王位之意。前403年，即周威烈王封韩、赵、魏三家为诸侯那一年，九鼎曾经震动[5]。之后周室益衰，秦、楚、魏、齐诸雄皆曾打过九鼎的主意，如《战国策》的第一篇就是《秦兴

---

[1]《史记·楚世家》记载：桀有乱德，鼎迁于殷，载祀六百。殷纣暴虐，鼎迁于周。

[2]《史记·周本纪》记载：命南宫括、史佚展九鼎保玉。

[3]《史记·周本纪》记载：成王在丰，使召公复营洛邑，如武王之意。周公复卜申视，卒营筑，居九鼎焉。曰："此天下之中，四方入贡道里均。"

[4]《史记·楚世家》记载：楚王问鼎小大轻重，对曰："在德不在鼎。"庄王曰："子无阻九鼎！楚国折钩之喙，足以为九鼎。"王孙满曰："呜呼！君王其忘之乎？昔虞夏之盛，远方皆至，贡金九牧，铸鼎象物，百物而为之备，使民知神奸。桀有乱德，鼎迁于殷，载祀六百。殷纣暴虐，鼎迁于周。德之休明，虽小必重；其奸回昏乱，虽大必轻。昔成王定鼎于郏鄏，卜世三十，卜年七百，天所命也。周德虽衰，天命未改。鼎之轻重，未可问也。"楚王乃归。

[5]《史记·周本纪》记载：威烈王二十三年，九鼎震。命韩、魏、赵为诸侯。

师临周而求九鼎》，周王室则通过各诸侯国之间的制衡力保九鼎不失。前256年，周赧王去世，秦昭襄王将九鼎夺走，此后下落不明。

【姚论】

天下大势，无非纵横。然合纵联盟之所以终将失败，表面上是因为六国不团结，实则是因为利益分配和成本负担机制上的不均衡。六国合纵只有在某一特定时间段，即秦国给六国都造成极大的灭国危机时，他们才会放下短期利益的争执，真心实意地团结起来一致抗秦。可等到危机解除，六国就又重新分裂了。张仪主张的伐韩三川、夺周九鼎，必将会成为促使六国团结抗秦的契机，而司马错主张的伐蜀，就是要在不引发六国危机感的前提下进一步扩充秦国的势力，盖因缺乏充实的国力做后盾，任何宏图大志都不过是镜花水月。司马错之论堪称老成谋国的金石之策，且其正确性已为历史发展所证明，自是不必多说，而秦惠王之善于纳谏则尤其值得赞赏。古来雄主多好大喜功，张仪"据九鼎，按图籍，挟天子以令于天下，天下莫敢不听，此王业也"的策略，其实更容易切合秦惠王的心意，且秦国也的确具备"争名者于朝，争利者于市"的实力。反观司马错所说之"今王地小民贫，故臣愿先从事于易"，听在秦惠王耳中想必会非常刺耳。放在商鞅变法之前，秦国或许还能称作"地小民贫"，如今已是天下第一的超级强权，怎么还说是"地小民贫"呢？盖与东方六国中的任何一国相比，秦国都足可称国富兵强，可若要以此兼并天下，实力的确还远远不足。秦惠王有一统天下之雄心，故能听得进司马错"地小民贫"的说法。秦惠王虽杀商鞅而不废商鞅之政，虽宠张仪而不尽听张仪之言，真明主也！缪留说韩宣惠王两用公仲和公叔，其结果必定是实力更强的一方在国内结党营私，实力更弱的一方在国外寻求支援，有人在国内结党以抗衡君主，有人在国外通敌而割让土地，从而导致国家陷入危局。然秦惠王两用张仪和司马错，为何能够君臣一心、共创大业呢？可见，有什么样的君王，就会有什么样的臣属。先有秦惠王这样的英明之主，而后才能有张仪、司马错这样的贤能之臣。先有韩宣惠王这样的昏庸之主，而后才会有缪留这样的权诈之臣。

苏秦既死，秦弟代、厉亦以游说显于诸侯。燕相子之与苏代婚^①，欲得燕权。苏代使于齐而还，燕王哙问曰："齐王其霸乎？"对曰："不能。"王曰："何故？"对曰："不信其臣。"于是燕王专任子之。鹿毛寿谓燕王曰："人之谓尧贤者，以其能让天下也。今王以国让子之，是王与尧同名也^②。"燕王因属国于子之，子之大重。或曰："禹荐益而以启人为吏，及老而以启为不足任天下，传之于益。启与交党攻益，夺之，天下谓禹名传天下于益而实令启自取之。今王言属国于子之而吏无非太子人者，是名属子之而实太子用事也。"王因收印绶，自三百石吏已上而效之子之。子之南面行王事，而哙老，不听政，顾为臣，国事皆决于子之。

【白话】

苏秦死后，他的弟弟苏代、苏厉也是通过游说而在各诸侯国间闻名。燕国宰相子之与苏代是儿女亲家，一直希望能够夺得燕国的大权。苏代从齐国出使回来后，燕王姬哙问道："齐宣王能够称霸天下吗？"苏代答："不能。"燕王又问："为什么呢？"苏代答："他不信任大臣。"于是燕王哙从此就只信任子之一人。鹿毛寿对燕王哙说："人们之所以称赞尧的贤德，是因为他能够让天下。现在大王若能将国家让给子之，便可获得像尧一样的美名了。"于是燕王哙将国家大政全部委托给子之，子之由此益发位高权重。又有人说："当年夏禹推荐益做自己的接班人，不久又让其子夏启的手下担任官吏。待到夏禹年老后，认为启的能力不足以担当天下的重任，便将王位传给了益。此时，启和他的同党对益发起进攻，重新夺回了政权，因此天下人都认为夏禹名义上是将王位传给益，实际上就是扶持启自己夺权。现在大王您名义上是说将国家大政全部委托给子之，但各级官吏都是太子的人，这同样是名义上将国家传给子之而实际上仍然留给太子。"于是燕王哙收回印绶，将三百石以上官吏的任免权全部交给子之。至此，子之南面而坐，行使君王的权力，而姬哙年纪已老，不再过问政事，反倒成为臣子，国家大事皆由子之裁定。

【姚注】

①"燕相子之"一句：《史记·燕召公世家》和《战国策·燕策一》对于苏代说燕王哙的记载是这样的："燕哙既立，齐人杀苏秦。苏秦之在燕，与其相子之为婚，而苏代与子之交。及苏秦死，而齐宣王复用苏代。燕哙三年，与楚、三晋攻秦，不胜而还。子之相燕，贵重，主断。苏代为齐使于燕，燕王问曰：'齐王奚如？'对曰：'必不霸。'燕王曰：'何也？'对曰：'不信其臣。'苏代欲以激燕王以尊子之也。于是燕王大信子之。子之因遗苏代百金，而听其所使。"

据此，我们可以得出：第一，与子之结为儿女亲家的不是苏代而是苏秦，苏代是因为其兄苏秦的关系才与子之相交；第二，苏代不是受燕王哙之命出使齐国后回到燕国，而是受齐宣王之命出使燕国；第三，苏代是接受子之的私下贿赂，故而才有此番游说。

又，《韩非子·外储说右下》记载了苏代说燕王的两种说法：

"子之相燕，贵而主断。苏代为齐使燕，王问之曰：'齐王亦何如主也？'对曰：'必不霸矣。'燕王曰：'何也？'对曰：'昔桓公之霸也，内事属鲍叔，外事属管仲，桓公被发而御妇人，日游于市。今齐王不信其大臣。'于是燕王因益大信子之。子之闻之，使人遗苏代金百镒，而听其所使。一曰：苏代为齐使燕，见无益子之，则必不得事而还，贡赐又不出，于是见燕王，乃誉齐王。燕王曰：'齐王何若是之贤也？则将必王乎？'苏代曰：'救亡不暇，安得王哉？'燕王曰：'何也？'曰：'其任所爱不均。'燕王曰：'其亡何也？'曰：'昔者齐桓公爱管仲，置以为仲父，内事理焉，外事断焉，举国而归之，故一匡天下，九合诸侯。今齐任所爱不均，是以知其亡也。'燕王曰：'今吾任子之，天下未之闻也？'于是明日张朝而听子之。"

②"鹿毛寿"五句：《史记·燕召公世家》和《战国策·燕策一》对于鹿毛寿说燕王哙的记载是这样的："鹿毛寿谓燕王：'不如以国让相子之。人之谓尧贤者，以其让天下于许由，许由不受，有让天下之名而实不失天下。今王以国让于子之，子之必不敢受，是王与尧同行也。'燕王因属国于子之，子之大重。"

由此可见，燕王哙并非真心想将国家让给子之，是以为子之必不敢接受，故而才装装样子，以期能够收获贤德之名。没想到为子之和鹿毛寿所骗，让出去的国政就再也收不回来了。

【姚论】

　　燕王哙的行为固然荒谬绝伦，然其思想却也非毫无脉络可循。燕王哙见到苏代的第一句就是问齐王是否能够称霸，可见其亦非消极厌政之人，原本也是想积极有所作为的。所谓"无欲则刚"，若是燕王哙没有称霸天下的欲望，子之和苏代反倒无计可施。正因为燕王哙心有大欲，才给了子之和苏代欺诈成功的契机。《史记》和《战国策》的记载只是指责齐宣王不信任大臣，而《韩非子》记载的两种说法除了指责齐宣王不信任大臣外，还都拿齐桓公出来做类比。第一种说法，是说齐桓公将内事交给鲍叔，外事交给管仲，自己每天只要披头散发与妇人寻欢作乐，霸业便得以成就了。第二种说法，是说齐桓公将国家大事无论内外都交付给管仲一人，所以才能够成就王霸之业。现在的齐王不能专任一人，所以必定会导致危亡。姚尧以为，两种说法都讲得通，如必须二选一的话，则以第二种说法的可能性更高。尤其联想到缪留说韩宣惠王不应两用公仲和公叔，否则会导致国家危亡，可见"宜专任而不宜两用"在当时属于较为流行的思潮，并非纯粹只是燕王哙的一时头脑发热。此后收回太子所任命官员的印绶，将中高级官员的人事任免权全部交给子之，亦是"不宜两用"思想的延续，在子之和太子之间选择专任子之。至于鹿毛寿说燕王哙，则是以"与尧同名"为诱惑而欺骗。且不说尧的贤名绝非只是靠让天下得来的，就算当初尧只靠让天下便可获得贤名，则今日之燕王哙难道就敢担此贤名吗？昔赵武灵王拒绝称王时曾说："无其实，敢处其名乎！"试想燕王哙又有何德何能，敢期盼"与尧同名"？不难看出，燕王哙为人好高骛远，志大才疏，其所寄望的功业极大，所愿意付出的努力却是极小，故而连续被苏代、鹿毛寿等人欺骗，身边却始终无人能够提出诚实恳切的谏言。后人谈及燕王哙，无不视其为迂腐荒谬的笑柄。然姚尧这些年来与企业家打交道，常有人说自己虽然能力不够，但愿意做"刘备"，三顾茅庐去请"诸葛亮"来帮助自己创建大业。其最终能否成为"刘备"我不知道，怕只怕他最后成为了"燕王哙"。本打算找到管仲为相后，自己就可以轻松成为称霸天下的齐桓公，却不成想找来的竟是子之！事实上，古来成大业者未有不历经千般磨难、万种辛苦的，总盼望着能以轻松速成的方式成就大业，被骗也就是顺理成章的事了。

【姚注】

本年，秦国还曾出兵攻打赵国，取赵之西都和中阳。《史记·秦本纪》记载："（秦惠王更元）九年，司马错伐蜀，灭之。伐取赵中都、西阳。"又，《史记·秦本纪》正义引《括地志》记："中都故县在汾州平遥县西十二里，即西都也。西阳即中阳也，在汾州隰城县东十里。《地理志》云西都、中阳属西河郡。"

公元前315年 丙午
周慎靓王六年

王崩，子赧王延立。

【白话】

周慎靓王去世，其子姬延即位，是为周赧王。

公元前314年 丁未
周赧王元年

秦人侵义渠，得二十五城。

【白话】

秦国进攻义渠，占领二十五座城镇。

【姚注】

前327年，义渠臣服于秦，但并非事事听从。义渠国君朝拜魏王时，公孙衍曾对他说："如果山东各诸侯国不进攻秦国，则秦国必定会烧杀掳掠义渠。如果各国联合进攻秦国，则秦国必定会频繁派出使节，用丰厚贵重的礼物来讨好义渠。"前318年，五国联合伐秦，陈轸对秦惠王道："义渠君，是蛮夷中比较贤能的，不如送给他一些礼物，以安抚他的心志。"秦惠王接受意见，送了一千匹锦绣和一百名美女给义渠君。义渠君召集群臣道："这就是当初公孙衍跟我分析的情形吧？"于是出兵袭击秦国，在李伯击败秦军。秦惠王在击败五国联军又南下平定巴蜀后，遂又北上攻打义渠。《史记·秦本纪》将此事记在前315年，《资治通鉴》误记于本年。

魏人叛秦。秦人伐魏，取曲沃而归其人。又败韩于岸门，韩太子仓入质于秦以和。

【白话】

魏国背叛秦国。秦国出兵讨伐魏国，攻占曲沃后将城内的老百姓遣返魏国。又在岸门（今山西河津南）打败韩军，韩国被迫将太子仓送往秦国作人质，以求达成和解。

【姚注】

前317年，秦军在修鱼大败韩军，斩首八万人。韩宣惠王为此焦急恐惧，宰相公仲建议道："合纵联盟是不可靠的。如今秦国想要伐楚已经很久了，大王不如通过张仪向秦国请和，献上一座名城，然后整顿军队与秦国一起伐楚，这就是以一失换二得的计策。"韩宣惠王采纳公仲的建议，开始着手运作此事。楚怀王听说此事后十分恐惧，召来陈轸商议对策，陈轸道："秦国想攻打楚国已经很久了，此次既得到了韩国的名城，又有韩国的军队愿意联合出兵，这正是秦国梦寐以求的事，必定会出兵伐楚。大王若听我的意见，可先在国内加强警戒，征发军队，宣称将要援救韩国，让战车布满于道路，然后派使臣携带厚礼出使韩国，务必使韩国相信我们是真心要救援他们的。这样，即便韩国最终不听我们的意见，他们也会感激大王的恩德，一定不会真心实意派兵攻打楚国，从而导致秦、韩关系不和，即便派来军队，也不足以造成大患。如果韩国听从我们的意见，不再向秦国求和，则秦国必定大怒，加深对韩国的怨恨。韩国因为在南面与楚国结盟，也必定会慢待秦国。这样一来，就可以通过激发秦、韩两国的矛盾而使楚国免于祸患了。"楚怀王依计而行，派使者携重礼面见韩宣惠王道："我们楚国虽然小，但是已经动用了全部的军队。希望韩国可以随心所欲地与秦国交战，我们楚国愿意与你们同生共死。"韩宣惠王闻言大喜，命令公仲停止与秦议和的行动。公仲道："不可以这样。秦国是凭借实力来讨伐我们，楚国只是用虚名来救援我们。大王只因为有楚国的虚名，就轻易与强秦绝交，这必定是会被天下人耻笑的。更何况，韩、楚并非兄弟之国，以前也没有什么共同伐秦的盟约。如今只是见我们有了联秦伐楚的迹象，楚国才来说要救韩，这必定是陈轸的计谋。再者，大王此前已经通报秦国求和了，现在又反悔，这是在欺骗秦国。轻易欺骗强大的秦国而相信楚国的谋臣，恐怕大王将来必定会后悔。"韩宣惠王不纳公仲之言，遂与秦国断交。秦国因此大怒，增加军队来攻打韩国，而楚国的救兵又迟迟不到，遂有岸门之败。另，韩太子仓入质事，《史记·秦本纪》记在前315年，即岸门之战前。《史记·韩世家》记在前314年，即岸门之战后。

燕子之为王三年，国内大乱。将军市被与太子平谋攻子之。齐王令人谓太子曰："寡人闻太子将饬君臣之义①，明父子之位，寡人之国唯太子所以令之。"太子因要党聚众，使市被攻子之，不克。市被反攻太子。构难数月，死者数万人，百姓恫恐②。齐王令章子将五都之兵，因北地之众以伐燕。燕士卒不战，城门不闭。齐人取子之，醢之③，遂杀燕王哙。

【白话】

子之在燕国称王三年后，国内大乱。将军市被与太子姬平密谋攻打子之。齐宣王派人对燕太子平说："寡人听说，太子将整治君臣间应有的义理，明确父子间应有的名位。为此，寡人的齐国将完全听从太子命令调遣。"于是，太子纠集同党、聚拢民众，命令市被进攻子之，但没能成功。之后，市被又反过来攻打太子。如此战乱持续数月之久，有数万人死于战争，百姓们担惊受怕。齐王命章子统率五都之兵，派遣北部地区的军队讨伐燕国。燕国的士兵不出来迎战，城门也不关上。于是齐军攻入都城，俘虏子之，将其剁成肉酱，同时也杀死了燕王姬哙。

【姚注】

①饬（chì）：整顿，修治。饬君臣之义，指子之身为臣子，不得僭居君之王位；明父子之位，指燕王哙之王位，当由其子太子平继承。

②恫恐：恐惧，害怕。按《史记·燕召公世家》和《战国策·燕策一》，这段记载是这样的："因构难数月，死者数万人，众人恫恐，百姓离意。孟轲谓齐王曰：'今伐燕，此文、武之时，不可失也。'王因令章子将五都之兵，以因北地之众以伐燕。"

周文王和周武王是儒家最为推崇的古代圣王。孟子将伐燕比作文武之道，足见其对伐燕之事的积极态度，"王因令"一句更显示其言论对齐王伐燕的推动作用，然司马光在作《资治通鉴》时却将此删去了。司马光在编写《资治通鉴》时对前人史料常有删减，这原本不足为奇，可是之后用了不少篇幅来介绍孟子与齐宣王的对话，以此来阐述儒家的政治观点，却独独删掉最初的动因，这就显得相当不合理了。想来是因为齐宣王伐燕后造成了一系列的不良后果，故司马光为尊者讳，就不提孟子当初曾积极建议伐燕之事了。

③醢（hǎi）：指肉酱，亦指把人杀死后剁成肉酱的酷刑。

齐王问孟子曰："或谓寡人勿取燕，或谓寡人取之。以万乘之

国伐万乘之国，五旬而举之，人力不至于此；不取，必有天殃。取之何如？"孟子对曰："取之而燕民悦则取之，古之人有行之者，武王是也。取之而燕民不悦则勿取，古之人有行之者，文王是也。以万乘之国伐万乘之国，箪食壶浆以迎王师①，岂有他哉？避水火也。如水益深，如火益热，亦运而已矣！"

【白话】

齐宣王问孟子："有人建议寡人不要夺取燕国，有人建议寡人要夺取燕国。我自己认为，作为拥有万辆战车的齐国，去攻打同样拥有万辆战车的燕国，五十天就能攻克，仅凭人力是不能够做到的，这应该是天意。现在不夺取燕国，恐怕会遭到上天的惩罚，所以我打算夺取燕国，如何？"孟子答道："如果夺取之后能让燕国的百姓喜悦，那就夺取。古代就有人是这样做的，如周武王。如果夺取之后不能让燕国的百姓喜悦，那就不能夺取。古代就有人是这样做的，如周文王。作为拥有万辆战车的齐国，去攻打同样拥有万辆战车的燕国，而燕国百姓却用箪装着饭食、用壶盛着酒水来迎接齐国的王者之师，这难道还有其他的原因吗？只是为了能够逃脱燕国当下的水深火热啊！如果您夺取之后，导致燕国百姓的水更深、火更热，则他们又会盼望别的国家来解救了。"

【姚注】

①箪（dān）：古时盛饭用的圆形竹器。

【姚论】

从这段对话中，可以看出孟子显然是反对齐宣王夺取燕国的，这似乎与出兵前的"今伐燕，此文、武之时，不可失也"之论相矛盾。于是，后世儒家在论及此事时多有困扰，或者对孟子前论视而不见，甚至拒不相信真有其事；或者从另一角度称赞孟子，称其虽初时有错，但很快就能够改正。而反对儒家的人，则以此攻讦孟子，如东汉王充就在《论衡·刺孟》一文中指责孟子自诩善于言辞之人，也知道言辞不当会给国家带来大的灾祸，结果还是引来了祸患[1]。其实，孟子的逻辑并不矛盾，问题是出在后人将"伐"和"取"混为一谈。伐，是攻打讨伐；取，是夺取兼并。这其实是两回事。

在《孟子·公孙丑下》中记有这样一段对话：

> 沈同以其私问曰："燕可伐与？"孟子曰："可。子哙不得与人燕，子之不得受燕于子哙。有仕于此，而子悦之，不告于王而私与之吾子之禄爵，夫士也，亦无王命而私受之于子，则可乎？何以异于是？"齐人伐燕。或问曰："劝其伐燕，有诸？"曰："未也。沈同问'燕可伐与'，吾应之曰'可'。彼然而伐之也。彼如曰：'孰可以伐之？'则将应之曰：'为天吏，则可以伐之。'今有杀人者，或问之曰：'人可杀与？'则将应之曰：'可。'彼如曰：'孰可以杀之？'则将应之曰：'为士师，则可以杀之。'今以燕伐燕，何为劝之哉！"

翻译成白话文，意思是：

沈同以私人身份问孟子："燕国可以讨伐吗？"孟子答："可以。燕王哙不应该把燕国让给别人，子之也不应该从燕王哙那里接受燕国。譬如说，这里有位士人，您非常喜欢他，就不禀告君王而私自将自己的俸禄和爵位都让给他，那个士人也不经君王同意，就私自从您那里接受了俸禄和爵位，这样做可以吗？燕王让位之事，与此有什么两样呢？"之后，齐国攻打燕国。有人问孟子："听说您建议齐王讨伐攻打燕国，有这回事吗？"孟子说："没有。沈同问我：'燕国可以征伐吗？'我答复他说：'可以。'然后他们就自己出兵讨伐了。如果当时沈同继续问我：'谁可以去讨伐燕国？'那我就会告诉他说：'只有天吏才可以去讨伐。'好比说，现在有个人犯了杀人罪，如果有人问我：'这个人可以杀吗？'我就会回答说：'可以。'他如果再问：'谁可以去杀他？'那我就会回答他说：'掌管刑罚的士师可以杀他。'现在齐国去伐燕，就相当于一个像燕国一样无道的国家去讨伐燕国，我为什么要做这种建议呢？"

---

[1] 东汉王充《论衡·刺孟》：孟子，知言者也，又知言之所起之祸，其极所致之害。

由此可见，在孟子的观念中，燕王哙和子之就燕国私相授受的行为是无道之举，是应该被讨伐的。可问题在于，应该由谁来讨伐。孟子认为，不应该由齐国讨伐，而应该由"天吏"来讨伐。那么，什么是天吏呢？其字面意思是奉了上天使命的人。孔子说："天下有道，则礼乐征伐自天子出；天下无道，则礼乐征伐自诸侯出。"齐国也只是一个诸侯，是没有权力讨伐另一个诸侯的，可此时的周天子早已衰弱不堪，又如何有能力讨伐万乘之国呢？故只能退而求其次，比照齐桓公"尊王攘夷"的模式。因此在孟子看来，当时最好的解决方案，是齐宣王先向周天子请示，在周天子的授权下讨伐燕国，平定子之之乱后将政权还给燕王哙，又或者立燕太子平为新的燕王，这才是真正的"文武之道"。平定燕乱后，如果燕国老百姓不希望齐军留在燕国，那么齐宣王就把军队收回来，这就是周文王之道。如果燕国老百姓希望燕国整个归附齐国，那么齐宣王就兼并燕国，这就是周武王之道。所以，当齐宣王最初派人联络燕太子平和将军市被，说帮助他们平定子之之乱，孟子对此是支持的，因为这是以有道伐无道。可当齐宣王想整个兼并燕国后，孟子就持反对态度了，因为燕国老百姓不希望被齐国兼并，齐国如果强行夺取兼并的话就是无道之举。所以，先不说孟子的观点是否正确，至少他不存在逻辑前后矛盾或者言论出尔反尔的问题。

然而，孟子的说法虽然表面上冠冕堂皇，实际上却非常不具有可操作性。孟子说"取之而燕民悦则取之，取之而燕民不悦则勿取"，可问题在于，如果一部分燕民悦，而另一部分燕民不悦，那是应该取还是不应该取？当初燕太子平和市被攻打子之，居然未能攻克，之后市被甚至还倒戈攻击太子平，显见当时的子之并非孤家寡人，而是有很强的民意支持。这些支持子之在燕国称王的民意，请问孟子要不要尊重？齐宣王派军队讨伐燕国时，燕国士兵拒不迎战，城门也不关闭，可见又有相当多民意是支持齐军讨伐子之的。而在支持齐军讨伐子之的民意中，又可以分为三部分：一部分是希望齐军平乱后立刻撤出燕国的，一部分是希望齐国就此兼并燕国的，一部分是不希望燕国被齐国兼并，但也不希望齐国立即撤兵，而是在燕国政权平稳交接、局势重归稳定后再撤兵的。请问，这三种民意是不是也要分别尊重？那最后应该采取哪种措施呢？

彼时又没有投票机制，可以在投票后计算哪种民意的占比最高。就算有投票机制，齐军难道不会操纵投票结果吗？就算齐军不操纵投票，那些被否决的民意就一定会心甘情愿接受吗？他们难道不会在日后制造动乱和分裂吗？孟子只能提出自己理想中的解决方案，却不能回答如果问题解决得不够理想，如果方案在执行时出现了各种纰漏或意外，他能够采取哪些应对和补救措施。

不仅如此，在当时七雄并立的环境下，燕国的内政固然不能只由齐国说了算，却也同样不能只由燕国自己说了算。不久之前，张仪建议秦惠王讨伐韩国，遭到司马错的强烈反对，理由是灭韩会激发东方六国的危机意识，促使他们联合起来攻打秦国。以秦国之强尚且不敢兼并韩国，试问齐国又怎么敢兼并燕国呢？所以，就算出现孟子所谓"取之而燕民悦"的情况，齐国也不能取燕国。在当时，还不能允许万乘之国兼并万乘之国的情况出现，即便燕国百姓内心充满渴望也不可以，因为一旦出现这种情况，其他各国就必定会组成联军予以讨伐，那就不是合纵向西攻秦，而是合纵向东攻齐了。

诸侯将谋救燕。齐王谓孟子曰："诸侯多谋伐寡人者，何以待之？"对曰："臣闻七十里为政于天下者，汤是也；未闻以千里畏人者也。《书》曰：'徯我后[1]，后来其苏。'今燕虐其民，王往而征之，民以为将拯己于水火之中也，箪食壶浆以迎王师。若杀其父兄，系累其子弟，毁其宗庙，迁其重器，如之何其可也！天下固畏齐之强也，今又倍地而不行仁政，是动天下之兵也。王速出令，反其旄倪[2]，止其重器，谋于燕众，置君而后去之，则犹可及止也。"齐王不听。

【白话】

各诸侯国谋划援救燕国。齐宣王对孟子说："各诸侯国都在谋划讨伐齐国，这应该如何处置？"孟子答道："我听说，曾有人凭借七十里土地就能执掌天下，那就是商汤，却从没听说过谁拥有千里土地，却反而还要担心的。《尚书》上说：'等待我们的君主，君主来了我们就能得救。'现在燕国的执政者虐待人民，大王发兵

前去征讨，燕国百姓原以为您是要将他们拯救于水火之中，故而用
箪装着饭食、用壶盛着酒水，以迎接齐国的王者之师。如果您派去
的军队杀戮他们的父兄，囚禁他们的子弟，毁坏他们的宗庙，移走
他们的宝器，那怎么能行呢！天下诸侯早就担心齐国的强大，如今
齐国领土倍增而又不施仁政，这必定会招致天下诸侯的兵锋。大王
应该尽快发布命令，释放燕国老幼，安置好燕国的宝器，与燕国商
议设立新君，而后离开燕国，这样做还能及时阻止天下诸侯的讨
伐。"齐王没有听从孟子的劝告。

【姚注】

①徯（xī）我后：等待我们的君主。徯，等待；后，君主。

②旄（mào）倪：老人和孩子。旄，通"耄"，年老；倪，
小儿。

【姚论】

孟子这段言论的观点并无太大问题，只是他的论据让人觉得
别扭。什么叫作商汤"七十里为政于天下"？那只不过是商汤创业
前的资本而已，就好像汉高祖刘邦创业前是个亭长，你能说刘邦是
"以亭长而为政天下"吗？他是通过连年战争并最终平定天下之后
才能为政天下，怎么可能以亭长的身份为政天下呢？孟子又说"未
闻以千里畏人者也"，当时的韩国就是千里之国，每日都在秦、楚
两个超级大国和魏国这个前超级大国的三角夹缝中艰难生存，孟子
怎么说"未闻"呢？难道韩王推行孟子所谓的"仁政"，秦、楚、
魏就不来攻打韩国，韩国就可以不用担心受怕了？还有，孟子在前
文说："取之而燕民悦则取之，古之人有行之者，武王是也。取之
而燕民不悦则勿取，古之人有行之者，文王是也。"事实上，周武
王之所以敢讨伐商纣，难道不是因为自觉实力已经足够强大？周文
王之所以不敢讨伐商纣，难道不是因为自觉实力仍然不够强大吗？
否则，当年西伯侯姬昌最多不讨伐商纣就是了，何至于乖乖地被商
纣王囚禁于羑里？何至于通过敬献大量美女、骏马、宝物而获得释

放后，也只是敢暗地里偷偷施行仁政[1]？是故儒家论政并非全然没有道理，却总因凡事皆要刻意塑造"仁者无敌"的刻板形象，反倒让人觉得其顽固迂腐。

已而燕人叛。王曰："吾甚惭于孟子。"陈贾曰："王无患焉。"乃见孟子，曰："周公何人也？"曰："古圣人也。"陈贾曰："周公使管叔监商①，管叔以商畔也②。周公知其将畔而使之与？"曰："不知也。"陈贾曰："然则圣人亦有过与？"曰："周公，弟也，管叔，兄也，周公之过不亦宜乎！且古之君子，过则改之；今之君子，过则顺之。古之君子，其过也如日月之食，民皆见之；及其更也，民皆仰之。今之君子，岂徒顺之，又从为之辞？"

【白话】

不久，燕国反叛齐国。齐宣王道："我真是愧对孟子啊！"陈贾道："大王不必担心。"于是前去拜访孟子，问："周公是什么人？"孟子答："古时的圣人。"陈贾说："周公命令管叔监视商朝遗民，可是管叔却勾结商朝遗民反叛。请问周公是明知他会反叛还派他去吗？"孟子说："周公并不知道。"陈贾说："那么，圣人也会有过失吗？"孟子说："周公是弟弟，管叔是哥哥，周公会犯下这样的过失，不也是可以理解的吗？况且古时的君子，有了过失就改正过失；而现在的君子，有了过失还顺其自然。古时的君子，其过失就像天上的日食月食，百姓们都能看见。等到他们改正错误，百姓们都会敬仰。而现在的君子，岂止是对过失顺其自然，还在为过失找出各种理由借口来文过饰非！"

【姚注】

①"周公"一句：周武王伐纣成功后的第二天，就举行了改朝换代的登基仪式，宣称自己是尊奉上天授予的使命，以革除殷商的

---

[1] 《史记·周本纪》记载：西伯阴行善。

弊政[1]。然军事战争上的胜利并不必然意味着政治统治上的稳定，商朝的残余势力依然非常强大。为了妥善安抚和统治殷商遗民，周武王决定设置三监。关于三监，历史上主要有两种说法。第一种说法是以《汉书·地理志》为代表，记为："河内，殷之旧都，周既灭殷，分其畿内为三国，《诗·风》邶、鄘、卫是也。邶以封纣子武庚；鄘，管叔尹之；卫，蔡叔尹之；以监殷人，谓之三监。"按照这种说法，三监就是商纣王的儿子武庚、周武王的三弟管叔和五弟蔡叔。第二种说法是以《逸周书·作雒解》为代表，记为："武王克殷，乃立王子禄父（即武庚），俾守商祀。建管叔于东，建蔡叔、霍叔于殷，俾监殷臣。"按照这种说法，三监就是周武王的三弟管叔、五弟蔡叔和八弟霍叔，他们共同监视由武庚领导下的殷商遗民。姚尧更倾向于第二种说法，盖武庚理应是被监督的对象，其地位当不宜与管、蔡并列。然而，无论是何种说法，下令设置三监的都是周武王而非周公，陈贾之言存在明显的史实错误。

②"管叔"一句：灭商成功后只过了两年，周武王就因积劳成疾而病逝。据《逸周书·度邑解》记载，周武王临死前曾有意将王位传给周公：

> 王至于周，自鹿至于丘中。具明不寝，王小子御告叔旦，叔旦亟奔即王，曰："久忧劳！"问害不寝？曰："安，予告汝。"王曰："呜呼！旦，惟天不享于殷，发之未生至于今六十年，夷羊在牧，飞鸿满野。天自幽，不享于殷，乃今有成。维天建殷，厥征天民，名三百六十夫，弗顾亦不宾灭，用戾于今。呜呼！于忧兹难，近饱于恤。辰是不室，我未定天保，何寝能欲。"王曰："旦，予克致天之明命，定天保，依天室。志我其恶，专从殷王纣，日夜劳来定我于西土。我维显服，及德之方明。"叔旦泣涕于常，悲不能对。

> 王□□传于后。王曰："旦，汝维朕达弟，予有使汝。汝播食不遑暇食，矧其有乃室。今维天使予，惟二神授朕灵期，予未致于休，予近怀于朕室，汝维幼子，大有知。昔皇祖底于今，勖厥遗得显义，告期付于朕身。肆若农服田，饥以望获。予有不显。朕卑皇祖不得高位于上帝。汝幼子庚厥心，庶乃来班朕大环，兹于有虞

---

[1] 《史记·周本纪》记载：于是武王再拜稽首，曰："膺更大命，革殷，受天明命。"

意。乃怀厥妻子，德不可追于上，民亦不可答于朕，朕不宾在高祖，维天不嘉，于降来省，汝其可瘳于兹？乃今我兄弟相后，我筮龟其何所即？今用建庶建。"叔旦恐，泣涕共手。

翻译成白话是这样的：

武王返回周朝的都城，自鹿地到丘中，通宵不眠。武王的内侍御将此事报告给周公姬旦，姬旦急忙奔至武王近前，道："长期这样忧思是会过度劳累的。"问武王为何不睡觉，武王答："坐！我告诉你。"武王说："呜呼！姬旦，上天不保佑殷人，这事从我出生前就开始了，至今已有六十年。当时夷羊出现在郊外，飞蝗遍布于田野。上天昏暗，不佑殷人，才有了我们今天的成功。想当初，上天建立殷商，也曾为他们派出三百六十名贤德之民。此后，殷商的后代虽然不听从天命，上天也没有立即抛弃消灭他们，一直延续到现在。呜呼！我出于对这方面忧患的担心，几乎无时无刻不是忧心忡忡。我们还没有建立天室（祭祀天神的明堂），又尚未确定天保（顺从天意的都城，即在洛邑建都），如何能够安心睡着呢？"武王又道："姬旦，我希望可以得到上天的明命，建立顺从天意的都城，在新的都城建立明堂，以举行祭祀大典。记住那些我们厌恶的殷商臣民，对他们的专政统治要像对待商纣王一样残酷无情。我们还要日夜操劳，以安定我们西方的大本营。我希望能够彻底征服天下，趁现在君德正明的时候。"姬旦闻言哭泣，泪水滴落在衣服上，悲伤得不能答话。

武王想让姬旦承继王位。武王说："姬旦，你是我贤明通达的弟弟，我有使命要交给你。你素来勤于政务，摆上桌的饭菜也经常无暇进食，更何况照顾家室？上天赋予了我使命，可是神灵给我的寿命已经到期，还来不及让我完成使命。我最近考虑我们的家族成员，你虽然年轻，却具有大智慧。从我们的祖先流传至今，只有你能够阐发他们的遗德显义，并将他们的期望告知于我。因此我就像农民在田地里耕作时一样，急于想取得收获。我也有施政不完美的地方，使得祖先们的名位不能高升到上帝的位置。你还年轻，可以继承我的心愿，治理好我们的天下，这样我就能安心了。如果心里只是眷恋妻子儿女，那么德行就会赶不上先祖，百姓们也不会体谅我，而我也无法位列于祖先之后。一旦上天不再庇佑，降下疾病灾祸，你一定可以挽救这些危局吧？而今我们兄终弟及，我又何必再去用龟筮占卜？现在就立你继位。"姬旦恐惧，流着泪拱手施礼。

根据这段记载可以得知：第一，虽然灭商已经两年，但殷商的残余势力依然非常强大，以至于周武王为之彻夜失眠，积劳成疾；第二，虽然表面上对已经投降的殷商实施安抚怀柔政策，但周武王心里仍将他们视为与商纣王一般的仇敌，认为必须对其实施高压统治和制裁；第三，周武王有意将王位传给周公旦，因为他认为只有周公旦才能处理他身后的危局。而尤其值得我们玩味的，是周公旦的态度。

后世史家受制于"周公辅成王"的思维定式，故要么不相信武王曾经有意传位给周公，要么认为武王虽有传位之意，但周公惶恐而不敢接受。可是《逸周书》里的记载是"叔旦恐，泣涕共手"，这七个字，写了周公惶恐，写了周公流泪，写了周公拱手施礼，唯独没有写周公拒绝。且从"泣涕共手"这四字看来，周公应该是含着眼泪接受武王传位的。其实，严格的嫡长子继承制是周以后的事，周公所处的时代是殷商覆灭后两年，社会制度和思想仍是沿袭殷商，而在殷商时期，兄终弟及是非常普遍的，根本不存在后世所谓"叔篡侄位"的道德障碍。譬如商汤去世之后，太子太丁已死，于是就立太丁之弟外丙继位。外丙去世后，立其弟中壬继位。中壬去世后，立太丁之子太甲继位。太甲去世后，立其子沃丁继位。沃丁去世后，立其弟太庚继位。太庚去世后，立其子小甲继位。小甲去世后，立其弟雍己继位。雍己去世后，立其弟太戊继位。总之，自开国的商汤至亡国的商纣，兄终弟及在商王朝出现的频率并不比父死子继少，因而也根本不存在任何道德障碍的问题。周武王去世时，其子年龄尚小，根本不具备应对危局的经验和能力。因此，武王打算将王位传给周公，周公含泪从武王手中接过王位，这本是顺理成章的事，完全不需要对武王之子（成王）感到愧疚。如果真有什么人不服气，那也不会是成王，而应该是管叔。

周文王与正妻太姒生了十个儿子。长子伯邑考于文王在时被商纣王烹杀，次子周武王姬发，三子管叔姬鲜，四子周公姬旦，五子蔡叔姬度。按照兄终弟及的原则，长子伯邑考死后当由次子姬发继位，而次子姬发死后，就该由三子姬鲜继位，而不是四子姬旦。根据《史记》等书的记载，周武王死后，周公因成王年幼，担心诸侯会背叛周朝，故登天子之位，代成王摄政。结果，管叔等人勾结殷商残余势力发动叛乱，散布周公不利于成王的谣言，史称"三监之乱"，就连开国元老中的太公和召公等也对周公充满怀疑。为此，周公先是与太公和召公坦承心迹，求得二人的信任和理解，接着亲自领兵东征，杀死了武庚和管叔，流放了蔡叔。然而姚尧以为，周公奉武王之命继位当是事实，管叔等人之言亦非纯属造谣。后人狃于嫡长子继承制的成见，故打心里不愿意承认以周公之贤德居然会有篡位之举。正如今人狃于一夫一妻制的成见，故而在描述古人之贤德时，常想当然地认为其只可能钟爱一位女子，若同时钟爱数位女子，则不免有见异思迁、喜新厌旧的薄幸之名。殊不知在古时妻妾并存的制度下，男子同时钟爱数位女子是很正常的。判断男子齐家之德的，是看他能否令妻妾和谐相处，而不在于其妻妾的数量。同样的道理，在弟弟和儿子具有同等继承顺序的殷周之际，判断继承是否合理合法的，就不再是他的身份是弟弟还是儿子，而是看他是否有利于天下的长治久安。彼时距离武王灭商不久，各地反抗势力仍在蠢蠢欲动，可谓危急存亡之秋，非周公之才不足以安邦定国，故武王传位于周公是知人善任，周公继位于武王是当仁不让。只是在管叔看来，若是依父死子继之制，则当由成王继位；若是依兄终弟及之制，则当由自己继位，无论如何也轮不到周公。武王立周公当是立贤，然正如《春秋公羊传》中所谓"立嫡以长不以贤，立子以贵不以长"，就算周公贤于管叔，那也应该是立居长的管叔而不是立周公，因此管叔与周公争夺王位是站得住脚的，此亦为其能获得东方各部落支持的原因所在。且周公贤于管叔，或许只是周武王这么认为，可至少管叔内心可以不予承认。想来管叔能够获得周武王的任命，负责监督殷商旧地，亦绝非无能庸碌之辈。唐太宗李世民通过玄武门事变夺权后，史家为塑造其继位的合法性，遂极力夸赞李世民的贤德而极力贬损其兄李建成和其弟李元吉的无德。至于周公与管、蔡的关系，又焉知不能与其互相类比？更何况，武王去世得非常突然，当时身边只有周公一人，管、蔡等宗室和太公、召公等重臣皆不在场，周公在这种情况下出来自立为王，又让众宗室重臣如何不疑？是故姚尧猜测，周公虽有武王临终授命，但在当时各种流言怀疑的压力之下，也不得不有所妥协。于是，他以承诺现在只是代行王政，将来还要还政成王为条件，换取了太公、召公等元老重臣的信任和支持，得以专心东征平定了"三监之乱"。战争结束后，他杀死了武庚和管叔，却只将蔡叔流放，这固然是因为管叔属于首恶，亦未尝不是因为管叔为其兄，在排序上始终居于其长，而蔡叔为其弟，在排序上不会对其构成威胁。东征胜利后，周公又按照武王遗愿，在伊洛地区大规模营建东都，称为成周。至此，天下逐渐趋于稳定，周公依诺言将王位交还给成王。成王极力挽留周公不要去封国，请他留在成周辅佐自己治理东都，盖东都位于天下之中，负有统治四方的重任。周公接受任命，遂有周公辅成王之故事。

【姚论】

陈贾说"周公使管叔监商"，这是一项简单的史实认知错误，然孟子在反驳他时没有指出陈贾的史实错误，而是将错就错。按照孟子的说法，周公使管叔监商，是因为尊重兄长而犯下的过失，情有可原。且周公日后又通过东征，弥补了当年留下的过失。若孟子指出陈贾的史实错误，则辩论反而会变得异常艰难。盖真正使管叔监商的是武王，武王既是管叔之君，又是管叔之兄，识人不明和用人不当的指责是肯定逃不掉的。更重要的是，管叔叛乱致使天下刀兵再起，而已经病逝的周武王是无法通过自己来弥补这个过失的。可见，辩论绝非简单地陈述罗列事实，而是要像用兵打仗一样讲究战略战术。《孙子兵法·九变篇》上说："途有所不由，军有所不击，城有所不攻，地有所不争。"同样的道理，辩论也不是对方的每个破绽都要去攻击。如果孟子当即指出"使管叔监商的不是周公，而是武王"，则陈贾立马反问："武王岂非圣人？然则圣人亦有过与？"那孟子就很难回答了，毕竟在儒家的观念中，周武王的伟大也同样是必须极力维护、不容挑战的。

另，孟子"今之君子，岂徒顺之，又从为之辞"之论可谓振聋发聩。作为近臣，陈贾本应劝谏齐宣王吸取上次犯错的教训，以求今后不再犯错，可他全心全意想的却是如何帮助齐宣王文过饰非。齐威王在位时，一方面重用贤才，一方面积极纳谏，遂得以称霸天下。等到齐宣王即位，任用的却是陈贾这种论德不能为君王纠正过失，论才对历史含混不清的弄臣，国势日趋衰弱也就不可避免了。

是岁，齐宣王薨，子湣王地立。

【白话】

这一年，齐宣王田辟疆去世，其子田地即位，是为齐湣王。

【姚注】

此处记载有误，齐宣王去世，齐湣王继位发生在前301年。

楚国衰弱

公元前313年 戊申
周赧王二年

秦右更疾伐赵①，拔蔺，虏其将庄豹②。

【白话】

秦国右更嬴疾率领军队讨伐赵国，攻克蔺（今山西离石西），俘虏赵将赵庄。

【姚注】

①右更疾：指樗里子。《史记·樗里子甘茂列传》记载："樗里子者，名疾，秦惠王之弟也，与惠王异母。母，韩女也。樗里子滑稽多智，秦人号曰'智囊'。秦惠王八年，爵樗里子右更。"右更为秦二十等爵制的第十四等，较左庶长高四等，见前352年注。

②庄豹：指赵将赵庄。此三句《史记·樗里子甘茂列传》记作："秦惠王二十五年，使樗里子为将伐赵，虏赵将军庄豹，拔蔺。"而《史记·秦本纪》记作："庶长疾攻赵，虏赵将庄。"《史记·赵世家》记作："（赵武灵王）十三年，秦拔我蔺，虏将军赵庄。"姚尧以《秦本纪》与《赵世家》记载为准。

秦王欲伐齐，患齐、楚之从亲，乃使张仪至楚，说楚王曰："大王诚能听臣，闭关绝约于齐，臣请献商於之地六百里，使秦女得为大王箕帚之妾，秦、楚嫁女娶妇，长为兄弟之国。"楚王说而许之。群臣皆贺，陈轸独吊。王怒曰："寡人不兴师而得六百里地，何吊也？"对曰："不然。以臣观之，商於之地不可得而齐、秦合，齐、秦合则患必至矣。"王曰："有说乎？"对曰："夫秦之所以重楚者，以其有齐也。今闭关绝约于齐则楚孤，秦奚贪夫孤国而与之商於之地六百里！张仪至秦，必负王。是王北绝齐交，西生患于秦也，两国之兵必俱至。为王计者，不若阴合而阳绝于齐，使人随张仪，苟与吾地，绝齐未晚也。"王曰："愿陈子闭口，毋复言，以待寡人得地！"乃以相印授张仪，厚赐之。遂闭关绝约于齐，使一将军随张仪至秦。

【白话】

秦惠王想要讨伐齐国，又担心齐、楚之间存在合纵盟约，于是派张仪前往楚国，游说楚怀王道："大王若真能采纳臣的建议，与齐国断绝邦交、终止盟约，则臣愿意献出商於之地六百里，并奉送秦国美女作为替大王洒扫的侍妾，秦、楚两国互相通婚，永远结为兄弟之邦。"楚怀王听后很高兴地同意了张仪的建议。为此，群臣都来向楚怀王道贺，只有陈轸表示忧伤难过。楚怀王愤怒道："我不用一兵一卒就能获得六百里土地，还有什么值得难过的？"陈轸道："话不是这样说的。在臣看来，楚国不但得不到商於之地，反而会因此促成齐、秦联合，齐、秦一旦联合，则楚国必将面临灾祸。"楚怀王问："你这样讲，有什么说法吗？"陈轸答："秦国之所以看重楚国，是因为楚国有齐国作为其盟邦。现在楚国与齐国断交，则势必将处于孤立无援之境，秦国又怎么可能为了一个已经被孤立的国家而送出六百里的商於之地呢！张仪回到秦国后，必定会背叛大王，这样一来，大王您在北面与齐国断交的同时，西面又将招致秦国的祸患，齐、秦两国的军队必定会同时到来。为大王考虑，不如暗地里仍和齐国保持同盟，只是在表面上与之绝交。同时派使者随仪前往秦国，若真能接收到土地，届时再与齐国绝交也不会晚。"楚怀王道："陈先生你闭嘴吧！不要再废话了，等着看寡人是如何获得商於之地的！"于是，楚怀王把相印授予张仪，又重赏他许多财物，遂与齐国断交，并派遣一名将军随张仪前往秦国。

【姚论】

楚怀王为张仪所欺之事，数千年来遭到无尽的嘲笑和讽刺。楚怀王的决策固然是愚蠢至极，可更加值得探讨的是，为什么楚怀王会做出这样愚蠢至极的决策。这一年，楚怀王42岁，本是为政者最年富力强的黄金年龄，所以他既不会是因为年幼无知而被骗，也不会是因为年迈昏庸而被骗。这一年，怀王继任楚王已经16年，所以他也不会是因为执政经验不足而被骗。且在楚怀王执政的前10年，楚国的国力一直保持蒸蒸日上的势头，并逐渐达到顶峰，成为当时诸国中幅员最广、人口最多、兵力最强的国家，所以他也不会是因为能力低下而被骗。然而，就是这样一位能力不错、经验丰富而又正值壮年的楚怀王，为什么就犯下了如此愚蠢至极的错误呢？不仅如此，楚国作为首屈一指的超级大国，朝堂之上也必定人才济济，就算是楚怀王本人一时利令智昏，为什么就没有几个重臣来劝他呢？何至于出现"群臣皆贺，陈轸独吊"的局面？其他人呢，就再没有个脑子清楚的吗？这些，都值得深入探讨。

前318年，楚、赵、魏、韩、燕五国合纵伐秦，以楚怀王为从约长，这大概就是楚怀王，乃至整个楚国历史上最辉煌的巅峰时刻了。只是没想到五国联军很快在函谷关前遭到失败，此后秦国东征三晋，南收巴蜀，北伐义渠，势力日益强大。反观当时的东方六国，三晋在秦国强大兵锋的连续打击之下，不得不与之连横。燕国正处于子之之乱，齐国则因为出兵干涉而深陷泥沼不能自拔。至于楚国，这几年虽然在对外作战方面没有大的动作，但内政上却可能出现了重大权力更替。就在本年的前一年，即前314年，屈原遭到楚怀王的罢黜。

《史记·屈原贾生列传》的开篇是这样记载屈原的：

> 屈原者，名平，楚之同姓也。为楚怀王左徒。博闻强志，明于治乱，娴于辞令。入则与王图议国事，以出号令；出则接遇宾客，应对诸侯。王甚任之。

通过这段文字，可以看到屈原本是受到楚怀王极大信任和重用的。其所担任的左徒一职，后世史家争议较多，姚尧倾向于认为其相当于副宰相，盖日后春申君即是从左徒而升任令尹的[1]，且观屈原所处理之政事，亦差不多需要副宰相的职权才能参加。

接下来，《史记》继续写道：

> 上官大夫与之同列，争宠而心害其能。怀王使屈原造为宪令，屈平属草稿未定。上官大夫见而欲夺之，屈平不与，因谗之曰："王使屈平为令，众莫不知，每一令出，平伐其功，以为'非我莫能为'也。"王怒而疏屈平。

按照《史记》的说法，屈原是因遭上官大夫诬陷为居功自傲、藐视君王，所以才会惹恼楚怀王，被罢黜左徒一职，然姚尧对此事却极为怀疑。据郭沫若在《屈原考》一文中的推算，屈原生于前340年（楚宣王三十年正月初七）。浦江清在《屈原生年月日的推算问题》一文中，将郭的推算结果延后一年，为前339年（楚威王元年正月十四）。因二者本就相差不大，故此处不予深究，且依浦江清前339年的说法。屈原就任楚国左徒是在前319年，是年仅20岁。屈原能以弱冠之龄官拜左徒，不仅是因为其自身条件突出，既有与楚王同姓的高贵身份，又有远超凡人的绝世才华，更是因为楚怀王的慧眼识才和大力拔擢。亦不难想象，这项任命必定会遭到诸元老重臣的抵制和嫉恨。当时的屈原年轻资浅，根本还来不及培植自己的班底和势力，因此无论是从怀王的知遇之恩，还是从现实的政治氛围而言，都决定了他必须紧紧依赖楚怀王的信任和支持。要说他因年轻气盛而在元老重臣面前恃才傲物，这或许是有可能的，但要说他藐视君王则是绝不可能的。不仅事实上不可能出现，楚怀王也绝不会相信。怀王长屈原16岁，在屈原20岁那年将其拔擢至左徒的高官，二人的关系，不仅是君臣，亦可谓师徒，甚至亲如父子，两人之间的沟通本应是没有障碍的。当初大力拔擢年方弱冠的屈原，或许正是怀王有意推动政治改革的一部分，试图以年轻人的理想性、正义感和战斗力，来冲击那些腐朽保守的元老重臣对朝政的把控。此时，经过五年的磨炼，屈原在政治上已经越来越成熟，

---

[1] 《史记·楚世家》记载：考烈王以左徒为令尹，封以吴，号春申君。

也越来越能担当大任，与怀王之间的配合理应越来越默契。退一步说，就算楚怀王一时误信谗言，认定屈原曾经口出妄言，则将他唤来责骂一顿就是了，何至于为此事就免他的左徒之职？后人因怀王连续被张仪耍弄于股掌之间，故而想当然地认为怀王昏庸愚昧。事实上，在执政的前10年，楚怀王还是位有为之主，只是碰到张仪后才昏招连连。之所以前后会出现如此悬殊的反差，除交手双方的水平高低外，亦是因前318年的五国伐秦而出现转折。

前319年，屈原担任楚国左徒。从其日后的政治活动可以看出，屈原是非常坚定的合纵抗秦派。楚怀王会提拔屈原，或许也是因为怀王自身主张抗秦，而朝中元老重臣皆主张联秦，故不得不重用屈原这个既有才华又有风骨的坚定抗秦派。按照《史记》的说法，屈原"入则与王图议国事，以出号令；出则接遇宾客，应对诸侯。王甚任之"，可以想见，当苏秦、公孙衍等人筹划五国伐秦时，屈原就是作为楚国方面的全权代表与诸侯协商的，且成功为楚怀王争到了从约长的身份，可谓居功至伟。然而，随着五国伐秦的失败，以屈原为代表的抗秦派必将遭到以元老重臣为代表的联秦派的强力反扑，致使屈原在前314年被免去左徒之职，外放出使齐国。这也就解释了为什么楚怀王误信张仪所谓商於六百里地时，竟会是"群臣皆贺，陈轸独吊"的局面，因为抗秦派已经在张仪使楚之前被清理干净了，朝堂之上全部都是联秦派。故楚怀王不只是被张仪一人之言所骗，更是被张仪和楚国的联秦派合伙所骗。这也从另一个方面说明，屈原是不可能因居功自傲、藐视君王而被贬的，毕竟在五国伐秦失败之后，作为抗秦派领袖的屈原根本就没有居功自傲、藐视君王的资本，他必须紧紧依靠楚怀王才能够在险恶的政治斗争环境中求得生存。这一点，不但屈原自己心里清楚，楚怀王也应能看得明白。

就在五国伐秦失败的第二年，合纵派领袖苏秦遇刺身亡，秦国由樗里子率兵在修鱼大败韩军，斩首八万，接着由张仪通过外交手段诱使魏襄王与秦国交好。至此，天下大势的主流立刻由合纵转为连横。之后数年间，秦国南平巴蜀、北伐义渠、东征三晋，接壤的国家中还没有交战的就只剩下楚国了。其实，早在前315年，秦国就有意与韩国联军进攻楚国，只是楚国用陈轸之计诱使韩国叛秦，秦国为征韩而暂时搁置了伐楚。此时韩、魏既已臣服，则秦军的伐楚也必定会排上日程。

对于楚国来说，虽然抗秦派在政治斗争中被清洗，但其面临的秦军威胁是客观存在的，不得不在秦、楚边界驻以重兵。齐国在五国伐秦时是没有参与的，但此时秦国实力快速扩张，韩、魏皆已向其臣服，使得齐国的危机感急剧增加，遂派兵协助楚国抗秦。据《战国策·秦策二》记载，前313年，齐助楚攻秦，取曲沃。曲沃在今河南三门峡西南，其西南15公里处就是函谷关，战略位置非常重要。十余年来，曲沃多次在魏、秦之间来回易手，前314年再次由秦军攻占。此时齐楚联军拿下曲沃，就仿佛是扼住秦军的咽喉一般，秦国无论如何都要予以破除。姚尧猜测，此次齐国愿意出兵帮助楚国占领曲沃，很有可能是屈原在被罢黜左徒之职后，奉命出使齐国赢得的外交成果。

《资治通鉴》上说："秦王欲伐齐，患齐、楚之从亲，乃使张仪至楚。"其史料来源当有两处，一处是《史记·楚世家》，记为："（楚怀王）十六年，秦欲伐齐，而楚与齐从亲，秦惠王患之，乃宣言张仪免相，使张仪南见楚王。"另一处是《战国策·秦策二》，记为："齐助楚攻秦，取曲沃。其后秦欲伐齐，齐、楚之交善，惠王患之，谓张仪曰：'吾欲伐齐，齐、楚方欢，子为寡人虑之，奈何？'张仪曰：'王其为臣约车并币，臣请试之。'"虽然先贤史书言之凿凿，但姚尧认为，秦惠王真正想讨伐的不可能是齐国，而应该是楚国。司马错在前316年与张仪在御前辩论时说得很清楚："欲富国者务广其地，欲强兵者务富其民，欲王者务博其德：三资者备而王随之矣。今王地小民贫，故臣愿先从事于易。"故秦惠王南平巴蜀，北伐义渠，之后东征三晋，皆是按照此战略规划逐步推进。如今秦惠王远征齐国，能广什么地？能富什么民？且当时秦、楚边界屯有重兵，齐楚联军更是在不久前攻占了函谷关前的曲沃，在这种危急存亡之秋，秦惠王和张仪怎么可能置眼前的强敌于不顾，劳师远征到千里之外去攻打齐国？故秦惠王患齐楚从亲是真的，然原因并非如前述史料所说的秦王欲伐齐，而是因为秦王欲伐楚。张仪以六百里商於之地诱惑楚怀王，目的不是为了伐齐而断齐之羽翼，恰恰相反，是为了伐楚而劝楚怀王自断羽翼。

《战国策》是由西汉末年的刘向整理编辑，他还编写了一本书叫《新序》，在《新序·节士》一文中，是这样记载屈原的：

> 屈原者，名平，楚之同姓大夫。有博通之知，清洁之行，怀王用之。秦欲吞灭诸侯，并兼天下。屈原为楚东使于齐，以结强党。秦国患之，使张仪之楚，货楚贵臣上官大夫靳尚之属，上及令子兰，司马子椒，内赂夫人郑袖，共谮屈原。屈原遂放于外，乃作《离骚》。张仪因使楚绝齐，许谢地六百里，怀王信左右之奸谋，听张仪之邪说，遂绝强齐之大辅。楚既绝齐，而秦欺以六里。

通过这段文字，可以印证之前的两点猜测：第一，秦惠王不是要伐齐，而是要伐楚；第二，齐助楚攻秦，是屈原出使的结果。文章说得很清楚，秦惠王想要兼并天下，但是屈原向东出使齐国，为楚国找来了强大的盟友，这才导致"秦国患之"，才有了"张仪之楚"。张仪抵达楚国后，通过贿赂上官大夫等人，共同诬陷屈原，从而导致屈原被放逐。因此，张仪才能够用六百里地诱使楚怀王主动断绝了自己的强援。

综合以上分析，还原当时的历史进程大致应该是这样的：

前319年，楚怀王任命屈原担任左徒，成为楚国抗秦派的领袖，负责与诸侯联络合纵之事。

前318年，五国合纵伐秦，楚怀王担任从约长，在函谷关前兵败而走。

前317年，樗里子率秦军在修鱼大败韩军；张仪说魏襄王背从亲秦；屈原遭到楚国联秦派政敌的攻击。

前316年，司马错在御前争辩中，为秦国定下"广地富民，先易后难"的战略，秦军南下收复巴蜀，东征夺取赵国的西都及中阳。

前315年，秦军北伐义渠，得二十五城。东征三晋，夺取韩国的石章，又击败了赵国军队[1]。

前314年，秦军东征三晋，降魏之焦、曲沃，又大败韩军于岸门；燕国发生子之之乱，齐国因出兵干涉而深陷其中；屈原在联秦派的持续攻击之下被迫免去左徒一职，但楚怀王仍对其信任有加，

---

[1] 《史记·秦本纪》记载：伐取韩石章。伐败赵将泥。
  《史记·六国年表》之赵国栏记载：秦败我将军英。

命其出使齐国以促成齐楚联盟。

前313年，齐国出兵助楚国夺取曲沃；秦惠王患齐楚从亲，遂派张仪使楚；张仪重金贿赂楚国的重臣、王室和宠妃，联手诬陷中伤屈原的联齐抗秦战略，遂使屈原完全被排挤于朝政之外，遭放逐后愤而作《离骚》；由于楚国朝堂上下都被张仪买通，故而楚怀王才听信了张仪的邪说，自己斩断了齐国这个有力的臂膀。

最后，有必要讨论一下陈轸，他似乎是当时楚国朝堂之上唯一的明白人，可为什么他对楚怀王的劝谏竟丝毫不起作用呢？

据《史记·张仪列传》记载，陈轸曾与张仪共同侍奉秦惠王，两人之间互相攻讦。后张仪胜出，被秦惠王任命为宰相，陈轸只好投奔楚国。然而楚怀王亦不重用陈轸，又派他出使秦国。当时正值韩、魏两国交战，持续了一年还没有和解。秦惠王本打算出兵解救，朝臣中有人说应该解救，有人说不应该解救，秦惠王一时也不能决断。正在此时，陈轸来到秦国，秦惠王遂问计于陈轸。陈轸以"卞庄子刺虎"为喻，言两虎相争，大者伤，小者死，从伤而刺之，可一举而得二虎。秦惠王从其计，待韩、魏交战两败俱伤时再出兵讨伐。可见，与张仪是坚定的连横派，苏秦、公孙衍是坚定的合纵派不同，陈轸并没有固定的政治立场，是纵横家中的投机派，只会四处逢迎，见人说人话，见鬼说鬼话。这也是楚国的联秦派必须除屈原而后快，却能够容纳陈轸的原因所在。因为陈轸从来就不是坚定的合纵抗秦派，否则他一定会极力劝阻韩、魏自相残杀，而不会坐视韩、魏两败俱伤后让秦国收获渔翁之利。陈轸劝楚怀王不要相信张仪的六百里地，我们甚至很难说清楚他究竟是为了反对秦国，还是只为了反对张仪。张仪出使楚国时，楚怀王给予他非常高的礼遇，将楚国最好的馆舍空出来给他住，并且亲自到馆舍去接待他[1]。张仪离开楚国后，怀王将楚国相印都授予张仪，又馈赠了大量礼物。可见，早在张仪抵达楚国之前，就已经做好了大量铺陈工作，甚至屈原的免职和放逐都有可能是张仪同楚国联秦派共同努力的结果。反观楚怀王对陈轸的态度，则相当不客气，先是愤怒地质

---

[1] 《史记·张仪列传》记载：楚怀王闻张仪来，虚上舍而自馆之。曰："此僻陋之国，子何以教之？"

问："何吊也？"接着又冷漠地询问："有说乎？"最后粗暴地喝止："愿陈子闭口，毋复言！"可见在楚怀王的内心里，陈轸的地位和分量是很低的，怀王连最起码的尊贤之礼都不愿意给他。既然得不到君王的信任和器重，则陈轸想劝谏楚怀王自然就很困难了。那么，陈轸劝谏的内容对不对呢？其实，陈轸的前半段是对的，秦国之所以看重楚国，是因为楚国有齐国做盟邦，一旦楚国与齐国断交，则秦国必定不会送给楚国六百里地。然而，陈轸后半段提出的解决方案却是有问题的。他说："为王计者，不若阴合而阳绝于齐，使人随张仪，苟与吾地，绝齐未晚也。"可是，这话在楚怀王听来，六百里地相当于半个韩国的大小，秦惠王和张仪又不是傻子，怎么可能见你只是表面上与齐国断交就送出六百里地？他们难道不会调查吗？如果采取这种阴阳两面的手法而又被秦国察觉，致使秦国认定楚国反复无信，不愿意再送六百里地，那该如何是好？更何况，如果秦惠王和张仪真那么好骗，楚国只需要做点表面文章就能获取六百里地，又何必再与齐国断交？继续以齐国为要挟，再向秦国敲诈六百里地岂不更好？因此，在楚怀王看来，陈轸的方案是完全不可行，连逻辑上都站不住脚的，故而粗暴打断，令其闭嘴。前314年，韩宣惠王采纳公仲的建议，欲主动献上名城与秦求和，并与秦联军攻打楚国。为此，楚怀王纳陈轸之计，派使者告诉韩宣惠王，谎称楚国愿与韩国生死与共，抵抗秦国。可当韩国信以为真，停止与秦议和，从而招致秦国讨伐时，楚国又迟迟不肯派出援兵，致使韩国遭受岸门惨败。陈轸之计虽使楚国暂时免于刀兵之祸，却也使得韩国从此死心塌地与秦国连横，帮助秦国对付楚国。曾经被诸侯奉为从约长的楚怀王，更是因此信誉扫地，可谓因小失大。如今陈轸又要故技重施，再行此无信诈术，让楚怀王如何不恼？楚怀王本是有为之主，其战略要么就是与秦连横，攻占中原之地，所以他会任用以上官大夫为首的联秦派；要么就是合纵抗秦，与各诸侯国一起攻占秦国之地，所以他也会任用以屈原为首的抗秦派。可陈轸算什么？堂堂幅员六千里、带甲上百万的超级大国，竟然无法对外扩张争取到尺寸之地，却只能在各诸侯国面前坑蒙拐骗，算是怎么回事？陈轸常年视张仪为对手，可在楚怀王眼里，陈轸有哪一点比得上张仪？故而其不被怀王看在眼里，也就不足为奇了。

张仪详堕车，不朝三月。楚王闻之，曰："仪以寡人绝齐未甚邪？"乃使勇士宋遗借宋之符，北骂齐王。齐王大怒，折节以事秦，齐、秦之交合。张仪乃朝，见楚使者曰："子何不受地？从某至某，广袤六里。"使者怒，还报楚王。楚王大怒，欲发兵而攻秦。陈轸曰："轸可发口言乎？攻之不如因赂之以一名都，与之并力而攻齐，是我亡地于秦，取偿于齐也。今王已绝于齐而责欺于秦，是吾合齐、秦之交而来天下之兵也，国必大伤矣！"楚王不听，使屈匄帅师伐秦①。秦亦发兵使庶长章击之。

【白话】

张仪假装从车上摔下来，之后三个月的时间不上朝。楚怀王听说此事，道："难道张仪是在怪寡人与齐国的绝交还不够彻底吗？"于是，派一名叫作宋遗的勇士，假借宋国的符节北上齐国，辱骂齐宣王。齐宣王大怒，遂放下身段臣服秦国，与其达成盟约。张仪这才上朝，对楚国使者说："你们怎么还没有接收土地？从某地至某地，共六里的广袤土地。"楚国使者愤怒，回国报告楚怀王。楚怀王闻言大怒，准备发兵攻打秦国。陈轸道："我可以说句话吗？攻打秦国还不如拿一座名城来贿赂秦国，与其合力攻打齐国。如此一来，我们虽然在秦国这边损失了土地，却可以在齐国那边补偿回来。如今我们已经与齐国绝交，现在又要出兵向秦国发难，这会促成齐、秦结盟而引来全天下的兵锋，楚国必将遭受重创！"楚王不听，派屈匄率军攻打秦国。秦国也派出军队，命庶长魏章领兵迎击。

【姚注】

①屈匄（gài）：战国时楚将。

【姚论】

六百里商於之地，不仅幅员辽阔，而且战略位置极其重要。就算楚王一时利令智昏，相信张仪献地是真心，但作为一位成熟的政治家，也该明白兹事体大，必须派人先去咸阳打探虚实，看秦惠王是否真心愿意献地，看秦国其他重臣是否支持献地，看商於百姓是否愿意归顺，若交接出现阻碍或差错，当以何种方式沟通解决。一般企业做生意，都知道要签订合同，甚至平民百姓借点钱，还知道要打个借条，张仪口称要献上六百里土地，以换取楚国与齐国断交，楚怀王居然不让他留下只字片语的契约文书！倘若张仪当初曾写明所献六百里土地是从何处到何处，需要楚怀王做到哪一步才肯献上多少地，继续做到哪一步才肯再献上多少地，则又岂会有日后六百里变成六里之说？届时张仪再要反悔，楚怀王则可将文书传示各国使节和来往商旅，在天下人面前昭示秦惠王和张仪的无信，使其连横之术日后无法施展。现在既未留下半点笔墨，张仪又岂能不肆无忌惮？楚怀王心心念念只想得到商於六百里地，故而不敢得罪张仪，生怕一旦张仪不高兴，煮熟的鸭子就会飞掉，可他却未曾想过，秦国之所以愿意献地，而且一献就是六百里，必定是因为对楚国十分畏惧。因此，谈判的主动权理应在楚怀王手中，张仪理应畏惧怀王才对，怀王何至于沦落到对张仪百般小心？怀王派使者随张仪返秦接收商於之地，张仪佯装堕车避不见面时，使者就应立即觐见秦惠王。若秦惠王也避不见面，楚怀王就应该有所警惕，看是不是什么地方出了差错，是不是要采取新的应对措施，何至于让使者在咸阳空等三个月？怀王原本是可以掌握谈判主动权的，却因自己的利令智昏和缺乏定力，而使得主动权越来越丧失。等待的时间越长，面子就越挂不住；面子越挂不住，心里就越焦急；心里越焦急，做事就越容易躁进，这才会想出派宋遗辱骂齐宣王的昏招。张仪既然有心要耍弄怀王，自然就会做好楚国发觉受骗后报复的准备，怀王此时仓促兴兵，又焉能不败？

《战国策·秦策二》在评论楚怀王此次伐秦失败时说："故楚之土壤士民非削弱，仅以救亡者，计失于陈轸，过听于张仪。"怀王误信张仪，这自然是没有疑义的，可如果他采纳陈轸之计，就真的能够躲避灾祸吗？答案同样是否定的。按照陈轸的说法，楚国贿赂秦国一座名城，之后与秦国一起出兵攻打齐国，则楚国在秦国这边损失的土地，就能在齐国那边补偿回来。这个策略真的很高明吗？我们不难联想到，就在两年前，秦国攻打韩国时，韩国宰相公仲就用过这个策略，用一座名城贿赂秦国，希望与秦国联军攻打楚国，将在秦国那边失去的土地，从楚国这边补偿回来。而当时楚国方面破解这条策略的正是陈轸。他先谎称楚国愿意与韩国生死与共，共同抗秦，可真当秦国讨伐韩国时，楚国却迟迟不肯派出援兵，致使韩国遭受岸门惨败。此时，陈轸居然重拾公仲故计对付秦、齐，则如果张仪用陈轸故计对付齐、楚，那该如何是好？且军队出征必须要有正义作为旗帜，这样的军队才会有士气，才会有战斗力。楚国受辱于秦国后不思报仇，反而贿赂以名城；与齐国本是盟邦，无故断交侮辱后不思悔过，反而出兵征讨。这样的军队会有正义吗？士兵会愿意拼杀吗？当时齐国不忿楚国之无故断交侮辱，已经主动向秦国示好，并有意讨伐楚国。若真按照陈轸的计策行事，则秦国必定是先笑纳楚国的一座名城，假意许诺联楚攻齐，实则坐等齐、楚两败俱伤，之后再来攻占楚国。无论如何，齐国位于千里之外，中间又隔着三晋，正常情况下，秦国没有理由前去征讨齐国，其最想兼并的对象一定是接壤的楚国。从长远来看，楚国要想抗衡秦国，终究是需要齐国的支援。之前的断交和辱骂，就已经严重损害齐楚联盟的基础，如果又与秦国联军攻打齐国，岂非使得齐、楚之间的关系恶化到更加不可收拾？因此，楚怀王若依陈轸之计，同样会把国家带入绝境。

为楚怀王计，其正确的做法，既不是伐秦，也不是伐齐，而是什么都不要做，静下心来反思自己为什么会走到这一步。严格来说，张仪的骗术并不高明，可楚国君臣却被他玩弄于股掌之间，这必定是什么环节出了漏洞。楚怀王应该意识到，如果不把这个漏洞填补上，将来必定还会出大问题。所谓"亡羊补牢，未为迟也"，楚国作为幅员六千里、带甲上百万的超级大国，原本是可以有一定犯错空间的，且即便在发现被张仪诈骗时，楚国在军事上并没有遭到任何损失，只是在外交上与齐国交恶，将来赔礼道歉慢慢修补便是。楚国真正的问题，在于根本没有自己的战略规划和中心思想。司马错在为秦国定下"广地富民，先易后难"的战略后，秦惠王就是不折不扣照此执行的。那么，楚国的战略是什么？是应该联秦，还是应该抗秦，或者还是别的什么？如果楚怀王真的自始至终重用屈原，楚国能否找到一条适合自身发展的战略，对此我们不得而知。现实的情况是，楚国朝堂之上全部都是联秦派，是他们让楚怀王像个白痴一样被张仪要得团团转。唯一一个看起来像个明白人的陈轸，也不过就是个朝秦暮楚、四处逢迎的投机客，自始至终都没能提出过什么稳定可持续的中心思想和战略规划。君王是这样的君王，朝臣是这样的朝臣，楚国又怎能不走向衰败呢？

公元前312年 己酉
周赧王三年

　　春，秦师及楚战于丹阳①，楚师大败；斩甲士八万，虏屈匄及列侯、执珪七十馀人，遂取汉中郡。楚王悉发国内兵以复袭秦，战于蓝田②，楚师大败。韩、魏闻楚之困，南袭楚，至邓。楚人闻之，乃引兵归，割两城以请平于秦。

【白话】

　　春季，秦军与楚军在丹阳（今河南淅川西）交战，楚军大败。秦军斩杀楚军八万甲士，俘虏主帅屈匄及列侯、执珪等高级将领七十余名，遂占领汉中郡。楚怀王倾尽全国的兵力再次袭击秦国，双方交战于蓝田（今陕西蓝田），楚军再次大败。韩、魏两国听闻楚军陷入困境，于是南向袭击楚国，兵锋到达邓（今湖北襄阳）地。楚人听闻后只好撤军，割让两城向秦国求和。

【姚注】

　　①丹阳：位于丹水以北，故名丹阳。溯丹水而上，即是秦之商於，两地以武关为界。此时丹阳虽为楚之边境，然自西周初年以来，其作为楚国都城达三百年之久，直至楚文王时才迁都至郢（今湖北江陵）。因此，无论从地理，还是从历史角度而言，丹阳都具有非常重要的战略地位。

　　②蓝田：当时，秦、楚两国皆有一蓝田，秦之蓝田位于今陕西蓝田，楚之蓝田位于今湖北钟祥西北。《史记·楚世家》正义记

为："蓝田在雍州东南八十里，从蓝田关入蓝田县。"即是认定陕西蓝田的说法。然亦有近代史家认为蓝田当在今湖北钟祥西北，盖今陕西蓝田距离秦国都城咸阳仅40公里，楚军刚经历了一场惨败，即便是动员全国兵力，又何至于如此勇猛，且秦军正是士气高昂之时，何至于如此不堪一击，让楚军将兵锋推至都城附近？故当是秦军乘胜追击，在今湖北钟祥西北与楚军交战。但在姚尧看来，蓝田在今湖北钟祥西北的说法更加不可能成立。此处位于楚国都城郢都以北110公里，秦军追击到这里与楚国交战目的何在？丹阳之战，秦军能斩杀楚军八万，俘虏楚军主帅及以下高级将领七十余人，想来自身遭到的损失亦不会小，能够顺势占领六百里汉中之地[1]，应该可以满足了。此前秦国征讨三晋，获胜后也就占领一两座城池即收兵，不会继续攻击以灭其国。如今征讨的是强大的楚国，获胜后能够占领相当于半个韩国面积的土地，难道秦军还不知足，还想继续南征，就此灭了楚国吗？且《史记·楚世家》记："楚怀王大怒，乃悉国兵复袭秦，战于蓝田。"若蓝田真在今湖北钟祥西北，那就不应该是"复袭秦"，而应该是"御秦"；楚怀王也不应该是"大怒"，而应该是"大惧"了。又《史记·屈原贾生列传》记："怀王乃悉发国中兵以深入击秦，战于蓝田。"若蓝田不在今陕西，而是在今湖北，则"深入击秦"四字从何谈起？故姚尧以为，当时的情境应该是：楚怀王因被张仪戏耍而恼羞成怒，既然不能用外交手段接收商於之地，那就用军事手段强占商於之地。遂从丹阳出兵北上攻打武关，以至于有丹阳之败，不仅损兵折将，反而把汉中丢了。之后楚怀王再次动用全国兵力伐秦。本来此时秦军占领汉中的时间不长，根基未稳，楚军要想夺回来还是比较容易的，奈何怀王置自己新丢的六百里汉中之地于不顾，心心念念就是张仪胡诌的六百里商於之地。秦军见楚军来势汹汹，遂主动诱敌深入，放楚军入武关、过商於，一直退到秦都咸阳附近的蓝田才发动反击。此时楚军主力已是孤军深入，后勤粮草补给困难，遂有蓝田之败。加之此时韩、魏趁机南下袭邓，则继续向南可威逼楚都郢都，向北迂回可抄楚军的后路，怀王的情绪由愤怒转为恐慌，遂赶紧撤兵割地，向秦国求和。（见图10）

---

[1] 《史记·秦本纪》记载：又攻楚汉中，取地六百里，置汉中郡。

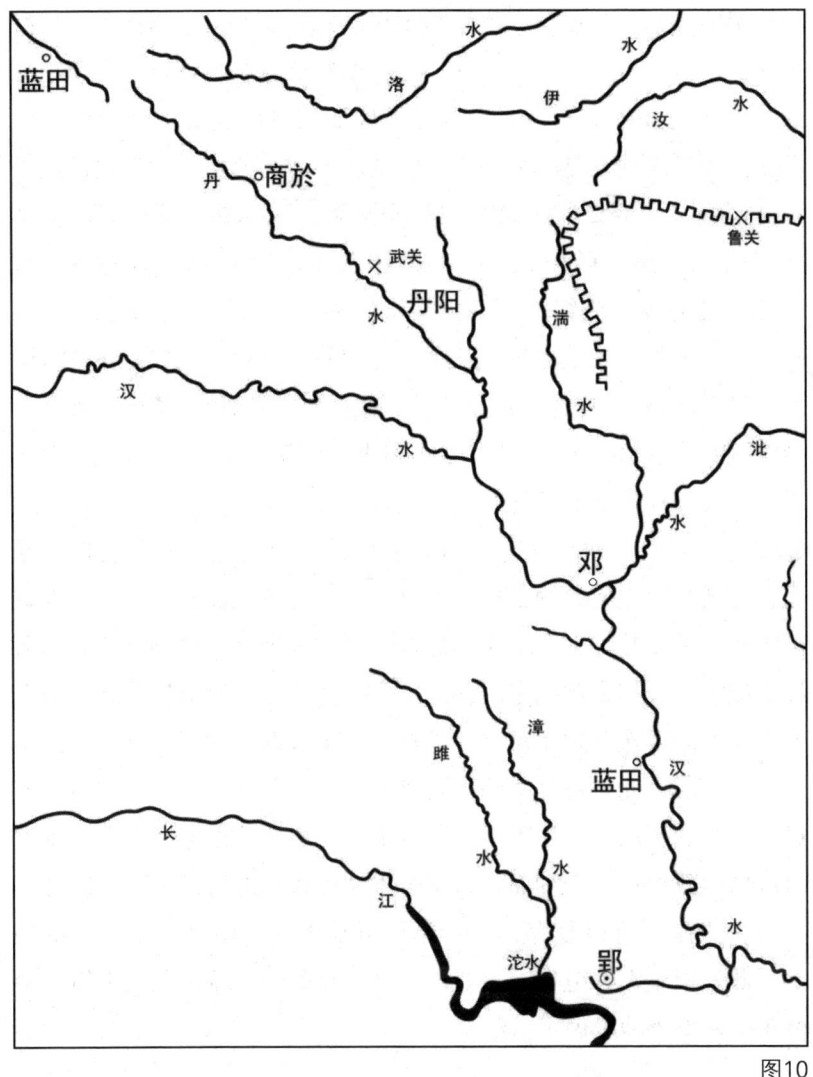

图10

【姚论】

　　用时下流行的话说，楚怀王的问题不在于智商，而在于情商，只能够处顺境，不能够处逆境。在执政的前十年，楚国仍处于蒸蒸日上的势头中，故而怀王的表现也可圈可点。然而随着前318年五国伐秦的失败，楚怀王就开始了一系列荒腔走板的昏招。其实，五国伐秦失败后，损失惨重的是韩、魏。楚怀王虽说是从约长，可除了面子上不好看外，并无太多实质损失。尤其屈原东使于齐，为楚国请来齐兵相助，占领秦之曲沃。齐、楚联合是足够与秦、韩、魏相抗衡的，且韩、魏与秦连横是不得已，若楚怀王运筹得当，二次合纵伐秦也不是不可能。可楚怀王偏偏在此时利令智昏，贪图秦国的商於之地，遂自断羽翼，放逐屈原而与齐国绝交。即便在发现六百里商於之地只是骗局一场后，楚国所遭到的实质损失也仅限于外交层面，只要贬黜上官大夫等联秦派，重用屈原等抗秦派，则齐、楚关系还是有望修复的。可楚怀王只是因为面子上不好看，就放任自己的愤怒情绪，贸然出兵讨伐秦国，遂导致丹阳之战的惨败。即便是丹阳惨败之后，楚国所遭到的实质损失也主要在军事层面。汉中虽为秦军攻占，但毕竟短期之内立足未稳，楚怀王既已发动全国兵力，想要夺回汉中当非难事。可楚怀王再次因为脸面无光，遂又放任自己的愤怒情绪，竟置六百里汉中于不顾，甚至越过了六百里商於，而令楚军一路北上攻打到秦国都城咸阳附近。难道，楚怀王此次出兵的目标既不是汉中，也不是商於，而是秦都咸阳吗？难道，楚怀王居然想一鼓作气灭了秦国吗？他哪里还有什么战略战术？纯粹是拿国家的命运、拿军队的命运泄愤！结果，楚军不出意外地再次遭到军事上的惨败。领土方面，六百里汉中固然是无法再收回，此外还又割让了两座城池。《孙子兵法·火攻篇》上说："非利不动，非得不用，非危不战。主不可以怒而兴师，将不可以愠而致战；合于利而动，不合于利而止。怒可以复喜，愠可以复悦，亡国不可以复存，死者不可以复生。故明君慎之，良将警之，此安国全军之道也。"遗憾的是，这些"不可以"的事情，楚怀王无一例外地全做了。

禅让之辩

　　燕人共立太子平，是为昭王。昭王于破燕之后。吊死问孤，与百姓同甘苦，卑身厚币以招贤者。谓郭隗曰："齐因孤之国乱而袭破燕，孤极知燕小力少，不足以报；然诚得贤士与共国，以雪先王之耻，孤之愿也。先生视可者，得身事之！"郭隗曰："古之人君有以千金使涓人求千里马者①，马已死，买其首五百金而返。君大怒，涓人曰：'死马且买之，况生者乎！马今至矣。'不期年，千里之马至者三。今王必欲致士，先从隗始，况贤于隗者，岂远千里哉！"于是昭王为隗改筑宫而师事之。于是士争趋燕：乐毅自魏往，剧辛自赵往。昭王以乐毅为亚卿，任以国政。

【白话】

　　燕国百姓共立太子姬平即位，是为燕昭王。燕昭王是在燕国被齐军攻破后即位的。他哀悼死难的将士，抚恤他们的家属，与百姓同甘共苦，以谦卑的姿态和丰厚的薪酬招揽贤才。燕昭王对郭隗道："齐国趁我们国家内乱之际攻破燕国，我也深知燕国国土狭小，力量有限，难以报仇雪恨。然而，若真能得到贤才共同治理燕国，以洗刷先王的耻辱，这才是我的心愿啊！先生如发现合适的贤才，我愿意亲自侍奉他！"郭隗道："古时候有位国君派侍从用千金去求购千里马，结果千里马死了，侍从就用五百金买下马头后返回。国君闻之大怒，侍从解释道：'君上您连死的千里马都愿意买，更何况是活的千里马！千里马很快就会送到了。'果然不到一年，就送来了三匹千里马。大王现在如果真的想要招揽贤士，就请先从我郭隗开始吧！那些比我贤能的人，都会从千里之外赶来投奔的。"于是，燕昭王为郭隗改建宫室，并拜其为师。于是，天下贤才争相投奔燕国，其中乐毅自魏国来，剧辛自赵国来。燕昭王命乐毅担任亚卿，将国政委任给他。

【姚注】

①涓人：宫中负责洒扫清洁之人，亦泛指亲近的内侍。

【姚论】

随着燕昭王的即位，由禅让闹剧引发的燕国动乱终于宣告结束，燕国也迎来了一位伟大的君王。然而，还有许多疑问值得探讨。譬如，传说中的尧舜禅让至燕王哙时已过去两千多年，燕王哙距离我们现在又过去了两千多年。为何燕王哙之前的两千多年没有再发生过禅让，燕王哙之后的两千多年也没有再发生过禅让，上下五千年间竟然独此一家？那么，他的这种思想从何而来？难道真的只是突发奇想吗？他身边为何竟无一人反对？还有，燕昭王成就霸业似乎也太容易了。按照郭隗"千金市骨"的说法，只要燕昭王厚待比较优秀的人才郭隗，则更优秀的人才就会想："连郭隗这种级别的人才都能获得厚待，何况是我？"于是，天下顶级的人才就会纷纷投奔燕国。真的是这样吗？那为什么那些顶级的人才所想的不是"连郭隗这种级别的人才都能获得厚待，可见燕昭王没有识人之明"呢？或者反过来说，倘若招纳贤才是如此简单易行，为什么其他国家不能复制呢？哪个国家找不到一个二三流的人才，又不能为他修建宫室呢？只要君王郑重其事地为一个二三流人才修建宫室，就会招来乐毅这样的顶级人才，然后君王再把国政交给这位顶级人才，接下来就可以称霸天下了。世上会有这么轻松便捷的好事吗？如果可以，为什么其他国家不群起效仿呢？可见，事情远没有这么简单，还需要更进一步深入探讨。

后世因孔孟推崇尧舜，故认为尧舜禅让必是儒家所极力推崇。可事实上，儒家从来就没有真正推崇过尧舜禅让，正如《春秋公羊传》中所谓"立嫡以长不以贤，立子以贵不以长"，儒家认为"亲亲"和"贵贵"是比"贤贤"更重要的。战国时期儒家两位最重要的思想家孟子和荀子，都是明确反对尧舜禅让的。先说孟子。当燕国发生子之之乱时，孟子就明确提出"今伐燕，此文、武之时，不可失也"，理由是"子哙不得与人燕，子之不得受燕于子哙"。在《孟子·万章上》中，孟子通过与其弟子万章的对话，完整地阐述了其对尧舜禅让的观点：

万章曰："尧以天下与舜，有诸？"孟子曰："否。天子不能以天下与人。""然则舜有天下也，孰与之？"曰："天与之。""天与之者，谆谆然命之乎？"曰："否。天不言，以行与事示之而已矣。"曰："以行与事示之者，如之何？"曰："天子能荐人于天，不能使天与之天下；诸侯能荐人于天子，不能使天子与之诸侯；大夫能荐人于诸侯，不能使诸侯与之大夫。昔者，尧荐舜于天，而天受之；暴之于民，而民受之。故曰，天不言，以行与事示之而已矣。"曰："敢问荐之于天而天受之，暴之于民而民受之，如何？"曰："使之主祭，而百神享之，是天受之；使之主事，而事治，百姓安之，是民受之也。天与之，人与之，故曰：天子不能以天下与人。舜相尧二十有八载，非人之所能为也，天也。尧崩，三年之丧毕，舜避尧之子于南河之南，天下诸侯朝觐者，不之尧之子而之舜；讼狱者，不之尧之子而之舜；讴歌者，不讴歌尧之子而讴歌舜。故曰：天也。夫然后之中国，践天子位焉。而居尧之宫，逼尧之子，是篡也，非天与也。《太誓》曰：'天视自我民视，天听自我民听。'此之谓也。"万章问曰："人有言：'至于禹而德衰，不传于贤而传于子。'有诸？"孟子曰："否，不然也。天与贤，则与贤；天与子，则与子。昔者，舜荐禹于天，十有七年，舜崩。三年之丧毕，禹避舜之子于阳城，天下之民从之，若尧崩之后不从尧之子而从舜也。禹荐益于天，七年，禹崩。三年之丧毕，益避禹之子于箕山之阴。朝觐讼狱者不之益而之启，曰：'吾君之子也。'讴歌者不讴歌益而讴歌启，曰：'吾君之子也。'丹朱之不肖，舜之子亦不肖。舜之相尧、禹之相舜也，历年多，施泽于民久。启贤，能敬承继禹之道。益之相禹也，历年少，施泽于民未久。舜、禹、益相去久远，其子之贤不肖，皆天也，非人之所能为也。莫之为而为者，天也；莫之致而至者，命也。匹夫而有天下者，德必若舜禹，而又有天子荐之者，故仲尼不有天下。继世以有天下，天之所废，必若桀纣者也，故益、伊尹、周公不有天下。伊尹相汤以王于天下，汤崩，太丁未立，外丙二年，仲壬四年。太甲颠覆汤之典刑，伊尹放之于桐三年。太甲悔过，自怨自艾，于桐处仁迁义三年，以听伊尹之训己也，复归于亳。周公之不有天下，犹益之于夏、伊尹之于殷也。孔子曰：'唐虞禅，夏后殷周继，其义一也。'"

翻译成白话是这样的：

万章问："尧将天下给了舜，有这回事吗？"孟子答："没有。天子不能把天下给别人。"万章问："那么舜得到天下，是谁给他的呢？"孟子答："是天给的。"万章问："天给他的，难道天曾经再三叮咛、反复告诫了吗？"孟子答："不是。天不说话，只是用行动和事情来表示而已。"万章问："用行动和事情来表示，是怎么做的呢？"孟子答："天子可以向天推荐特定的人，但不能强迫天将天下授给此人。诸侯可以向天子推荐特定的人，但不能强迫天子将诸侯之位授给此人。大夫可以向诸侯推荐特定的人，但不能强迫诸侯将大夫之位授给此人。当年，尧把舜推荐给天，天接受了；又把舜介绍给百姓，百姓也接受了。所以说，天不说话，只是用行动和事情来表示而已。"万章问："请问，推荐给天天接受了，介绍给百姓百姓也接受了，这是什么意思？"孟子答："命他主持祭祀，则所有的神明都来享用，这就是天接受了；命他主持政事，则所有的政事都治理得很好，百姓生活安定，这就是百姓也接受了。是天把天下给他，是百姓把天下给他，所以说，天子是不能把天下授给人的。舜辅佐尧治理天下二十八年，这不是仅凭人力所能做到的，这是天的意志。尧去世后，舜为他服丧满三年，而后就避居于南河之南，以免妨碍尧的儿子继承天下。可是，此时诸侯不去尧的儿子那里朝拜，却都到舜的居所朝拜；诉讼者不去尧的儿子那里诉讼，却都到舜的居所诉讼；讴歌者不讴歌尧的儿子，却都歌颂舜。所以说，这就是天的意志啊！这样，舜才回到都城，登上天子之位。如果舜当初就占据尧的宫殿，逼迫尧的儿子让位，那就是篡位，而不是天授了。《太誓》上说：'天之所视，即来自百姓所视；天之所听，即来自百姓所听。'说的就是这个意思。"万章问道："有人说：'到了禹的时候，道德就衰败了，不再把天下传给贤人，而是传给自己的儿子。'有这回事吗？"孟子答："不对，不是这样的。天把天下授给贤人就是贤人，天把天下授给儿子就是儿子。当初，舜向上天推荐禹，过了十七年，舜去世了。三年服丧期满后，禹避居于阳城，以免妨碍舜的儿子继承天下。可是，天下的百姓都跟随禹，就如同尧去世时，百姓不跟随尧的儿子而跟随舜一样。禹向上天推荐益，过了七年，禹去世了。三年服丧期满后，益避居于箕山之北，以免妨碍禹的儿子继承天下。此时，朝拜、诉讼的人都不去见益而去见启，说：'这是我们君主的儿子。'讴歌者都不讴歌益而讴歌启，说：'这是我们君主的儿子。'尧的儿子丹朱不肖，舜的儿子也不肖，舜辅佐尧、禹辅佐舜的年岁长，给百姓施与恩惠久。启为人贤明，能够继承禹的治国之道。益辅佐禹经历的年岁少，给百姓施与恩惠不久。舜、禹、益相隔年岁的长短、他们儿子的贤明或不肖，这些都是天意，不是人力所能左右的。没有人叫他们这样做，却做到了，这就是天意；没有人给他们，却得到了，这就是天命。平民百姓要想能够继承天下，不但要有如舜、禹一般的德行，还需要有天子向上天推荐他，所以孔子无法继承天下。从祖先那里继承天下，却又最终被天抛弃的，必定是像桀、纣一样的人，所以益、伊尹、周公没能拥有天下。伊尹辅佐商汤王统一天下，商汤去世时，太丁还没等到继位就已经死了，外丙在位二年，仲壬在位四年。随后继位的太甲破坏了商汤的法度，伊尹将他放逐到桐地。放逐期间，太甲悔过，怨恨自己的错误，改正自己的错误。在桐地的三年，太甲用仁义来改善自己的行为，听从伊尹对自己的教导，重新回到了亳都。周公之所以未能继承天下，与益在夏代、伊尹在商代的道理是一样的。孔子说：'尧舜的禅让，和夏商周三代的世袭，其继承的道理是一样的。'"

按照孟子的说法，天下是天的天下，亦是天下人的天下，而不是天子的天下。天子只是受天和天下人委托的职业经理人，并不对天下拥有所有权，故而他不能将天下授让给别人，只能是推荐继承其位的职业经理人，且还需要获得天和天下人的批准认同。因此，这不叫"尧舜禅让"，而应叫"尧舜推荐"。至于燕王哙，如果他真的要效仿尧舜的话，则流程应该是这样的：

第一步，燕王哙将子之推荐给燕国百姓。

第二步，子之在燕王哙死后为其服丧三年。

第三步，子之在三年服丧期满后离开燕国都城以避燕太子姬平。

第四步，由燕国百姓自主选择，如果燕国百姓认可姬平做燕王，那么子之就认命。如果燕国百姓不认可姬平，还是集体来找子之，那么子之此时才能够继任燕王。

可事实却是，燕王哙在世时就把王位授让给子之，而子之居然就接受，就南面为王了，结果造成燕国的内乱分裂，所以孟子说这是无道之举。

再说荀子。在《韩非子·难三》中曾有记载："燕子哙贤子之而非孙卿，故身死为僇。"这里的孙卿，其实就是荀子。荀子名况，字卿，因西汉时避汉宣帝刘询讳，又因"荀"与"孙"二字古音相通，故又称孙卿。从这段记载可以看出，荀子与燕王哙是同时代的人，且荀子极有可能当面反对过燕王哙禅让子之。因韩非子是荀子的学生，故这段文字当有其可信度。然亦有史家考证荀子生平，认为其不可能与燕王哙有此交集，对此且不加以深究。荀子有一篇文章叫《正论》，因其认为社会上流行一些谬论，故在此文中逐条列出，然后以公正的言论——批驳。其中，就有对"尧舜禅让"的批驳：

> 世俗之为说者曰："尧舜擅让。"是不然。……
>
> 曰："死而擅之。"是又不然。……
>
> 曰："老衰而擅。"是又不然。……
>
> 曰："老者不堪其劳而休也。"是又畏事者之议也。……
>
> ……夫曰尧舜擅让，是虚言也，是浅者之传，陋者之说也，不知逆顺之理，小大、至不至之变者也，未可与及天下之大理者也。

在这段引文中，姚尧略去了荀子长篇大论的批驳，只节选了他的结论。首先，荀子旗帜鲜明地批驳了尧舜禅让的说法，接着批驳了尧舜死后禅让的说法，再接着又批驳了尧舜年老体衰后禅让的说法，再然后又批驳了尧舜年老后不愿意继续劳累而禅让的说法。最后，荀子总结道：所谓的尧舜禅让，是根本不存在的假话，是见识浅薄者的传闻，是孤陋寡闻者的胡说。他们是一群不懂得合理与不合理，不懂得小与大，不懂得至高与非至高之间不同的人，是一群不能与他们讨论天下大道理的人。

综合孟子和荀子的言论，可以看出儒家是根本不赞成所谓尧舜禅让的。燕王哙的禅让之举，其思想渊源肯定不会来自儒家。至于法家，那就更不可能了。法家最看重的就是君主必须牢牢掌控手中的权力，不得被任何人以任何方式夺走。荀子的学生、法家集大成者韩非，在《二柄》一文中明确提到："人主有二患：任贤，则臣将乘于贤以劫其君；妄举，则事沮不胜。故人主好贤，则群臣饰行以要君欲，则是群臣之情不效；群臣之情不效，则人主无以异其臣矣。"意思是说，为君主者，有两大祸患：任用贤人，则臣属就会利用贤能来劫持君主；随意推举，则事情就会败坏而不能成功。因此，君主喜好贤臣，群臣就会通过粉饰行为来迎合君主，这样群臣的真实情况就不会显露。真实情况不能显露，则君主就无法识别其臣属了。之后，韩非子列举了一系列君臣关系作为例证，其中就有燕王哙和子之。他说："燕子哙好贤，故子之明不受国。……故子之托于贤以夺其君者也，……其卒，子哙以乱死……"显然，在韩非子看来，君主任贤这事都是必须反对的，因为只要君主任贤，就会被臣属粉饰贤能以窃取权力，最典型的例证就是燕王哙和子之。另外，在《韩非子·说疑》中，还有"舜逼尧，禹逼舜，汤放桀，武王伐纣，此四王者，人臣弑其君者也，而天下誉之"的记载。可见，燕王哙的禅让之举，其思想渊源也绝对不会来自法家。

再说道家。早在春秋时，老子就在《道德经》中提到过"不尚贤"。而到战国时期，庄子在《秋水》中借海神之口谈到了他对尧舜禅让以及燕王哙禅让的看法："昔者尧、舜让而帝，之、哙让而绝；汤、武争而王，白公争而灭。……帝王殊禅，三代殊继。差其时、逆其俗者，谓之篡夫；当其时、顺其俗者，谓之义之徒。"意思是，尧舜禅让而成就帝业，燕王哙和子之禅让却遭灭绝；商汤王和周武王争夺而成就王业，白公胜争夺却遭灭亡。远古时期的禅让制各不相同，夏商周三代的世袭制也各不一样，一个人不合时代、背逆世俗，我们就称他为"篡夫"；一个人合于时代、顺应世俗，我们就称他为"义士"。可见，燕王哙的禅让之举，其思想渊源也绝对不会来自道家。

先秦诸子中，讨论政治思想的主要就是儒墨道法四家。既然儒道法三家都不可能，再来讨论墨家。是的，就是墨家，墨家才是燕王哙禅让的思想渊源。首先，查墨家的经典著作。墨子最重要的政治思想就是尚贤，在《墨子·尚贤上》中，他是这样说的：

> 故古者圣王之为政，列德而尚贤。虽在农与工肆之人，有能则举之，高予之爵，重予之禄，任之以事，断予之令，……故官无常贵而民无终贱。有能则举之，无能则下之。举公义，辟私怨，此若言之谓也。故古者尧举舜于服泽之阳，授之政，天下平；禹举益于阴方之中，授之政，九州成；汤举伊尹于庖厨之中，授之政，其谋得；文王举闳夭、泰颠于罝罔之中，授之政，西土服。……故士者，所以为辅相承嗣也。故得士则谋不困，体不劳，名立而功成，美章而恶不生，则由得士也。

翻译成白话是这样的：

因此古代圣王执政，总是任德而尚贤。即使是从事农业、手工业或商业的人，只要有能力就选拔他，授予他崇高的爵位，授予他丰厚的俸禄，授予他重要的任务，授予他决断的权力……因此，为官者不会永远富贵，为民者也不会永远贫贱。有能力就选拔他，没能力就罢黜他。选拔有公义的人，不考虑私人恩怨，说的就是这个意思。因此，古时候尧把舜从服泽（地名）之阳选拔出来，授予他政事，于是天下太平；禹把益从阴方（地名）之中选拔出来，授予他政事，于是九州统一；商汤把伊尹从厨师之中选拔出来，授予他政事，于是灭夏的计划得以成功；周文王把闳夭、泰颠从渔猎者之中选拔出来，授予他们政事，结果西边的部落降服。……因此，贤士是用来作为辅佐和继承的人选的。因此，只要得到了士，计谋就不会穷尽，身体也不会劳累，功名可以成就，美德更加彰著，罪恶不致产生，这些都是因为得到贤士的缘故。

在这段文字中，墨子非常明确地提出要"尚贤"，说选拔人才时，只问能力，不问出身。为此，列举了尧选拔舜，禹选拔益，汤选拔伊尹和文王选拔闳夭、泰颠四个例证。更关键的是，墨子说："故士者，所以为辅相承嗣也。"辅相，就是作为辅佐；承嗣，就是作为继承人。而四个例证中，汤举伊尹，文王举闳夭、泰颠，是辅相；尧举舜，禹举益，是承嗣。墨子明确提出士是可以作为继承人的，在先秦诸子中可谓独此一家，其他诸子即便也建议选拔贤才，但说到底也只敢说"辅相"，而不敢说"承嗣"，此亦为墨家自秦以后就迅速凋零的一个主要原因：盖在大一统的帝制时代，没有帝王能够容许"贤士承嗣"的思想存在。

在《墨子·尚贤中》中则写道："古者舜耕历山，陶河濒，渔雷泽。尧得之服泽之阳，举以为天子，与接天下之政，治天下之民。"《墨子·尚贤下》中亦有类似记载，只是个别字词不同。这句话非常明显地指出了是尧将舜从民间选拔上来立为天子的，亦没有孟子所谓"三年服丧，而后避居"之类的说法，就是直接立为天子。

在《墨子·尚同上》中又写道："是故选天下之贤可者，立以为天子。天子立，以其力为未足，又选择天下之贤可者，置立之以为三公。天子、三公既以立，以天下为博大，远国异土之民，是非利害之辩，不可一二而明知，故画分万国，立诸侯国君。诸侯国君既已立，以其力为未足，又选择其国之贤可者，置立之以为正长。"在这段文字中，墨子非常清楚地提出，上自中央的天子、三公，下自地方国君、正长，选拔的标准既不是血缘，亦不是功劳，而是"贤可"。尤其是"选天下之贤可者，立以为天子"这句，根本就不考虑继任天子与前任天子的血缘关系。

以上所谈的是墨家的思想，接着讨论墨家的实践。墨家是先秦诸子中唯一具有严密组织形式的，其组织的首领称为"钜子"，亦称"巨子"。钜子是墨家最贤能的人，掌握墨家的生杀大权，墨子本人就是墨家的第一任钜子。钜子去职时，会由他选定一位最贤能的人继位，成为新任钜子。

在《吕氏春秋·去私》中记载了这样一个故事：墨家有位钜子叫腹䣌，居住在秦国，其子犯下了杀人罪。秦惠王对腹䣌说："先生您年岁已经大了，又没有别的儿子，寡人已经下令让司法官不要处死您的儿子，还望先生在这件事上听寡人的话。"腹䣌道："墨家的法律规定'杀人者处死，伤人者受刑'，目的就是为了禁止杀伤。严禁杀伤，这是天下的大义。虽然大王赐给我恩惠，命令司法官不要处死我儿子，但我腹䣌却不能不执行墨家的法律。"最终腹髽没有应允秦惠王，处死了自己的儿子。

通过这个故事，可知墨家自有法律，以约束墨家徒众的行为，而钜子就是解释和执行法律的最高统治者，可不受君王干涉。此亦是墨家自秦以后就迅速凋零的第二个主要原因：盖在大一统的帝制时代，没有帝王能够容许在国家的王法之外，还有如此强大严密的组织和不受干涉的私法。

在《吕氏春秋·上德》中还记载了这样一个故事：墨家钜子孟胜，与楚国的阳城君是好友。阳城君委托孟胜守卫自己的封邑，并将璜玉剖分为二，以为符信，约定"只有璜玉符合，才能听从命令"。楚悼王去世时，贵族大臣们攻击吴起，阳城君亦参与了此事。楚肃王继位后，处置那些因兵器触碰到楚悼王尸体而获罪的大臣，阳城君畏罪逃走，楚国则收回他的封邑。孟胜道："我受人家的委托守卫封邑，又约定了以璜玉作为符信。现在既没有见到符信，又无力守卫封邑，若不为此而死，是不行的。"孟胜的弟子徐弱劝谏道："如果您的死能对阳城君有所裨益，那为此而死是可以的。现在您死了对阳城君没有任何帮助，却使得墨家在世间断绝，这样死就不可以了。"孟胜道："不对。我与阳城君之间的关系，不是老师也是朋友，不是朋友也是臣子。如果我不为此而死，则今后寻求严师的人一定不会到墨家来寻求，寻求贤友的一定不会到墨家来寻求，寻求良臣的一定不会到墨家来寻求。我为此而死，正是为了要实行墨家的道义，从而使得墨家的事业可以继续啊！我将把钜子的职位传给宋国的田襄子。田襄子是位贤者，又何必担心墨家会在世间断绝呢？"徐弱道："既然先生您这么说，那么徐弱请求先死，以便能扫清道路。"遂转过身去在孟胜面前自刎而死。孟胜于是派两个人将钜子之位传给田襄子。孟胜死后，又有180名弟子为其殉死。那两个人将孟胜的命令传给田襄子后，也准备返回楚国去为孟胜殉死。田襄子制止他们道："孟胜已经将钜子之位传给我了，你现在就应该听我的命令。"然而，二人终究还是返回楚国殉死了。

通过这个故事，可知墨家在选举钜子时，是由前任钜子指定，而指定对象时所考虑的，既不是他与前任钜子的关系，也不是他曾经立下的功劳，唯一的考量就是"贤能"。这，其实就是禅让制在墨家的实践。

《韩非子·说疑》中曾这样描写燕王哙："燕君子哙，召公奭之后也，地方数千里，持戟数十万，不安子女之乐，不听钟石之声，内不堙污池台榭，外不罩弋田猎，又亲操耒耨以修畎亩。"翻译成白话意思是：燕王哙是召公姬奭的后裔，国土方圆数千里，国内甲士数十万，不沉湎女色之欢愉，不嗜听音乐之美妙，在宫内不兴建池塘台榭，在宫外不骑马打猎，还亲自操持农具在田地里耕作。

纵览中国三千年之信史，历代帝王中确实有不爱女色的，有不爱音乐的，可要说连一样兴趣爱好都没有，却还愿意操持农具在田地里耕作的，可谓只有燕王哙一家。那么，他为什么会是这样的人呢？在《庄子·天下》中有这样一段：

墨子称道曰："昔者禹之湮洪水，决江河而通四夷九州也。名川三百，支川三千，小者无数。禹亲自操橐耜而九杂天下之川。腓无胈，胫无毛，沐甚雨，栉疾风，置万国。禹大圣也，而形劳天下也如此。"使后世之墨者，多以裘褐为衣，以跂𫏋为服，日夜不休，以自苦为极，曰："不能如此，非禹之道也，不足谓墨。"

翻译成白话意思是这样的：

墨子称道说："从前夏禹治理洪水，疏导江河而沟通四夷九州，有名川三百，支流三千，小河无数。禹亲自操持筐铲劳作，汇集天下的河川，辛苦得腿肚上没有肉，小腿上没有毛，暴雨冲洗过身体，狂风梳理过头发，这才终于安定天下。禹是位大圣人，而他的身体竟然为天下辛劳到如此程度。"从而使得后世的墨家，多身穿羊皮粗布，脚踏木屐草鞋，日夜工作不休，以自苦为准则，道："如果不这样做，就不是在实践大禹之道，也不配称为墨者。"

贪图享乐，这原是人的本性，所谓的圣人君子，亦不过是有所节制而已。然燕王哙身为万乘之君，居然安于耕作，甘于自苦，唯一的解释就是他在效仿传说中的圣王夏禹。夏禹是否真的这般自苦，今天的我们已经不得而知。儒家也非常推崇夏禹，但在儒家经典文献中就没有此类记载。我们所知道的是，墨家最推崇的偶像就是夏禹，而墨家口中的夏禹就是这样辛劳自苦的形象。由此可知，燕王哙必定深受墨家影响。而这亦是墨家自秦以后就迅速凋零的又一个主要原因：盖在大一统的帝制时代，没有帝王容许百姓以天子是否能够辛劳自苦作为判定其是否贤能的标准。

综上所述，诸子百家中只有墨家在思想上是极力鼓吹尧舜禅让的，实践上也是在其组织内部执行禅让制的，而燕王哙的思想又深受墨家影响，故可知其禅让之举必定源自墨家的支持和主导。

这样，也就可以回答之前提出的问题，为什么燕昭王只要给郭隗修建宫室，就可以招揽来乐毅这样的顶级人才，然后就得以称霸天下，又为什么其他国家不能群起效仿呢：其实，问题的关键不在于燕昭王给郭隗修建宫室，而在于燕国常年在墨家思想的主导下，已经形成了根深蒂固的尚贤文化。在重亲贵的儒家思想主导下的国家，外来贤才是很难有太多发挥空间的。在重军功的法家思想主导下的国家，外来贤才虽然也能通过军功不断升迁，但仍须面对已经建立显赫功勋的当朝权贵的排挤。唯有在重贤能的墨家思想主导下的国家，外来贤才方会有更多快速升迁的机会。只要你能取信于君王，让他认定你是个贤能之士，便可立即获得出将入相的权力。这才是乐毅、剧辛等贤才争相投奔燕国的根本原因。其他国家若想效仿，除非也能采用墨家思想作为国家指导思想，否则光靠给几个指标人物修建宫室，是不会有什么作用的。

那么，燕国这种采用墨家尚贤的理念作为国家指导思想的做法，是否值得效仿呢？答案是有利有弊。利的方面在于，当国家百废待兴之际，可以最大限度地利用贤才来恢复建设。弊的方面则在于，国家发展缺乏稳定性，其兴衰往往取决于君王的一念之间。君王认定的是真贤才，国家就兴旺发达；君王认定的是假贤才，国家就衰败灭亡。燕王哙以子之为贤才，遂导致国破家亡；燕昭王以乐毅为贤才，遂使得燕国称霸。燕昭王去世后，燕惠王即位，其以骑劫为贤才而代替乐毅，遂又导致燕国衰败。反观秦国，自商鞅变法后一直保持蒸蒸日上的势头，直至始皇统一天下，这难道是因为秦国历代君王都特别贤明吗？不过是因为法家重视制度，故而秦国能够保持稳定的发展战略罢了。此外，战国时各国王室公子中皆不乏优秀人才，如秦之樗里子，魏之信陵君等，唯独燕国，除了灭亡时遣荆轲刺秦王的太子丹外，竟再无一名在历史上留有名声的王室成员，这当是因为各国或多或少都受到儒家"亲亲""贵贵"思想的影响，而唯有墨家只重视"尚贤"的缘故。陈胜起义后不久，东方各国皆相继立原王室后裔为王，独燕王仍是外来的将领韩广，亦当是与燕国长期受墨家思想引导，"亲亲""贵贵"的观念不强有关。秦始皇生平遭到过三次著名的行刺，第一次是荆轲，第二次是高渐离，第三次是张良。其中，荆轲和高渐离都是燕人，张良虽是韩人，但为其执行刺杀任务的大力士是张良"东见仓海君"时求得的，而仓海君也是燕人。那么问题来了，既然六国皆与秦有国恨家仇，为何行刺秦始皇的都是燕国人呢？这难道不是因为燕国是墨家大本营的缘故吗？

韩宣惠王薨，子襄王仓立。

【白话】

韩宣惠王去世，其子韩仓即位，是为韩襄王。

张仪之死

公元前311年 庚戌
周赧王四年

蜀相杀蜀侯。

【白话】

蜀国宰相陈庄杀死蜀侯通。

【姚注】

《史记·秦本纪》记载："公子通封于蜀。"后世史家遂多以为秦惠王封公子嬴通为蜀侯。其实，此公子通并非秦国公子，而是蜀国公子。前316年，秦伐蜀成功，杀死蜀王，遂将蜀国收为秦之附属国，封号由王贬为侯，但尚未立新的蜀侯，只是以陈庄为蜀国宰相，处理蜀国政事。前314年，秦国选中蜀国公子通为蜀侯。《史记·秦本纪》所记"（前311年）丹犁臣蜀相壮杀蜀侯来降"这句话有两种断句方式：一是"丹、犁臣，蜀相壮杀蜀侯来降"，意思是丹族和犁族向秦国臣服，蜀相陈壮（陈庄）杀死蜀侯后降秦；二是"丹、犁臣蜀，相壮杀蜀侯来降"，意思是丹族和犁族向蜀国臣服，蜀相陈庄杀死蜀侯降秦。《资治通鉴》记作"蜀相杀蜀侯"，当是采用第一种断句，而事实上却应该采用第二种断句。秦国虽然在军事上早已征服蜀国，政治上又选择自己中意的蜀国公子为蜀侯，同时派能臣陈庄担任蜀国宰相，可是在对蜀国的治理上仍然极不顺利。丹、犁臣服于蜀是导火索，表明蜀国在周边各部族中仍有极高威望，其势力亦仍在继续扩张，遂使受秦委派的蜀相与得到蜀人支持的蜀侯之间发生激烈冲突，最终导致蜀相陈庄杀死蜀侯通。

　　秦惠王使人告楚怀王，请以武关之外易黔中地。楚王曰："不愿易地，愿得张仪而献黔中地。"张仪闻之，请行。王曰："楚将甘心于子，奈何行？"张仪曰："秦强楚弱，大王在，楚不宜敢取臣。且臣善其嬖臣靳尚，靳尚得事幸姬郑袖，袖之言，王无不听者。"遂往。楚王囚，将杀之。靳尚谓郑袖曰："秦王甚爱张仪，将以上庸六县及美女赎之。王重地尊秦，秦女必贵而夫人斥矣。"于是郑袖日夜泣于楚王曰："臣各为其主耳。今杀张仪，秦必大怒。妾请子母俱迁江南，毋为秦所鱼肉也！"王乃赦张仪而厚礼之。张仪因说楚王曰："夫为从者无以异于驱群羊而攻猛虎，不格明矣。今王不事秦，秦劫韩驱梁而攻楚，则楚危矣。秦西有巴、蜀，治船积粟，浮岷江而下，一日行五百馀里，不至十日而拒扞关，扞关惊则从境以东尽城守矣，黔中、巫郡非王之有。秦举甲出武关，则北地绝。秦兵之攻楚也，危难在三月之内，而楚待诸侯之救在半岁之外，夫待弱国之救，忘强秦之祸，此臣所为大王患也。大王诚能听臣，臣请令秦、楚长为兄弟之国，无相攻伐。"楚王已得张仪而重出黔中地，乃许之。

【白话】

　　秦惠王派人告诉楚怀王，希望能以秦国武关以东的土地（即商於之地）交换楚国黔中的土地。楚怀王说："我不愿意交换土地，只要能把张仪给我，我愿献出黔中之地。"张仪听说后，向秦惠王请求前往楚国。秦惠王道："楚王要杀你才甘心，这怎么还能去呢？"张仪道："秦强楚弱，只要有大王您在，楚王就不敢对我怎么样。且臣与楚王的宠臣靳尚关系很好，靳尚又服侍楚王的宠姬郑袖，而郑袖的话楚王是没有不听的。"于是前往楚国。楚怀王囚禁张仪，准备将他杀掉。靳尚对郑袖道："秦王非常喜欢张仪，正准备拿出上庸的六个县以及美女来赎回张仪。楚王看重土地而又尊奉秦国，则秦国美女必将身份显贵而导致夫人您的地位下降了。"于是郑袖日夜对楚王哭泣，道："张仪虽然欺骗了您，但说到底也是各为其主，尽他自己对于君王的本分而已。现在您如果杀了张仪，秦国必定大怒。臣妾请求大王将臣妾母子迁居江南，以免被秦国宰割啊！"楚怀王于是赦免张仪并给予其崇高的礼遇。张仪趁机游说楚怀王道："所谓的合纵联盟，无异于驱使群羊去进攻猛虎，其失败是显而易见的。现在大王不愿臣服于秦国，则秦国就会劫持韩国、驱使魏国来进攻楚国，那么楚国就危险了。秦国在楚国的西方坐拥巴、蜀，建造船只，囤积粮草，顺岷江而东下，一日行军五百余里，不用十日即可抵达扞关（今重庆奉节东）。一旦扞关有危险，则其以东的地方就将陷入苦守自保，而黔中郡和巫郡将不再为大王所有了。秦国若从武关出兵，则楚国的北境被阻绝。秦军若要攻楚，三个月之内就能给楚国带来灾难，而诸侯出兵相救，至少也需要等待半年以上。只知苦等弱国可能的相救，却忽视强秦带来的灾祸，这正是臣为大王所担心的啊！大王若能真心采纳臣的建议，臣愿意促使秦、楚两国结为兄弟之邦，不再互相进攻。"楚王既已得到张仪，又不愿意真的割让黔中之地，遂同意了张仪的意见。

【姚论】

释放张仪之事，历来被视为楚怀王再遭愚弄的昏庸之举。尤其《史记·楚世家》和《史记·屈原贾生列传》皆记载，当时屈原受命出使齐国，返楚后张仪已经离去，遂问楚怀王为何不杀张仪，楚怀王后悔，派人去追拿张仪，但已经来不及了。凡此种种，都让人觉得楚怀王又被骗得很惨，但姚尧却不以为然，其背后的谋略远不止表面看起来这么简单。

前328年，张仪率军攻占魏之蒲阳，而后又将蒲阳还给魏国，换来了魏惠王臣服于秦，且割让上郡十五县。前330年，秦国围攻魏之焦和曲沃。前327年，秦又将焦和曲沃还给魏国，以打击魏国内部的合纵抗秦派，扶持魏国内部的连横亲秦派。可见对于张仪来说，先攻占邻国的土地，而后将土地还给对方以交换其他利益，是惯用的手法。此次秦惠王欲以商於之地换取楚之黔中之地，想必亦是出自张仪之谋，盖其深知楚怀王是好面子之人，之前为了夺取商於之地，连刚丢失的汉中之地都置之不顾。现在既然秦国愿意割让商於，想必楚怀王会心甘情愿让出黔中。不料怀王完全不为所动，竟然还提出"不愿易地，愿得张仪"的建议，以此来挑拨秦惠王与张仪之间的关系。《资治通鉴》因袭《史记·楚世家》的说法，是张仪主动提出想去楚国，秦惠王为其安全考虑而拦阻。可按照《史记·张仪列传》的记载，则是"秦王欲遣之，口弗忍言。张仪乃请行"。可见秦惠王虽然赏识器重张仪，但张仪在其心中的分量终究是相当有限。以张仪出使楚国，如果楚怀王重用张仪，则秦惠王可坐收黔中之地；如果楚怀王处死张仪，则秦惠王可以出兵伐楚。盖"两国相争，不斩来使"是春秋以来各国普遍遵守的基本外交礼仪，且张仪常年担任秦国宰相，其间还曾担任魏国宰相，拥有很高的国际声望，若此时秦国联合韩、魏攻打楚国，则既是以强伐弱，也是以有道伐无道，楚国必败无疑。站在秦惠王的角度来看，无论是两种情况中的哪一种，他都可以获得巨大的政治和军事利益。只是无论两种情况中的哪一种，他都将永远地失去张仪。再三权衡之下，秦惠王还是决定为了利益舍弃为他立下过卓著功勋的张仪，只是"口弗忍言"而已。这一刻，张仪的内心深处是无比悲凉的，他多么希望秦惠王会一口拒绝楚怀王以人易地的提议，因为他是无双国士，其价值远超于六百里黔中之地，更何况他不久前还为秦国夺取了六百里汉中之地！可惜的是，张仪终究没能看到秦惠王坚决如铁的一口回绝，看到的只是秦惠王犹豫再三的口弗忍言。张仪明白了，无论他曾立下过多少汗马功劳，他在秦惠王眼中依然只是颗棋子，随时有可能被君王视为弃子而拿来兑换掉。以张仪的性格，自然不可能去哭诉乞求秦惠王切勿将他送往楚国，且他明白，秦惠王决心既下，自己再怎么求也是没用，徒然让政敌笑话而已，不如主动提出使楚。好在张仪深知楚怀王固然是不可能用他，也同样是不敢杀他，遂与楚国君臣联手演了这出先拘后放的戏码。在这次外交攻防中，秦惠王是最大的输家，因为他失去了张仪这个旷世奇才；张仪也是输家，因为他失去了在秦国中央施展才华的平台；反倒是被世人视为再次被骗的楚怀王才是最大的赢家。正如前文所述，楚国之所以走向衰落，是与张仪的纵横捭阖分不开的，现在张仪远离秦国中央，作为普通说客而游走四方，却不参加国家战略的制定和执行，则楚国的外患随之化解，可以抓紧时间修复此前连战连败留下的创伤了。

张仪遂之韩，说韩王曰："韩地险恶山居，五谷所生，非菽而麦，国无二岁之食；见卒不过二十万。秦被甲百馀万。山东之士被甲蒙胄以会战，秦人捐甲徒裼以趋敌^①，左挈人头，右挟生虏。夫战孟贲、乌获之士以攻不服之弱国，无异垂千钧之重于鸟卵之上，必无幸矣。大王不事秦，秦下甲据宜阳，塞成皋，则王之国分矣，鸿台之宫，桑林之苑，非王之有也。为大王计，莫如事秦以攻楚，以转祸而悦秦，计无便于此者！"韩王许之。

【白话】

张仪于是前往韩国，游说韩襄王道："韩国地形险恶，多处山区，所种植的粮食，不是豆类就是麦子，国家储存的粮食还不够吃两年，可供调动的士兵还不够二十万，而秦国却拥有甲士一百多万。崤山以东的士兵，每次上战场都要披盔戴甲，而秦国人却是脱掉盔甲，赤膊上阵以驱敌，左手提着人头，右手夹着俘虏。秦国以孟贲、乌获这样的勇士来进攻不肯臣服的弱国，这无异于将千钧（一钧为三十斤）的重量搁置在鸟蛋之上，绝无幸免的可能。大王您如果不肯臣服于秦国，则秦国出兵占据宜阳，扼守成皋，大王的国家就将遭到分割，鸿台的宫殿，桑林的园囿，就不再是您所能享有的了。为大王计，不如臣服秦国而进攻楚国，从而转移灾祸并取悦秦国，没有比这更好的策略了！"韩王应允了张仪的提议。

【姚注】

①裼（xī）：脱去衣服露出上身。

张仪归报，秦王封以六邑，号武信君。复使东说齐王曰："从人说大王者必曰：'齐蔽于三晋，地广民众，兵强士勇，虽有百秦，将无奈齐何。'大王贤其说而不计其实。今秦、楚嫁女娶妇，为昆弟之国；韩献宜阳；梁效河外；赵王入朝，割河间以事秦。大王不事秦，秦驱韩、梁攻齐之南地，悉赵兵，渡清河，指博关，临淄、即墨非王之有也！国一日见攻，虽欲事秦，不可得也！"齐王许张仪。

【白话】

张仪回到秦国报告，秦惠王封赏他六座城邑，赐号武信君。又派张仪向东游说齐宣王道："那些主张合纵抗秦的人，必定会对大王您说：'齐国有三晋作为掩护的屏障，自身土地辽阔，人口众多，军队强大，士兵勇敢，即便是有一百个秦国，也拿齐国无可奈何。'大王您也总是嘉许这种说法，而不去考察实际情况。现在秦、楚两国互通婚姻，结为兄弟之邦；韩国向秦国献出宜阳；魏国向秦国交出河外；赵王入朝觐见秦王，割让河间以表示对秦国臣服。大王您如果不肯臣服于秦国，则秦国将驱使韩、魏的军队进攻齐国的南部，再让赵国倾全国之兵渡清河而直取博关，则临淄和即墨可就不再为大王您所有了。等到国家遭到攻击的那一天，届时您要再想臣服于秦，也做不到了！"齐王应允了张仪的提议。

张仪去，西说赵王曰："大王收率天下以摈秦，秦兵不敢出函谷关十五年。大王之威行于山东，敝邑恐惧，缮甲厉兵，力田积粟，愁居慑处，不敢动摇，唯大王有意督过之也。今以大王之力，举巴、蜀，并汉中，包两周，守白马之津。秦虽僻远，然而心忿含怒之日久矣。今秦有敝甲凋兵军于渑池，愿渡河，逾漳，据番吾，会邯郸之下，愿以甲子合战①，正殷纣之事。谨使使臣先闻左右。今楚与秦为昆弟之国，而韩、梁称东藩之臣，齐献鱼盐之地，此断赵之右肩也。夫断右肩而与人斗，失其党而孤居，求欲毋危得乎！今秦发三将军，其一军塞午道，告齐使渡清河，军于邯郸之东，一军军成皋，驱韩、梁军于河外，一军军于渑池，约四国为一以攻赵，赵服必四分其地。臣窃为大王计，莫如与秦王面相约而口相结，常为兄弟之国也。"赵王许之。

【白话】

张仪离开齐国，又向西游说赵武灵王道："大王统率天下各国抵抗秦国，致使秦兵十五年内不敢出函谷关。大王的威名在崤山以东广为传播，令我们秦国非常恐惧，只能是修治铠甲，磨砺兵器，耕种农田，积蓄粮草，时刻担忧您的威慑，不敢放松半点警惕，唯恐大王您会兴兵前来问罪。如今我们托大王您的福，平定了巴、蜀，兼并了汉中，包围了二周，控制了白马津。秦国虽然地处偏远，但怨恨之心已经压抑很长时间了。现在秦国有一支残败破旧的军队驻扎在渑池，愿意渡过黄河，越过漳水，占据番吾，前来邯郸城下相会。希望能按照古代甲子会战的形式，重演武王伐纣的故事。为此，秦王特派我来通知大王的左右。现在楚国已经与秦国结为兄弟之邦，韩国和魏国自称为秦国的东方藩属之臣，齐国则献出盛产鱼盐的土地，这就相当于砍断了赵国的右臂。一个人被砍断右臂后还要与人争斗，失去同党而又孤立无援，想要不灭亡，有可能做到吗？现在秦国派出三支军队：一支控制午道，令齐国渡清河，在邯郸以东驻军；一支驻军成皋，驱使韩、魏进兵河外；一支驻军渑池，约定四国联合攻赵，拿下赵国后四国共同瓜分土地。我私下为大王计，不如与秦王会面，亲口定下盟约，使两国成为长久的兄弟之国。"赵王应允了张仪的提议。

【姚注】

①甲子合战：武王伐纣之牧野决战选择在甲子日。《史记·周本纪》记载："二月甲子昧爽，武王朝至于商郊牧野，乃誓。"

张仪乃北之燕，说燕王曰："今赵王已入朝，效河间以事秦。大王不事秦，秦下甲云中、九原，驱赵而攻燕，则易水、长城非大王之有也！且今时齐、赵之于秦，犹郡县也，不敢妄举师以攻伐。今王事秦，长无齐、赵之患矣。"燕王请献常山之尾五城以和。

【白话】

　　张仪于是北上到达燕国，游说燕昭王道："现在赵王已经入秦朝觐，并交出河间以臣服秦国。大王您如果不肯臣服于秦，则秦国就会出兵云中、九原，驱使赵国进攻燕国，则易水、长城可就不归大王您所有了！况且，现在的齐国和赵国就像是秦国的郡县一样，不敢擅自举兵攻伐。如今大王您肯臣服于秦国，就不用再担心齐国和赵国的威胁了。"燕王于是请张仪献上恒山脚下的五座城市，以向秦国求和。

　　张仪归报，未至咸阳，秦惠王薨，子武王立。武王自为太子时，不说张仪；及即位，群臣多毁短之。诸侯闻仪与秦王有隙，皆畔衡，复合从。

【白话】

　　张仪回国报告，还没走到咸阳，秦惠王就去世了，其子秦武王嬴荡即位。秦武王在做太子时就不喜欢张仪，等到他即位后，群臣中就有许多人来诋毁张仪。诸侯听说张仪与秦武王之间有矛盾，于是都背叛了与秦国的连横，再次组成合纵联盟。

【姚论】

　　张仪于前311年游说列国之事，虽记载于《战国策》和《史记·张仪列传》，然其真实性却非常值得怀疑。

　　首先是时间上有问题。秦军于前312年两次大败楚军，故其于前311年提出以商於易黔中，这在时间顺序上是相当合理的，史籍不存在任何误记的问题。秦惠王去世、秦武王继位于前311年，这是史籍上反复确认之事，同样不存在任何误记的可能。姚尧通过百度地图来计算张仪的最短行程，自秦都咸阳（今陕西咸阳）出使至楚都郢城（今湖北江陵）为728.4公里，自楚都郢城至韩都新郑（今河南新郑）为596.4公里，自韩都新郑返回秦都咸阳为534.9公里，自秦都咸阳再次出使至齐都临淄（今山东淄博市临淄区）为1056.9公里，自齐都临淄至赵都邯郸（今河北邯郸）为362.3公里，自赵都邯郸至燕都蓟城（今北京）为456.8公里，自燕都蓟城返回秦都咸阳为1099公里，合计4834.7公里，亦即9669.4里。然以上路程是按照公元2017年的路况计算，大量路段都是沿着笔直的高速公路行进，而在战国时期的道路则到处都是崎岖险阻，许多现在通行的道路当时尚未开发，遇到河流时更是需要绕路另寻渡口，故而张仪的实际行程至少还要乘以1.5倍，即14504.1里。再来计算张仪的行进速度。按照《唐六典》的记载："凡陆行之程：马日七十里，步及驴五十里，车三十里。"唐代的一里合现在的454.2米，即现在的0.9里。也就是说，按照唐代普通驿站的标准，马车每天也就只能走相当于现在的63里路。然张仪作为宰相级别的使节，当时又年事已高（此时距其受苏秦之激赴秦已22年，之后再过两年就病逝了），不可能像驿站的青壮年那样要为工期而加速行进。加之长途跋涉时会遇到风霜雨雪等各种恶劣天气，战国时的路况也远不如唐代，所以张仪平均每天走的路程绝不会超过50里，能有40里就不错了。以每天走40里的速度来除14504.1里的总路程，为362.6天。也就是说，要完成上述外交使命，张仪光在路上的行程就已经不会少于一整年了。而游说君王之事，虽然在史籍记载上只是一问一答，可外交实践中又岂会真的如此简单草率？抵达都城后肯定要在馆舍休息数日，以解鞍马劳顿之苦。之后肯定还要逐个拜会朝廷重臣，以刺探朝中各派系的主要政见，揣摩君王内心的真实想法。接着才能准备面见君王时的游说辞。君王在听了张仪的游说辞后，肯定还要与心腹重臣商议是否能够采纳张仪的建议，如果真的与秦国连横，则接下来的国家战略方针应该如何调整。即便是最终同意采纳张仪的建议，君王还需要与张仪反复确定一些具体操作时将面临的关键性步骤和细节。最后肯定还要设宴款待张仪，安排张仪游玩，张仪自己也需要再次与该国的连横亲秦派加强亲密关系。因此，以当时的交通和通信条件，张仪出使一国商量结盟，怎么也要在其都城住上20天的时间，则其此次出使五国合计居住在五国都城的时间又是超过100天。再加上年初秦惠王与楚怀王互派使者以讨论易地，信使来回奔波和君王筹谋划策需要时间；张仪自韩初次返秦后在咸阳接受封地赐爵，举行各种礼仪庆典活动需要时间；游说齐、赵、燕成功后再次返秦，遭到新即位的秦武王排斥和朝中政敌的诋毁，以及各国听说张仪与秦武王有矛盾后再次背叛连横而重新合纵，这些都需要时间。凡此种种，时间加起来将远远超过一年，绝不可能都是在前311年这一年完成的，必定有许多游说之旅是后人穿凿附会凭空添加上去的。

其次是路线上有问题。若将咸阳与临淄以直线相连，则邯郸距离连线的垂直距离仅60公里。也就是说，赵都邯郸正处在从秦都咸阳到齐都临淄的路途当中，张仪何以不先东说赵国，然后继续东向说齐，反而是先东说齐国，之后再返回来西向说赵呢？且邯郸和临淄距离燕都蓟城的距离基本相当，不存在由赵赴燕更近的问题。因此，张仪的游说路线几乎是要多走一个从邯郸到临淄的路程，按照前述算法，差不多要在路上多走一个月的时间。那么，张仪这番折腾所为何来？观张仪游说之辞，大意都是在说其余各国皆已臣服秦国，独你国尚未臣服，故秦将联合各国攻你云云。彼时，张仪称韩、魏臣服于秦国基本贴近事实，在秦、楚休兵之后称双方已结为盟邦也不算太过离谱。可是，张仪到齐国说"赵王入朝，割河间以事秦"，接着到赵国说"大王收率天下以摈秦，秦兵不敢出函谷关十五年"，最后又到燕国说"今赵王已入朝，效河间以事秦"。虽然舌辩之士常有虚浮夸大之辞，但赵王是否入朝觐见秦王，这属于国际政治外交的大事，是各国君臣都清楚明白的常识，有就是有，没有就是没有。以张仪的身份，绝不可能把这种完全不存在的事情凭空捏造出来。而既然赵王曾经入朝觐见秦王，则张仪说赵应该是轻而易举的事，又何至于舍近求远先去说齐？又何至于在见到赵武灵王后说什么"大王收率天下以摈秦，秦兵不敢出函谷关十五年"之类虚伪到不着边际的话？凡此种种，皆有其逻辑矛盾之处，必定是在某个环节出了问题。

再次是内容上有问题。张仪说列国之事，最初记载于《史记·张仪列传》和《战国策》，然《资治通鉴》在转载时对其内容有所删减，而所删减的部分暴露的问题更多。如《史记·张仪列传》载，张仪说齐宣王时说："秦赵战于河漳之上，再战而赵再胜秦；战于番吾之下，再战又胜秦。四战之后，赵之亡卒数十万，邯郸仅存，虽有战胜之名而国已破矣。"事实上，这段记载说的是战国末年赵国名将李牧抗秦之事，发生在张仪此番游说的80年后。又如张仪说赵王时，赵王回答："先王之时，奉阳君专权擅势，蔽欺先王，独擅绾事，寡人居属师傅，不与国谋计。先王弃群臣，寡人年幼，奉祀之日新，心固窃疑焉，以为一从不事秦，非国之长利也。乃且愿变心易虑，割地谢前过以事秦。"奉阳君名李兑，则"先王"就应该是指赵武灵王，而说话的赵王就应该是赵武灵王之子赵惠文王。可事实上，前311年仍然是赵武灵王执政，赵惠文王还要在两年后才出生。显然，这段史料存在大量将日后多年发生的事情穿越提前的状况，则史料中的其余部分也就令人无法置信了。

综上所述，张仪游说列国的史料记载存在相当多的漏洞，其真实性是非常靠不住的，所以也就不对其说辞的策略详加分析了。

公元前310年 辛亥
周赧王五年

张仪说秦武王曰："为王计者，东方有变，然后王可以多割得地也。臣闻齐王甚憎臣，臣之所在，齐必伐之。臣愿乞其不肖之身以之梁，齐必伐梁，齐、梁交兵而不能相去，王以其间伐韩，入三川，挟天子，案图籍，此王业也！"王许之。齐王果伐梁，梁王恐。张仪曰："王勿患也！请令齐罢兵。"乃使其舍人之楚，借使谓齐王曰："甚矣王之托仪于秦也！"齐王曰："何故？"楚使者曰："张仪之去秦也固与秦王谋矣，欲齐、梁相攻而令秦取三川也。今王果伐梁，是王内罢国而外伐与国，而信仪于秦王也。"齐王乃解兵还。张仪相魏一岁，卒。

【白话】

张仪游说秦武王道："为大王计，要让东方各国发生动乱，然后大王就可趁机多割占土地。我听说齐王非常憎恶我，无论我居住在哪里，齐国都必定会出兵攻打。我恳求大王将我这个不中用的人派到魏国去，则齐国必定会伐魏，齐、魏交战不休，则大王可以趁机攻打韩国，进兵三川，挟持天子，掌握天下的地图和户籍，这正是一统天下的王业啊！"秦武王同意了张仪的建议，派他前往魏国。齐国果然出兵伐魏，魏襄王感到恐慌。张仪道："大王不必担心！请由我来令齐国退兵。"于是张仪派手下前往楚国，借楚国使臣的口对齐宣王道："太糟糕了，大王您竟然这样加强秦国对张仪的信赖！"齐宣王道："此话怎讲？"楚国使者道："张仪离开秦国，这本就是与秦王定下的计策，目的就是让齐、魏相攻，以方便秦国夺取三川。现在大王果然讨伐魏国，其结果必定是对内劳民伤财，对外攻打盟国，而使得张仪更加受到秦王的信赖。"齐王于是退兵。张仪在魏国担任了一年的宰相便去世了。

【姚论】

张仪说秦武王之"伐韩，入三川，挟天子，案图籍，此王业也"，其实就是他于前316年在秦惠王面前与司马错争论时提出的战略。然时移世易，对他有知遇之恩的秦惠王已经去世，新即位的秦武王不信任他，国内又有许多政敌嫉恨他，而他自己也即将走到生命的尽头，故重提伐韩之策不过是个托词借口，方便他能远离是非之地，求个善终罢了。这段记载同样出自《史记·张仪列传》和《战国策》。然齐宣王如此憎恶张仪，甚至到了张仪到了哪个国家，他就要出兵讨伐该国的程度，则亦可证明史籍所谓张仪在去年成功出使齐国，不但令齐国与秦连横，还向秦国献上三百里鱼盐之地的记载必属子虚乌有。

仪与苏秦皆以纵横之术游诸侯，致位富贵，天下争慕效之。又有魏人公孙衍者，号曰犀首，亦以谈说显名。其馀苏代、苏厉、周最、楼缓之徒，纷纭遍于天下，务以辩诈相高，不可胜纪；而仪、秦、衍最著。

【白话】

张仪与苏秦都是通过合纵连横之术游说诸侯，从而获得富贵权位的，致使天下人争相效法。又有个魏国人叫公孙衍，号称犀首，也以善于言谈而著名。其余的苏代、苏厉、周最、楼缓之流，众说纷纭，遍于天下，皆是以诡辩诈术相竞争，无法一一记载，其中还是以张仪、苏秦和公孙衍最为著名。

孟子论之曰：或谓："公孙衍、张仪岂不大丈夫哉；一怒而诸侯惧，安居而天下熄？"孟子曰："是恶足为大丈夫哉！君子立天下之正位，行天下之正道，得志则与民由之，不得志则独行其道，富贵不能淫，贫贱不能移，威武不能诎，是之谓大丈夫。"

【白话】

孟子对此评论道：有人说："公孙衍、张仪难道不是大丈夫吗？他一发怒，就能令诸侯恐惧；安定下来，就能让战火平息。"孟子说："这怎么也能称为大丈夫呢！君子立天下之正位，行天下之正道，得志时就与百姓一起努力，不得志则洁身自好坚守道义。富贵不能使他放纵，贫贱不能使他变节，威武不能使他屈服，这才称得上是大丈夫。"

【姚论】

孟子这番话看似大义凛然，气壮山河，却经不起仔细推敲。孟子也曾游说诸侯而不见用，却从不反思自己的政治主张出了什么问题，只是一味地从道德角度来批判张仪、苏秦。且张仪、苏秦受君王任命担任宰相，这岂非正位？在任内为富国强兵而出谋划策，这岂非正道？即便按照孟子提出的三条道德标准，张仪一生都在为秦国推行连横战略，苏秦一生都在为六国推行合纵战略，不因一时遇挫或外在诱惑就改换门庭，这岂非富贵不能淫？张仪在楚受辱后仍坚信"有舌在，足矣"，苏秦早年游说失败后更是以锥刺股的毅力闭门发奋读书，这岂非贫贱不能移？张仪被楚相鞭笞后亦不承认盗玉，苏秦遇刺重伤后仍能用计为自己报仇，这岂非威武不能屈？虽然纵横家中的素质确实良莠不齐，但张仪、苏秦作为其中的佼佼者，无论从哪个方面来说都无愧于"大丈夫"的称号。

扬子《法言》曰：或问："仪、秦学乎鬼谷术而习乎纵横言，安中国者各十馀年，是夫？"曰："诈人也，圣人恶诸。"曰："孔子读而仪、秦行，何如也？"曰："甚矣凤鸣而鸳翰也！""然则子贡不为欤①？"曰："乱而不解，子贡耻诸。说而不富贵，仪、秦耻诸。"或曰："仪、秦其才矣乎，迹不蹈已？"曰："昔在任人，帝而难之。不以才乎？才乎才，非吾徒之才也！"

【白话】

扬雄在《法言》中说：有人问："张仪、苏秦跟随鬼谷子学习，之后运用学到的合纵连横的辩术，各自使得中国出现了十几年的安定，是这样吗？"回答是："那只是骗人的诈术，圣人对此十分厌恶。"又问："一方面读孔子的圣贤书，一方面行张仪、苏秦的纵横术，这样可以吗？"回答是："这太糟糕了，就好像凤凰的鸣叫却配上了凶鸟的羽毛！"又问："可是，子贡不也做过张仪、苏秦之类的事吗？"回答是："天下纷乱而无法排解，这是子贡以为耻辱的事；游说诸侯而不能富贵，这是张仪、苏秦以为耻辱的事。"又有人问："张仪、苏秦还是很有才的吧？他们不按照现成的做法行事，而多有创新。"回答是："古时明君在选拔人才时，总是拒绝奸佞之人。明君为什么不考虑这些人的才干呢？因为他虽然有才，却不是我们所认同的才干！"

【姚注】

①子贡：孔子的学生，复姓端木，名赐。春秋末期，齐简公兴兵伐鲁。论实力，鲁国远不如齐国，孔子为使其父母之邦不至于遭到灭亡，遂派子贡设法解救。子贡先来到齐国求见齐相田常，游说田常不要攻打弱小的鲁国，而去攻打强大的吴国。田常同意子贡的建议，但朝令夕改需要个理由。于是，子贡又去游说吴王夫差去进攻齐国。夫差也同意子贡的建议，只是担忧越王勾践会在背后偷袭报复，想先伐越而后伐齐。于是，子贡又去游说越王勾践，劝他眼下先对吴王夫差假意恭顺，敬献大量的金银珠宝，并表示愿意派兵追随吴王出征，以迎合吴王称霸的野心。子贡又对越王勾践说自己将来还会游说晋君伐吴，吴国连续与齐、晋交战，必定会元气大

伤，越国趁机攻吴，必能获胜雪耻。越王勾践大喜，完全按照子贡的策略行事。于是子贡又去游说晋君，让其做好应付强敌的准备，因为吴、齐交战，不管谁获胜，最后都会趁势伐晋。待子贡游说完一圈回到鲁国后，吴王夫差大败齐军，获胜后果然没有立刻返吴的打算，而是想乘胜攻晋，结果被以逸待劳的晋军击败。越王勾践听说吴王惨败的消息，遂立即出兵偷袭吴国，在距离吴国都城七里远的地方安营扎寨。吴王夫差闻讯赶紧从晋国前线回师救援，结果与越王勾践交战而连续失败，最终被越王勾践所杀。勾践因此成就霸业，而实力最弱的鲁国也因此在强敌环伺的险境中得以保存。司马迁在《史记·仲尼弟子列传》中赞道："子贡一出，存鲁，乱齐，破吴，强晋而霸越。子贡一使，使势相破，十年之中，五国各有变。"

【姚论】

扬雄是典型的双重标准：凡是他喜欢的人，做什么事情都是用意良善，即便是最后把事情搞砸了，也不应该批判；凡是他讨厌的人，做什么事情都是动机不良，即便是最后做了好事，也不值得推崇。若真能"安中国者各十馀年"，这便是极其伟大的功德，岂有张仪、苏秦安中国就是为了富贵，而子贡安中国就是为了道义的？孔子说："富而可求也，虽执鞭之士，吾亦为之；如不可求，从吾所好。"又说："不义而富且贵，于我如浮云。"可见即便是在儒家的圣贤眼中，追求富贵原本也不是什么丢人的事情，只要不违背道义即可。子贡不也是"结驷连骑，束帛之币以聘享诸侯，所至，国君无不分庭与之抗礼"的富贵之人吗？张仪、苏秦能够在"安中国者各十馀年"的基础上获得富贵，这又有什么可指摘的呢？且富贵与道义原本就不是必然矛盾，甚至有时还是相辅相成的。正如孟子所说"得志则与民由之，不得志则独行其道"，要想能带领广大百姓实施良政，岂非就必定要坐在富贵的权位上？历来有为之君，皆明白成大事者需要吸纳、团结、倚赖各方面的优秀人才，扬雄一句"才乎才，非吾徒之才也"就把张仪、苏秦这样的顶级人才拒之门外，又岂非亡国之论？

秦王使甘茂诛蜀相庄。

【白话】

秦武王派甘茂诛杀蜀国宰相陈庄。

【姚注】

前311年，蜀相陈庄杀死蜀侯通，激起蜀人反抗。当时正值秦惠王因病去世、秦武王准备即位之时，故秦亦无暇处理此事。本年，秦武王已全面执政，遂命甘茂赴蜀诛杀陈庄，理由可能有三：一是责其治蜀不力，乃至引发动乱和民变；二是责其胆大妄为，竟敢在未请示秦王命令的前提下就擅自做主杀死蜀侯；三是为平蜀人之怨，既为蜀人报仇雪恨，又显示秦王之英明公正。据《史记·秦本纪》所载"（武王元年）……诛蜀相壮。……伐义渠、丹、犁"可见，秦国在通过诛杀蜀相陈庄而平定蜀乱后，又出兵讨伐丹族和犁族，亦可证明前文"丹、犁臣蜀，相壮杀蜀侯来降"的断句方式是正确的。否则若按照"丹、犁臣，蜀相壮杀蜀侯来降"的断句，则丹族和犁族既已在去年臣服于秦，何至于本年又出兵征讨？

秦王、魏王会于临晋。

【白话】

秦武王与魏襄王在临晋（今陕西大荔东南）会盟。

赵武灵王纳吴广之女孟姚，有宠，是为惠后。生子何。

【白话】

赵武灵王娶吴广的女儿吴孟姚，对其非常宠幸，是为惠后。惠后生子，名赵何。

公元前309年 壬子
周赧王六年

秦初置丞相，以樗里疾为右丞相。

【白话】

秦国首次设置丞相，任命樗里疾为右丞相。

【姚注】

秦国原本实行二十等爵制，大良造就相当于别国的宰相。前328年，秦惠王以张仪为相，官名为"相邦"。前309年，秦设置左右丞相，以樗里疾为右丞相，甘茂为左丞相。

公元前308年 癸丑
周赧王七年

秦、魏会于应。

【白话】

秦国与魏国在应（今河南鲁山县东）城举行会盟。

秦王使甘茂约魏以伐韩，而令向寿辅行。甘茂令向寿还，谓王曰："魏听臣矣，然愿王勿伐！"王迎甘茂于息壤而问其故。对曰："宜阳大县，其实郡也。今王倍数险，行千里，攻之难。鲁人有与曾参同姓名者杀人，人告其母，其母织自若也。及三人告之，其母投杼下机，逾墙而走。臣之贤不若曾参，王之信臣又不如其母，疑臣者非特三人，臣恐大王之投杼也。魏文侯令乐羊将而攻中山，三年而拔之。反而论功，文侯示之谤书一箧①。乐羊再拜稽首曰：'此非臣之功，君之力也！'今臣，羁旅之臣也②，樗里子、公孙奭挟韩而议之，王必听之，是王欺魏王而臣受公仲侈之怨也③。"王曰："寡人弗听也，请与子盟！"乃盟于息壤。秋，甘茂、庶长封帅师伐宜阳。

【白话】

秦武王派甘茂出使魏国，约定共同进攻韩国，而令向寿作为他的副手。甘茂到达魏国后，命令向寿返回对秦武王说："魏国同意听从我的安排，不过我还是建议大王不要伐韩！"秦武王令甘茂回国具体说明，不待其返回都城咸阳，亲自到息壤（今地不详）迎接，问他不能伐韩的原因。甘茂回答道："宜阳是个很大的县，其实可以算作郡。现在大王要求军队翻越多重险阻，千里远征而发动进攻，这是相当困难的。当年鲁国有位与曾参同名同姓的人杀了人，有人告诉曾参的母亲，说是曾参杀人了。曾参的母亲仍旧织布不停，神情泰然自若。等到后来有三个人来告诉曾母，说曾参杀人了，则曾母扔下机杼，翻墙逃走了。我的贤能比不上曾参，而大王对我的信任也比不上曾母对儿子的信任，猜疑我的人更是远不止三个，我恐怕大王日后也会扔下机杼。当年魏文侯任命乐羊为将而攻打中山，用了三年时间才攻下来。班师回来论功行赏时，魏文侯向乐羊出示别人对他的毁谤书信，堆积起来有一箱。乐羊再三叩拜行礼道：'打下中山不是臣的功劳，这些都应当归功于您对臣的信任啊！'现在我甘茂，不过是个寄居在秦国的外人，樗里子和公孙奭将来必定会就韩国的事情来攻击我，大王也一定会听信他们的说辞。这样一来，不但是大王您欺骗了魏王，而我也会遭到公仲侈的怨恨。"秦武王道："我绝对不会听信他们的话，可以与你盟誓！"于是在息壤举行盟誓。当年秋，甘茂与庶长封率兵攻打宜阳。

【姚注】

①箧（qiè）：小箱子。藏物之具，大曰箱，小曰箧。

②羁旅之臣：甘茂原是楚国下蔡人，因张仪、樗里子的引荐而

受到秦惠王器重，故自称羁旅之臣。羁，寄居；旅，作客。

③王欺魏王：指秦武王若听信樗里子和公孙奭的谗言，致使联魏伐韩之战功败垂成，就是欺骗了魏王。樗里子和公孙奭是秦国公子，其母皆是韩国女子，公仲侈是韩国连横亲秦派的领袖，故甘茂伐韩，在内会遭到樗里子和公孙奭的攻击，在外会遭到公仲侈的怨恨。

胡服骑射

公元前307年 甲寅
周赧王八年

　　甘茂攻宜阳，五月而不拔。樗里子、公孙奭果争之。秦王召甘茂，欲罢兵。甘茂曰："息壤在彼。"王曰："有之。"因大悉起兵以佐甘茂，斩首六万，遂拔宜阳。韩公仲侈入谢于秦以请平。

【白话】

　　甘茂率军攻打宜阳，五个月后仍未能攻克。樗里子和公孙奭果然对此指指点点。秦武王派人去召甘茂，打算罢兵回国。甘茂道："息壤之盟还在那里。"秦武王道："确实有这回事。"于是大规模征调军队以支援甘茂，结果斩杀韩军六万。韩国的公仲侈入秦谢罪求和。

　　秦武王好以力戏，力士任鄙、乌获、孟说皆至大官。八月，王与孟说举鼎，绝脉而薨①；族孟说。武王无子，异母弟稷为质于燕，国人逆而立之，是为昭襄王。昭襄王母芈八子②，楚女也，实宣太后。

【白话】

秦武王喜欢与人做角力之游戏，大力士任鄙、乌获、孟说都因此当了大官。八月，秦武王与孟说举鼎，因血脉爆裂而死，孟说被灭族。秦武王没有儿子，其异母弟嬴稷在燕国作人质，国人于是将其迎回而立为国君，是为秦昭襄王。秦昭襄王的母亲芈八子，是楚国女子，即宣太后。

【姚注】

①前316年，张仪与司马错在秦惠王前辩论，司马错力主伐蜀，张仪则力主伐韩，理由是"下兵三川，攻新城、宜阳，以临二周之郊，据九鼎，按图籍，挟天子以令于天下，天下莫敢不听。此王业也"。秦惠王虽然宠信张仪，但这一次却没有采纳他的意见。前310年，张仪说秦武王，重提"伐韩，入三川，挟天子，案图籍。此王业也"。秦武王虽然不喜张仪，但这番话却是很对他的胃口。据《史记·樗里子甘茂列传》记载，前308年，秦武王谓甘茂曰："寡人欲容车通三川，以窥周室，而寡人死不朽矣。"遂有此甘茂伐韩攻宜阳之战。《史记·樗里子甘茂列传》又记"武王竟至周，而卒于周"，故可推测，导致秦武王举鼎而死的，必定就是周之九鼎。

另，《资治通鉴》记秦武王"绝脉而薨"，《史记·秦本纪》和《史记·赵世家》则记秦武王"绝膑而死"。绝膑，是因体力不济而导致膝盖骨折断；绝脉，则是因力气透支而导致血脉爆裂。《淮南子·原道训》上说"夫善游者溺，善骑者堕，各以其所好，反自为祸"，指的就是秦武王这种人啊！

②八子：秦汉时帝王侍妾的称号。《汉书·外戚传》记载："汉兴，因秦之称号，帝母称皇太后，祖母称太皇太后，嫡称皇后，妾皆称夫人。又有美人、良人、八子、七子、长使、少使之号焉。"

赵武灵王北略中山之地，至房子，遂至代，北至无穷，西至河，登黄华之上。与肥义谋胡服骑射以教百姓，曰："愚者所笑，贤者察焉。虽驱世以笑我，胡地、中山，吾必有之！"遂胡服。

【白话】

赵武灵王向北攻占中山国的领地，军队经过房子（今河北高邑西），之后抵达代（今河北蔚县）地，再向北抵达大漠之无穷（今河北张北），向西攻至黄河，登上黄华山（今河南林州市林虑山）。赵武灵王与肥义谋划用胡服骑射来教化百姓，道："愚者所嘲笑的，正是贤者所洞察的。即便全天下的人都嘲笑我，我也要这样做，必须得把胡人和中山国的领土都兼并过来。"于是改穿胡服。

国人皆不欲，公子成称疾不朝。王使人请之曰："家听于亲，国听于君。今寡人作教易服而公叔不服，吾恐天下议己也。制国有常，利民为本；从政有经，令行为上。明德先论于贱，而从政先信于贵，故愿慕公叔之义以成胡服之功也。"公子成再拜稽首曰："臣闻中国者，圣贤之所教也，礼乐之所用也，远方之所观赴也，蛮夷之所则效也。今王舍此而袭远方之服，变古之道，逆人之心，臣愿王孰图之也！"使者以报。王自往请之，曰："吾国东有齐、中山，北有燕、东胡，西有楼烦、秦、韩之边。今无骑射之备，则何以守之哉？先时中山负齐之强兵，侵暴吾地，系累吾民，引水围鄗；微社稷之神灵，则鄗几于不守也。先君丑之，故寡人变服骑射，欲以备四境之难，报中山之怨。而叔顺中国之俗，恶变服之名，以忘鄗事之丑，非寡人之所望也！"公子成听命，乃赐胡服；明日服而朝。于是始出胡服令，而招骑射焉。

【白话】

国内百姓都不愿意穿胡服，公子成称病不上朝。赵武灵王派人去请公子成道："家事听命于尊长，国事服从于君王。现在我要求百姓改变服装而叔父您不肯穿，我担心天下人会议论我这是在徇私。治理国家有一定之法，总以有利于人民为根本；处理政事有一定之规，总以能执行命令为优先。施恩德要先从下层开始，行政令则要先从上层开始，因此我希望能够仰仗叔父的高义，以完成改穿胡服的功业。"公子成拜了两拜说："我听说，中国是圣人教化的地方，是礼乐普及的地方，是远人前来观察的地方，是外族学习仿效的地方。如今，大王舍弃这些而改穿远方外族的服装，变更自古以来的传统，违背全体国人的心愿，我恳请大王能够慎重考虑。"派去的人回报赵武灵王。赵武灵王于是亲自登门解释，道："我国东面有齐、中山，北面有燕、东胡，西面有楼烦、秦、韩。现在没有骑射的武备，如何能够守住国防？先前中山依靠齐国的强兵，侵犯我们的领土，掠夺我们的人民，又引河水围鄗（今河北高邑东）城，若非社稷神灵庇佑，鄗城几乎就要失守了。先王以此事为奇耻大辱，所以我才下决心要改变服装，训练骑射，目的就是要能够防御四境的兵患，报复中山的仇怨。可是叔父您只一味依循中国之旧俗，排斥变服之名声，却早已忘记鄗城之事的耻辱，真是让我感到失望啊！"公子成服从命令，于是赵武灵王亲自赐给他胡服，他第二天便穿胡服上朝。于是，赵武灵王这才下达胡服令，而后教导人民练习骑射。

【姚论】

在韩、赵、魏三家分晋之时，赵国分得的土地主要是在晋国的北部区域，位置比较偏远，土地比较贫瘠，且多为戎狄故地，生产力水平低下。察其周边邻国，西面有秦，南面有韩、魏，东面有齐，东北面有燕，西面和西北面则是楼烦、匈奴等游牧部落，此外还有白狄建立的中山国从东面嵌入赵国的中部腹地，阻碍赵国的南北交通。起初，三晋联合对外用兵，由于赵国地处偏远，故攻下的城池基本都被纳入韩、魏版图，赵国获得的实际利益相当有限，这就导致三晋联盟出现裂痕。前423年，赵献侯将都城从晋阳迁至中牟（今河南鹤壁市山城区）；前386年，赵敬侯将都城从中牟迁至邯郸，目的皆在于绕开三晋联盟而独自进军中原略地。当时，赵国的目标是位于赵、魏、齐三国之间的卫国，然卫国本是魏国的附属国，遂导致了自前383年开始的赵伐卫、魏伐赵、楚伐魏的中原混战。战后，魏、赵、卫均遭重创，反倒是25年前被魏国所灭的中山得以复国。此后近50年的时间里，赵国一直试图攻占卫国和中山，但皆因魏、齐两大强国的干预而进展甚微，甚至屡遭重挫。前333年，赵肃侯因国弱民穷，深感无力南征中原，遂沿着漳水和滏水之滨修筑长城，此即赵之南长城，亦称漳滏长城。

赵国修建漳滏长城，目的就是为了防御魏、齐，战略上对南线采取守势。

前325年，赵武灵王即位。之后十余年间，赵国在与齐国和秦国的交战中连续遭到挫败，北面的胡人和东面的中山也屡屡趁机进犯，这促使赵武灵王重新思考赵国的战略发展方向。前307年，赵武灵王亲自巡视了赵国的边境线一圈，发现赵国的国防力量非常薄弱，自守尚且力有不逮，更遑论对外攻城略地。于是，赵武灵王全面推动战略转型。在外交上韬光养晦，当齐、楚、秦诸强在中原战场激烈争斗之际，赵国不再参与合纵连横的任何一方，始终保持中立态度。在确保南线无战事后，赵武灵王将赵国百年来的南向战略调整成北向，通过征讨北方的胡人来增强赵国的实力，"胡服骑射"就是在这种背景下提出来的。当时的中原军队以步兵为主，身着重盔甲，手持长兵器，非常不利于远程机动作战，在与擅长骑射的胡人交锋时处于明显劣势。因此，赵武灵王这才要求全民脱掉中原固有的宽袍大袖，改穿胡人的短装，束皮带，穿皮靴，以方便骑马射箭，为的就是能够训练出强大的骑兵军团，师胡人之长技以制胡。

后人论及赵武灵王之胡服骑射，常称其为军事改革。其实，无论是军事改革、经济改革还是文化教育改革，只要改革的程度足够深，又哪有不涉及政治改革的？胡服骑射的理念刚提出时，获得肥义、楼缓等亲信的支持，却遭到公子成、赵文、赵造、赵燕等贵族的强烈反对。据《战国策·赵策二》记载，公子成说赵武灵王"袭远方之服"是在"变古之教，易古之道，逆人之心，畔学者，离中国"；赵文亦强调"当世辅俗，古之道也；衣服有常，礼之制也；修法无愆，民之职也"；赵造则称"今王易初不循俗，胡服不顾世，非所以教民而成礼也。且服奇者志淫，俗辟者乱民。……且循法无过，修礼无邪"。对于这些来自宗室贵族的反对言论，赵武灵王都需要一一辩驳说服。赵燕没有及时改穿胡服，赵武灵王以"寡人胡服，子独弗服，逆主罪莫大焉。以从政为累，以逆主为高，行私莫大焉。故寡人恐亲犯刑戮之罪，以明有司之法"相威胁，这才迫使朝中贵族皆身穿胡服，进而推广到全国。至于骑射的部分，同样遭到了军中将领的反对。当赵武灵王攻下原阳（今内蒙古呼和浩特东南），将其改为"骑邑"，用以训练骑兵时，赵将牛赞又提出反对意见，认为"国有固籍，兵有常经。变籍则乱，失经则弱。今王破原阳以为骑邑，是变籍而弃经也。且习其兵者轻其敌，便其用者易其难。今民便其用而王变之，是损君而弱国也。故利不百者不变俗，功不什者不易器。今王破卒散兵以奉骑射，臣恐其攻获之利不如所失之费也"。赵武灵王则以"古今异利，远近易用，阴阳不同道，四时不一宜。故贤人观时而不观于时，制兵而不制于兵。子知官府之籍，不知器械之利；知兵甲之用，不知阴阳之宜。……今重甲循兵不可以逾险，仁义道德不可以来朝"相驳斥。因此，赵武灵王的胡服骑射，首先是要改革赵国百年来向南略地的总体战略，接着是要改革赵人千年以来的服装礼制，最后才是对现行军事制度的改革。赵武灵王推动胡服骑射的改革之难，远非后人以为之换件衣服、上马射箭这么简单，这同样是涉及军事、政治、经济、文化改革的方方面面。也正是因为改革阻力极大，故而其他国家根本无从效仿，使得赵国成为日后东方六国中唯一能在军事上与秦抗衡的强国。

公元前306年 乙卯
周赧王九年

秦昭王使向寿平宜阳，而使樗里子、甘茂伐魏。甘茂言于王，以武遂复归之韩[1]。向寿、公孙奭争之，不能得，由此怨谗甘茂。茂惧，辍伐魏蒲阪[2]，亡去。樗里子与魏讲而罢兵。甘茂奔齐。

【白话】

秦昭王命向寿前往宜阳划定疆界、安抚百姓，又命樗里子和甘茂讨伐魏国。甘茂向秦昭王建议，将武遂（今山西垣曲东南）归还给韩国。向寿、公孙奭坚决反对，但未能阻止，遂因此怨恨诬陷甘茂。甘茂恐惧，停止对魏国蒲阪（今山西永济西）的进攻而逃走了。樗里子只好与魏国讲和退兵。甘茂投奔齐国。

【姚注】

①武遂：武遂在黄河北岸，自武遂南下60公里，为韩之大县宜阳，自武遂北上110公里，为韩之旧都平阳，故武遂是贯通韩国南北的咽喉，战略地位非常重要。前307年，秦武王命甘茂攻占宜阳后，秦军随即北上攻占武遂，并筑城防守。此次甘茂向秦昭王建议主动归还武遂，目的是为了与韩国重修旧好，巩固去年攻占韩国宜阳的既得利益。

②蒲阪：《史记·樗里子甘茂列传》记载："秦使向寿平宜阳，而使樗里子、甘茂伐魏皮氏。"又记："茂惧，辍伐魏蒲阪，亡去。"皮氏在今山西河津西，与蒲阪俱在黄河东岸，居蒲阪以北80公里处。然何以前有"樗里子、甘茂伐魏皮氏"，后又有"茂惧，辍伐魏蒲阪"？集解之徐广以蒲阪是误记，当为皮氏。《资治通鉴》当是以皮氏为误记，故在转载时只记"樗里子、甘茂伐魏"，而不言"伐魏皮氏"。姚尧以为还有一种可能，即樗里子与甘茂兵分两路伐魏，樗里子攻北线之皮氏，甘茂攻南线之蒲阪。当南线的甘茂听说朝中有人构陷，遂停止进攻而逃走，北线的樗里子亦只好罢兵讲和。若是樗里子与甘茂共领一支军队，则甘茂排位在樗里子之后，恐怕不能随意下令停止进攻，也没有那么容易逃走。

【姚论】

甘茂虽然为秦国立下军功无数，却始终处于强烈的不安之中，一直担心朝中亲贵要陷害他。商鞅变法解决了激励机制的问题，却没有解决安全机制的问题，凭军功可以加官进爵、封地分田，可这些辛苦攒下的功名利禄，却是随时可能会轻而易举被全部拿走的。尤其是那些外来臣子，他们曾经为秦国耗尽一生的心血，立下无数的功勋，但到头来却没有几个能在秦国安享富贵。张仪在秦惠王去世后立刻去秦赴魏，这大概就是最好的结局了。其之前的商鞅，之后的李斯，更是遭到自身被车裂腰斩、家族满门被灭的惨境。如此想来，甘茂在军前逃跑，亦未尝不是明智之举。

赵王略中山地，至宁葭；西略胡地，至榆中①。林胡王献马②。归，使楼缓之秦，仇液之韩，王贲之楚，富丁之魏，赵爵之齐；代相赵固主胡，致其兵。

【白话】

赵武灵王攻占中山国的领地，兵锋直至宁葭（今河北石家庄市鹿泉区）；又向西进攻胡人，兵锋直至榆中（今内蒙古伊金霍洛旗，属鄂尔多斯市所辖）。林胡王献马求和。赵武灵王收兵回国后，派楼缓出使秦国，仇液出使韩国，王贲出使楚国，富丁出使魏国，赵爵出使齐国；命代相赵固主持胡人事务，招募胡人充实军队。

【姚注】

①榆中：地处鄂尔多斯高原东南部、毛乌素沙地东北边缘，是当时林胡人的主要活动区域。

②林胡：林中胡人的简称。林胡人的活动区域主要是在鄂尔多斯高原东部，那里森林非常多。赵武灵王兵至榆中，故林胡王献马求和。

楚王与齐、韩合从。

【白话】

楚怀王与齐国、韩国订立合纵同盟。

公元前305年 丙辰
周赧王十年

彗星见。

【白话】

天上出现彗星。

赵王伐中山，取丹丘、爽阳、鸿之塞，又取鄗、石邑、封龙、东垣。中山献四邑以和。

【白话】

赵武灵王讨伐中山，夺取丹丘（今河北曲阳西北）、爽阳（亦作华阳、恒山、常山，今河北涞源西南）、鸿之塞（爽阳之北），又攻占鄗城、石邑（今河北石家庄）、封龙（今河北石家庄西南）、东垣（今河北石家庄东北）。中山国同意献出此四城以求和。

秦宣太后异父弟曰穰侯魏冉，同父弟曰华阳君芈戎；王之同母弟曰高陵君、泾阳君。魏冉最贤，自惠王、武王时，任职用事。武王薨，诸弟争立，唯魏冉力能立昭王。昭王即位，以魏冉为将军，卫咸阳。是岁，庶长壮及大臣、诸公子谋作乱，魏冉诛之；及惠文后皆不得良死，悼武王后出居于魏，王兄弟不善者，魏冉皆灭之。王少，宣太后自治事，任魏冉为政，威震秦国。

【白话】

秦国宣太后有异父弟名魏冉，封穰侯；有同父弟名芈戎，封华阳君；秦昭王有同母弟名嬴显，封高陵君；又有一同母弟名嬴悝，封泾阳君。其中，以魏冉最为贤能，自秦惠王、秦武王时起，就担任要职。秦武王死后，各兄弟争夺王位，唯有魏冉力保秦昭王即位。秦昭王即位后，命魏冉为将军，守卫咸阳。这一年，庶长嬴壮勾结大臣和诸公子阴谋作乱，遭到魏冉诛杀，惠文后亦是非正常死亡。秦武王的妻子悼武王后被要求离开秦国而居住于魏，那些与秦昭王不合的兄弟，也全部被魏冉处死。因秦昭王年纪尚幼，宣太后便亲自治理国事，任用魏冉执政，其威势震慑秦国。

【姚论】

秦武王因举鼎而猝死，时年23岁，尚未有子，故导致秦国王室爆发夺位之乱。当时，秦惠王之正妻、秦武王之母惠文后与秦武王之妻悼武王后，主张立公子嬴壮为君，即《史记·穰侯列传》所记之"季君"。秦惠王之八子，即后来的宣太后，主张立公子嬴稷为君，即后来的秦昭王。结果是魏冉发动政变，将惠文后、嬴壮及支持嬴壮的诸公子全部诛杀。《史记·秦本纪》称嬴壮为庶长壮，嬴壮能当到庶长，显然在军中已有极高的权势及声望，故能得诸公子支持，所谓"王兄弟不善者，魏冉皆灭之"，大抵就是这些支持嬴壮的诸公子。《史记·秦本纪》记"庶长壮与大臣、诸侯、公子为逆，皆诛，及惠文后皆不得良死"，而《史记·穰侯列传》却记"武王母号曰惠文后，先武王死"，《资治通鉴》采纳《史记·秦本纪》的说法，这是正确的。《史记·穰侯列传》记惠文后先武王死，是史家讳言，掩饰秦昭王（因魏冉）弑君弑母的事实。

武王猝死而昭王即位，对秦国乃至天下格局影响至深。当武王之时，朝中势力最大的派系是韩系外戚，樗里子和公孙奭之母皆是韩国女子。秦武王之母惠文后是魏国女子，惠文后为秦武王选的王后，即悼武王后，亦是魏国女子，若秦武王能执政二三十年，则秦国极可能是由魏系外戚掌管朝政。然此次政变之后，韩系外戚势力衰微，魏系外戚遭到血洗，秦国朝政从此落入以宣太后为代表的楚系外戚手中，这种局面一直延续到秦始皇灭楚前逐昌平君才算结束。

公元前304年 丁巳
周赧王十一年

秦王、楚王盟于黄棘；秦复与楚上庸。

【白话】

秦昭王与楚怀王在黄棘（今河南南阳南）会盟，秦国将上庸（今湖北竹山）归还给楚国。

【姚注】

宣太后执掌秦国朝政后，又于前305年为秦昭王迎娶楚国女子为后，遂使秦国与楚国的关系迅速升温，与韩、魏的关系则随之降温。

公元前303年 戊午
周赧王十二年

彗星见。

【白话】

天上出现彗星。

秦取魏蒲阪、晋阳、封陵①；又取韩武遂②。

【白话】

秦国攻取魏国的蒲阪、晋阳（今山西芮城西）、封陵（今山西芮城西南）；又攻取韩国的武遂。

【姚注】

①晋阳：《史记》记作"阳晋"，因其在黄河之阳，又属晋地，故称"阳晋"。另，卫国亦有一阳晋，在今山东郓城西，与此并非一处。蒲阪、阳晋、封陵皆属河西通往河东之重要渡口，为兵

家必争之要地。

②又取韩武遂：前306年，甘茂曾建议秦昭王将武遂还给韩国。此时甘茂已走，宣太后又主导秦、楚结盟而与韩、魏交恶，故重新夺回武遂。

齐、韩、魏以楚负其从亲，合兵伐楚。楚王使太子横为质于秦以请救。秦客卿通将兵救楚，三国引兵去。

【白话】

齐国、韩国、魏国以楚国背叛合纵联盟为由，共同出兵讨伐楚国。楚怀王派太子芈横前往秦国作人质，请秦国出兵相救。秦国派名叫通（姓不详）的客卿率兵救楚，三国撤兵退走。

【姚论】

秦惠王时期，天下格局是秦国与韩、魏连横以对抗齐、楚。秦武王即位后以甘茂攻韩之宜阳，昭王即位后又由宣太后主导与楚联姻而攻韩、魏，遂使齐、韩、魏结盟以对抗秦、楚。此次三国联军伐楚，统帅即是齐国的孟尝君。

公元前302年 己未
周赧王十三年

秦王、魏王、韩太子婴会于临晋，韩太子至咸阳而归；秦复与魏蒲阪。

【白话】

秦昭王、魏襄王和韩国太子韩婴在临晋会面，韩太子又到秦都咸阳后再返回韩国。秦国再次将蒲阪归还给魏国。

秦大夫有私与楚太子斗者，太子杀之，亡归。

【白话】

秦国有个大夫因私事与在秦国当人质的楚国太子芈横争斗，楚太子杀死秦大夫后，逃回楚国。

【姚论】

敢与楚太子争斗的秦大夫，想必是朝中重臣或宠臣。三年后，即前299年，秦昭王在写给楚怀王的信中也提到，秦、楚本是兄弟之邦，后来秦国之所以出兵入侵楚国，就是因楚太子杀死秦国重臣之后连个道歉都没有就逃走了。由此推知，之前由宣太后主导的秦楚同盟因楚太子杀秦大夫之事而破裂。秦昭王欲入侵楚国，故与韩、魏改善关系，遂有此临晋之会。芈横身为质子，杀死秦国大夫后，不作任何解释就逃回楚国，这已是极大的不该。更糟糕的是，楚怀王事后竟亦不对秦国作出任何道歉、赔偿。身为虎狼之国，强秦何曾忍受过如此窝囊气？其恼怒报复本就是意料中事，而楚国君臣竟然都不事先考虑好应对之策。以秦之强，在与楚关系破裂后尚且立即与韩、魏领袖会面，楚国却既不考虑如何改善与秦之关系，又不考虑与韩、魏、齐结盟，日后之惨败遂无可避免。

公元前301年 庚申
周赧王十四年

日有食之，既。

【白话】

出现日全食。

秦人取韩穰。

【白话】

秦国攻占韩国的穰（今河南邓州）城。

蜀守煇叛秦[①]**，秦司马错往诛之。**

【白话】

蜀守煇叛秦，秦国派司马错前去将他处死。

【姚注】

①蜀守煇：《史记·秦本纪》记作"蜀侯辉"。前314年，秦惠王立蜀公子通为蜀侯。前311年，蜀相陈庄杀死蜀侯通。前310年，秦武王派甘茂诛陈庄。前308年，秦武王立蜀公子煇为蜀侯。前301年，蜀侯煇再次叛乱，秦昭王派司马错前往诛杀。前300年，秦昭王立蜀侯煇之子绾为蜀侯。前285年，秦昭王疑蜀侯绾反叛，将其诛杀，遂废蜀之封国，改设为蜀郡，以张若为蜀守。

秦庶长奂会韩、魏、齐兵伐楚，败其师于重丘，杀其将唐昧；遂取重丘。

【白话】

秦国名叫奂（姓不详）的庶长联合韩、魏、齐三国出兵攻打楚国，在重丘（今河南泌阳东北）击败楚军，杀死楚将唐昧，于是夺取重丘。

【姚注】

《史记·秦本纪》记作："（秦昭王）六年，庶长奂伐楚，斩首二万。"《史记·楚世家》记作："（楚怀王）二十八年，秦乃与齐、韩、魏共攻楚，杀楚将唐昧，取我重丘而去。"据此，《资治通鉴》记为："秦庶长奂会韩、魏、齐兵伐楚，败其师于重丘，杀其将唐昧；遂取重丘。"事实上，当时并非四国联兵伐楚，否则秦又何至于在本年伐韩而取穰城？

前303年，齐、韩、魏三国以楚国背叛合纵联盟为由联兵伐楚，然因楚太子芈横入质于秦而得秦军相救，遂使三国联军被迫撤兵。前302年，芈横杀死秦大夫后逃回楚国，导致秦、楚关系破裂。之后秦昭王又与魏襄王、韩太子婴会于临晋，遂使齐、韩、魏再起联兵伐楚之心。为确保秦国不会出兵援楚，有策士建议孟尝君道："可派使者告诉楚国，说：'现在三国决定放弃攻打楚国，转而攻打秦国。如果楚国也能出兵响应，就能够夺回当初被秦国攻占的土地了。'楚国正担心秦国不会出兵援己，现在三国愿意撤兵，则楚国必定会乐于追随。这样一来，就等于是楚国与三国共同谋划伐秦，秦国得知此事后，就必定不会再来救楚了。此时三国急速猛攻楚国，则楚国必定会向秦国求救，而秦国见楚国反复无常，愈加不敢出兵援助，这样我们就达到离间秦、楚的目的，再出兵攻楚就必定能够获得成功。"孟尝君依计而行，楚国果然先是积极响应三国伐秦，而三国伐楚时，秦国亦果然不来相救。于是，三国在垂沙（今河南唐河西南）大败楚军，斩杀楚将唐昧。

黄棘、穰城、垂沙、重丘，此四城比邻而居，属于楚国之宛郡所辖（后并入秦所设之南阳郡）。前304年，秦昭王与楚怀王在黄棘会盟，可见此时的黄棘，乃至周边各县仍为楚国所有。然至前301年，《史记·韩世家》记"（韩襄王）十一年，秦伐我，取穰"，显示此时穰城已为韩国所占。由此推知，韩占领穰城必定与前303年和前301年的两次三国伐楚有关，且极有可能是因前301年的垂沙之战大败楚军所致。秦国此前坐观三国伐楚，待两败俱伤后，再命庶长奂领兵东征，先是伐韩攻占穰城，接着继续东征，在重丘击败楚军，斩首二万，占领重丘。

赵王伐中山，中山君奔齐。

【白话】

赵武灵王讨伐中山国，中山国君逃奔齐国。

【姚注】

本年，齐宣王田辟疆去世，其子田地即位，是为齐湣王，《资治通鉴》误记在前314年。此前《资治通鉴》因《史记》等书之误，在记载齐国君王的更替年代时一直有错，自本年始回归正确。

【姚论】

《战国策·魏策四》记："中山恃齐、魏以轻赵，齐、魏伐楚而赵亡中山。"《战国策·赵策一》记："昔者楚人久伐而中山亡。"《战国策·燕策二》记："秦久伐韩，故中山亡。"盖中山本千乘之国，凭自身实力原不足与万乘之国抗衡，此前得以复国存活，所倚仗者就是在被某一万乘之国入侵时能获得其他万乘之国的支持。当赵武灵王决意胡服骑射时，就已经将战略目标由向南经略中原，改为兼并东边的中山和北边的胡人，在外交上与其余六国皆保持友好。因此，当秦、楚、齐、韩、魏五国在宛郡混战之际，赵武灵王出兵讨伐中山，其余五国既无心也无力出兵干预，遂导致中山为赵所灭。

公元前300年 辛酉
周赧王十五年

秦泾阳君为质于齐。

【白话】

秦国送泾阳君嬴市到齐国去当人质。

秦华阳君伐楚，大破楚师，斩首三万，杀其将景缺，取楚襄城。楚王恐，使太子为质于齐以请平。

【白话】

秦国派华阳君芈戎讨伐楚国，大破楚军，斩首三万人，杀死楚将景缺，攻取楚国的襄城（今河南襄城县）。楚怀王恐惧，派太子芈横入质于齐，请求和解。

秦樗里疾卒，以赵人楼缓为丞相。

【白话】

秦国樗里疾去世，任命赵国人楼缓为丞相。

【姚注】

此处记载有误。《史记·六国年表》记："秦昭王七年（即前300年），樗里疾卒。击楚，斩首三万。魏冉为相。"《史记·秦本纪》记："（秦昭王）九年，孟尝君薛文来相秦。……十年，……薛文以金受免。楼缓为丞相。……十二年，楼缓免，穰侯魏冉为相。"据此可知，当前300年樗里子去世时，接任秦相的是魏冉。前298年，孟尝君接替魏冉任秦相。前297年，楼缓接替孟尝君任秦相。前295年，魏冉接替楼缓任秦相。

赵武灵王爱少子何，欲及其生而立之。

【白话】

赵武灵王宠爱幼子赵何，打算自己在世时就立他为国君。

怀王囚秦

公元前299年 壬戌
周赧王十六年

五月戊申，大朝东宫，传国于何。王庙见礼毕，出临朝，大夫悉为臣。肥义为相国，并傅王。武灵王自号"主父"①。主父欲使子治国，身胡服，将士大夫西北略胡地。将自云中、九原南袭咸阳，于是诈自为使者，入秦，欲以观秦地形及秦王之为人。秦王不知，已而怪其状甚伟，非人臣之度，使人逐之；主父行已脱关矣，审问之，乃主父也。秦人大惊。

【白话】

五月戊申日，赵武灵王在东宫举行盛大仪式，把国君之位传给赵何。在祖庙祭祀行礼之后，赵何出来临朝听政，大夫们皆成为其臣属。肥义担任相国，并兼任赵何的师傅。赵武灵王自称"主父"。赵主父本意是让儿子治理国家，自己则穿着胡人的衣服，率领士大夫们出兵西北以攻占胡人的领地。他还计划从云中和九原向南袭击咸阳，于是伪装成使者前往秦国，想要借此来侦察秦国的地形和秦昭王的为人。秦王初时未曾察觉，事后觉得使者相貌伟岸，言谈气度不像是为人臣属者所能拥有，遂派人前去追赶，而主父一行此时已经逃出边关。经过审查盘问，才知道使者就是赵主父。秦人大为震惊。

【姚注】

①主父：国主之父，即后世之太上皇。赵武灵王让位于子，目的是从琐碎政事中抽身出来，以便能够专心于军事。

齐王、魏王会于韩。

【白话】

齐湣王与魏襄王在韩国会盟。

秦人伐楚，取八城。秦王遗楚王书曰："始寡人与王约为兄弟，盟于黄棘，太子入质，至欢也。太子陵杀寡人之重臣，不谢而亡去。寡人诚不胜怒，使兵侵君王之边。今闻君王乃令太子质于齐以求平。寡人与楚接境，婚姻相亲；而今秦、楚不欢，则无以令诸侯。寡人愿与君王会武关，面相约，结盟而去，寡人之愿也！"

【白话】

秦军攻打楚国，夺取八座城市。秦昭王致信给楚怀王道："当初寡人与大王约定两国为兄弟之邦，在黄棘盟誓，而楚国派太子入秦为质，双方关系非常融洽。不料，楚太子辱杀寡人的重臣，事后也不道歉就逃走。寡人对此极其愤怒，这才派兵入侵大王的边境。现在听说大王又命令太子入质于齐，以期能够得到和平。秦国与楚国彼此接壤，互通婚姻，如果秦、楚关系恶化，就无法号令其他国家。寡人希望能与大王在武关会面，当面商议，订立盟约，这是寡人的心愿啊！"

楚王患之，欲往恐见欺，欲不往恐秦益怒。昭雎曰："毋行而发兵自守耳！秦，虎狼也，有并诸侯之心，不可信也！"怀王之子兰劝王行，王乃入秦。秦王令一将军诈为王，伏兵武关，楚王至则闭关劫之，与俱西，至咸阳，朝章台，如藩臣礼，要以割巫、黔中郡。楚王欲盟，秦王欲先得地。楚王怒曰："秦诈我，而又强要我以地！"因不复许。秦人留之。

【白话】

楚怀王对此十分为难，想去又担心有诈，想不去又担心秦国更加愤怒。昭睢道："不能去，应立即调兵固守。秦国是虎狼之国，有吞并诸侯的野心，不可信任！"楚怀王的儿子芈兰劝怀王应该去，于是怀王前往秦国。秦昭王派一位将军假扮为秦王，在武关设下伏兵，待楚怀王一到便封闭武关，将怀王向西劫持到咸阳。又要求楚怀王在章台宫朝拜秦昭王，行藩臣朝见之礼，同时割让楚国的巫郡和黔中郡。楚怀王想先缔结盟约，秦昭王则要求先割让土地。楚怀王怒道："秦国欺骗了我，又强迫我割让土地！"因此不再答应。秦王便将楚怀王扣留在秦。

【姚论】

作为幅员六千里的超级大国，楚国的国境线十分漫长，从西向东依次与秦、韩、魏、齐四国接壤。前318年，楚国的综合国力达到历史最高峰，外交上更是担任五国伐秦的从约长。之后或者联齐以抗衡秦、韩、魏，或者联秦以抗衡齐、韩、魏。然至前301年，秦、韩、魏、齐四国皆出兵攻楚，致使楚军接连损兵折将，战败弃城。更糟糕的是，由于近20年来楚怀王在外交上的反复无常、背信弃义，致使秦国连年伐楚时，楚国已然找不到可以相助的盟友，这即是楚怀王明知可能有诈，却不得不冒险赴秦的时代背景。当被秦昭王要求行藩臣朝拜之礼时，楚怀王原已做好忍辱包羞的准备，其最终宁死不肯接受者，是秦昭王欲其割让巫郡和黔中郡。盖巫郡在郢都之正西，黔中在郢都西南，当时郢都西北的汉中郡已为秦所占，若再失此二郡，则楚郢都被灭只是旦夕间事。秦昭王欺骗、劫持、讹诈、扣留楚怀王，其所作所为无疑是背信弃义，然秦昭王之所以敢公然背信弃义，又何尝不是因为吃定了楚怀王失道寡助？

若楚国内有坚毅之重臣，外有亲近之盟邦，则秦纵具虎狼之心，又焉敢冒此天下之大不韪？《尚书·太甲》上说"天作孽，犹可违；自作孽，不可逭"指的就是楚怀王这种人啊！

楚大臣患之，乃相与谋曰："吾王在秦不得还，要以割地，而太子为质于齐；齐、秦合谋，则楚无国矣。"欲立王子之在国者。昭睢曰："王与太子俱困于诸侯，今又倍王命而立其庶子，不宜！"乃诈赴于齐。齐湣王召群臣谋之，或曰："不若留太子以求楚之淮北。"齐相曰："不可！郢中立王，是吾抱空质而行不义于天下也。"其人曰："不然，郢中立王，因与其新王市曰：'予我下东国，吾为王杀太子。不然，将与三国共立之。'"齐王卒用其相计而归楚太子。楚人立之。

【白话】

楚国大臣对此十分担忧，互相商议道："我们的大王被扣留在秦不得回国，被秦人威胁割让土地，而我们的太子又在齐国当人质。倘若此时齐、秦合谋伐楚，则楚国就要亡国了。"于是，打算立一位在国内的王子继位为楚王。昭睢道："大王和太子都被困在外国，现在又违背大王的意志而改立其他庶子，太不恰当了。"于是谎称楚怀王已经去世，前往齐国去要求迎回太子。齐湣王召集群臣商议，有人建议道："不如扣留太子以要求楚国割让淮北之地。"齐相道："不行！倘若楚国另立一人为王，我们就空有人质而落得个被天下人指责不义的名声。"那人又道："不要紧。如果楚国另立一人为王，我们就可以与新立楚王做交易：'给我下东国（即淮北之地），我就替新楚王杀死太子，不然的话，我们就联合三个国家共立太子为楚王。'"齐王最终还是听从了宰相的建议，送还了楚国太子。楚人立太子芈横为楚王，是为顷襄王。

【姚论】

当楚怀王被扣留的消息传到楚国后，满朝文武所讨论的，要么是立在国之王子为新楚王，要么是迎在齐之太子为新楚王，竟无一人想到要设法救回楚怀王。《孝经》上说："昔者天子有争臣七人，虽无道，不失其天下；诸侯有争臣五人，虽无道，不失其国；大夫有争臣三人，虽无道，不失其家；士有争友，则身不离于令名；父有争子，则身不陷于不义。"楚怀王于前328年即王位，至此时正好30年。三十年来家国，似屈原等正直刚毅之争臣或者被贬官，或者被流放，终至于国无忠臣，家无孝子，身死异乡而无人理会，这又能怪谁呢？

秦王闻孟尝君之贤，使泾阳君为质于齐以请。孟尝君来入秦，秦王以为丞相。

【白话】

秦昭王听说孟尝君的贤名，派泾阳君到齐国为人质，以请求让孟尝君赴秦。孟尝君至秦后，秦昭王任命他为丞相。

公元前298年 癸亥
周赧王十七年

或谓秦王曰："孟尝君相秦，必先齐而后秦；秦其危哉！"秦王乃以楼缓为相，囚孟尝君，欲杀之。孟尝君使人求解于秦王幸姬，姬曰："愿得君狐白裘①。"孟尝君有狐白裘，已献之秦王，无以应姬求。客有善为狗盗者，入秦藏中，盗狐白裘以献姬。姬乃为之言于王而遣之。王后悔，使追之。孟尝君至关，关法，鸡鸣而出客，时尚蚤，追者将至，客有善为鸡鸣者，野鸡闻之皆鸣。孟尝君乃得脱归。

【白话】

有人建议秦昭王道："孟尝君担任秦国丞相，一定会先考虑齐国而后再考虑秦国，这样对秦国是相当危险的！"秦昭王于是任命楼缓为丞相，囚禁孟尝君，准备杀掉他。孟尝君派人向秦昭王宠爱的姬妾求情，宠姬道："我希望能得到您的狐白裘。"孟尝君确实有件狐白裘，但已经献给了秦昭王，无法再满足姬妾的要求。幸好门客中有人善于狗盗，潜入秦国仓库，将狐白裘偷出来献给宠姬。宠姬遂为孟尝君在秦昭王面前说好话，让秦昭王释放了孟尝君。之后秦昭王又感到后悔，派人前去追赶孟尝君。孟尝君逃到边关时，关门尚未打开。按照守关制度，须等到鸡打鸣才能放客人出关。当时天色尚早，追兵即将赶到，幸好门客中又有人善于鸡鸣，田野的鸡听到门客模仿的鸡鸣声后，也都跟着一齐鸣叫起来。于是孟尝君得以脱身归齐。

【姚注】

①狐白裘：集狐之腋下白毛皮制成的皮衣。狐狸以腋下皮毛最轻暖，且颜色纯白，然一只狐狸的腋下白毛皮极少，需要集许多只狐狸的腋下白毛皮方能制成一件皮裘，所以狐白裘非常珍贵难得。此亦成语"集腋成裘"之由来。

【姚论】

楼缓是赵武灵王之心腹重臣，曾鼎力支持赵武灵王推广胡服骑射。若说秦昭王罢孟尝君之相位是因为担心孟尝君会先齐而后秦，难道任命楼缓为相就不用担心他先赵而后秦吗？更何况，秦昭王如果不放心孟尝君，将他罢黜也就是了，又何必非要囚禁他，甚至还想要杀死他？其实，秦昭王最初用孟尝君为相，本是为了促成与齐结盟。后因赵武灵王运作赵、秦、宋同盟以对抗齐、韩、魏同盟，秦昭王同意与赵结盟后，这才用赵之楼缓来替代齐之孟尝为相。

《史记·孟尝君列传》在记载孟尝君凭借鸡鸣狗盗之力逃脱后继续写道："始孟尝君列此二人于宾客，宾客尽羞之，及孟尝君有秦难，卒此二人拔之。自是之后，客皆服。"王安石在读到此段时，写了一篇短论文《读〈孟尝君传〉》，摘录如下：

世皆称孟尝君能得士，士以故归之，而卒赖其力以脱于虎豹之秦。嗟乎！孟尝君特鸡鸣狗盗之雄耳，岂足以言得士？不然，擅齐之强，得一士焉，宜可以南面而制秦，尚何取鸡鸣狗盗之力哉？鸡鸣狗盗之出其门，此士之所以不至也。

翻译成白话的意思是：

世人都称赞孟尝君善于得到人才，人才也因此都乐于投奔到他的门下，而孟尝君最终也是依靠他们的力量，方能从像虎豹一样的秦国逃脱。哎呀！孟尝君只不过是鸡鸣狗盗之徒的首领罢了，哪里谈得上得到人才呢？否则的话，以齐国当时的强大，只要得到一位真正的人才，就足以南面称王而制服秦国，哪里还需要依靠鸡鸣狗盗之徒的能力呢？正因为鸡鸣狗盗之徒得以出入孟尝君的门下，所以真正的人才都不会去投奔他。

姚尧以为，王安石此论极其深刻精彩，其所谓"擅齐之强，得一士焉，宜可以南面而制秦"亦绝非虚言。当年，楚悼王得一吴起，秦孝公得一商鞅，即可称霸天下。孟尝君专擅齐国之大权，门下招揽数千食客，竟沦落到自秦国仓皇逃亡之境地，又哪里好意思说"得士"呢？《史记·孟尝君列传》上说，孟尝君对于前来投奔的门客一概不予拒绝，都给予很好的待遇。又说，孟尝君门下的数千食客，无论出身贵贱，生活待遇一律与孟尝君本人平等。殊不知，举凡有大才者，必定自视甚高。孟尝君以所有食客一律平等为公平，而真正的人才却以自己的待遇与庸碌之辈平等为耻辱。你能想象吴起、商鞅之类的旷世奇才与鸡鸣狗盗之流坐而论道的场景吗？也许正如王安石所说，"孟尝君特鸡鸣狗盗之雄耳"，正是因为孟尝君本人档次太低，所以看什么人都觉得是人才吧！再者，虽说鸡鸣狗盗之徒也算有一技之长，孟尝君平常将其留在国内玩耍也就算了，此次赴秦为相，带这种人去干吗？难道赴秦之前，就已经准备好为将来逃命时派上用场？秦昭王千里迢迢请孟尝君赴秦为相，既是因为仰慕其远播之贤名，亦是因为赞赏其破楚之才能。然见面相处之后，方知孟尝君金玉其外，败絮其中，盛名之下，其实难副，这种印象之转变，当与孟尝君以鸡鸣狗盗为座上宾不无关系。于是，秦昭王这才动了以楼缓取代孟尝君为相，与赵结盟取代与齐结盟的心思。即便不与吴起、商鞅的旷世奇才相比，只要孟尝君门下有一人类似于平原君门下之毛遂，亦必能使楼缓之谋难以得逞，则孟尝君又何至于沦落到被秦昭王囚禁，之后仓皇逃亡的悲惨境地呢？古来为领导者，无不知招揽人才的重要，奈何其自身素质太差，不能鉴别人才的优劣等级，只好凭借自身雄厚财力，广泛地施以重金厚赏，遂导致其所招揽到的尽是鸡鸣狗盗之徒，而真正的人才却无一愿为之服务。

楚人告于秦曰："赖社稷神灵，国有王矣！"秦王怒，发兵出武关击楚，斩首五万，取十六城。

【白话】

楚国派人通知秦国，说："仰赖社稷神灵护佑，我们楚国已经有君王了。"秦昭王恼怒，发兵出武关进攻楚国，斩首五万人，夺取十六座城池。

赵王封其弟为平原君。平原君好士，食客尝数千人。有公孙龙者①，善为坚白同异之辩②，平原君客之。孔穿自鲁适赵③，与公孙龙论臧三耳④，龙甚辩析。子高弗应，俄而辞出，明日复见平原君。平原君曰："畴昔公孙之言信辩也，先生以为何如？"对曰："然。几能令臧三耳矣。虽然，实难！仆愿得又问于君：今谓三耳甚难而实非也，谓两耳甚易而实是也，不知君将从易而是者乎，其亦从难而非者乎？"平原君无以应。明日，谓公孙龙曰："公无复与孔子高辩事也！其人理胜于辞；公辞胜于理，终必受诎。"

【白话】

赵惠文王封其弟赵胜为平原君。平原君喜好养士，门下经常有数千食客。其中有一位名叫公孙龙，善于作"坚白同异"之类的辩论，平原君奉其为座上宾。孔穿从鲁国来到赵国，与公孙龙辩论"奴婢有三只耳朵"。公孙龙的辩论十分精妙，说得孔穿无言以对，一会儿就告辞了。第二天，孔穿再次见到平原君，平原君问道："昨天公孙龙的说辞非常雄辩，先生以为如何？"孔穿答道："是的。他说得好像几乎真能让奴婢长出三只耳朵来，可虽然如此，实际上却是不可能的。我想请教您的是：现在论证奴婢有三只耳朵非常困难，而且本身也不符合事实；论证有两只耳朵非常容易，而且也符合事实，请问您是愿意选择容易而真实的，还是愿意选择困难而虚假的呢？"平原君无言以对。次日，平原君对公孙龙道："您以后不要再与孔穿辩论了，他是义理胜过言辞，而您是言辞胜过义理，最终肯定还是您要吃亏。"

【姚注】

①公孙龙：先秦名家的代表人物。

②坚白同异：名学的两个核心命题"离坚白"与"合同异"。

③孔穿：字子高，孔子之后。

④臧三耳：臧，奴隶。扬雄《方言》中说："臧、甬、侮、获，奴婢贱称也。荆淮海岱杂齐之间骂奴曰臧，骂婢曰获。"关于"臧三耳"的论证，姚尧未曾在史籍中看到，但在《公孙龙子·通变论》中有所谓"鸡三足"，当是同一命题："谓鸡足一，数足二，二而一，故三。"在《通变论》的开头，作者先是论证了"二无一"，即由一个概念与另一个概念结合而成复合概念后，就已经不再存在原来的单一概念。如概念"左"和概念"右"结合成概念"左右"后，概念"左右"就已经完全独立于概念"左"和概念"右"了。著名的"白马非马"其实也是这个逻辑。"白"指称的是颜色，"马"指称的是形体，"白马"则是既指称颜色又指称形体的复合概念，故"白马非马"。因此，当人们在说鸡时，首先会有个笼统的"鸡足"的概念；再去计算鸡足的数量，就会先得到一个"鸡左足"的概念，再得到一个"鸡右足"的概念。又由于"鸡"的概念与"鸡左足"和"鸡右足"的概念是互相独立的，故"鸡有三足"。

【姚论】

按照儒家的文献记载，是孔穿赢得了辩论，可按照《公孙龙子·迹府》的记载，是孔穿被公孙龙辩得哑口无言。节选原文如下：

龙与孔穿会赵平原君家。穿曰："素闻先生高谊，愿为弟子久，但不取先生以白马为非马耳。请去此术，则穿请为弟子。"龙曰："先生之言悖。龙之所以为名者，乃以白马之论尔。今使龙去之，则无以教焉。且欲师之者，以智与学不如也。今使龙去之，此先教而后师之也。先教而后师之者，悖。且'白马非马'，乃仲尼之所取。龙闻楚王张繁弱之弓，载忘归之矢，以射蛟兕于云梦之囿，而丧其弓。左右请求之。王曰：'止。楚人遗弓，楚人得之，又何求乎？'仲尼闻之，曰：'楚王仁义而未遂也。亦曰"人亡弓，人得之"而已，何必楚？'若此，仲尼异'楚人'于所谓'人'。夫是仲尼异'楚人'于所谓'人'，而非龙异'白马'于所谓'马'，悖。先生修儒术，而非仲尼之所取，欲学而使龙去所教，则虽百龙，固不能当前矣。"孔穿无以应焉。

翻译成白话是这样的：

公孙龙与孔穿在赵国的平原君家会面。孔穿道："一向听说先生的道义高深，我早就想做先生的弟子了，只是不能苟同先生关于'白马非马'的说法。请先生放弃这种说法，则孔穿请求做您的弟子。"公孙龙道："先生这话错了。我公孙龙之所以能够为人所知，靠的正是白马之论。您现在让我放弃它，我还有什么可以教人的呢？更何况，想要拜人为师，就是因为觉得自己的学识和智慧不如人家。现在您让我放弃我的思想，这就是先教育我，然后来拜我为师。先教育一个人，然后又拜这个人为师，这是讲不通的。再者说'白马非马'，也是先生的祖上孔子曾经认可采用的。我听说，当年楚王拉着名叫'繁弱'的良弓，搭着名叫'忘归'的良箭，去云梦泽畔的园林猎取蛟兕等禽兽，结果不小心把自己的弓丢了。左右请求把弓找回来，楚王说：'不必了。我们楚人丢掉的弓，最后也是被楚人捡去，又何必再去找呢？'孔子听闻此事，道：'楚王虽然仁义，但还没有做到极致。他只要说"人丢了弓，人又捡走"就好，何必说是楚人呢？'可见孔子也是把'楚人'和'人'区别开来对待的。既然支持孔子关于'楚人不同于人'的说法，却又反对我关于'白马不同于马'的说法，这是讲不过去的。先生修习儒家的学术，而又反对孔子的主张，想要跟随我学习，而又要求我放弃我所能教您的东西，则只怕是才能胜过我公孙龙百倍的人，也无法满足您的要求啊！"孔穿无言以对。

邹衍过赵[①]，平原君使与公孙龙论白马非马之说。邹子曰："不可。夫辩者，别殊类使不相害，序异端使不相乱。抒意通指，明其所谓，使人与知焉，不务相迷也。故胜者不失其所守，不胜者得其所求。若是，故辩可为也。及至烦文以相假，饰辞以相惇，巧譬以相移，引人使不得及其意，如此害大道。夫缴纷争言而竞后息，不能无害君子，衍不为也。"座皆称善。公孙龙由是遂诎。

【白话】

邹衍路过赵国，平原君请他与公孙龙辩论"白马非马"之说。邹衍说："不行。所谓辩论的意义，在于区别不同的类型，使其彼此间不相侵害；排列不同的观点，使其彼此间不相混淆。抒发自己的意志，通达自己的态度，表明自己的观点，以便能让别人理解，而不是产生迷惑。因此，辩论中胜利的一方不会失去自己的立场，失败的一方也可以获得所追求的真理。倘若是这种情况，举行辩论是可以的。可如果说是以繁琐的语言来遮掩，以修饰的言辞相攻击，以灵巧的比喻来转移方向，诱导对方，使其不得辩论的主旨要领，这样的做法是有违正道的。那种出言咄咄逼人，非要逼得对方无言以对才肯罢休的争论，是有损于君子风度的，我邹衍不做这种事。"在座的闻言都一致称赞邹衍。公孙龙从此遭到冷落。

【姚注】

①邹衍：先秦阴阳家的代表人物。

战国七雄君王世系表

公元前	周	秦	楚	燕	韩	赵	魏	田齐	齐	晋
403	威烈王 23	简公 12	声王 5	简公 12	景侯 6	烈侯 6	文侯 43	和子 2	康公 2	烈公 13
402	24	13	6	13	7	7	44	3	3	14
401	安王1	14	悼王1	14	8	8	45	4	4	15
400	2	15	2	15	9	9	46	5	5	16
399	3	惠公1	3	16	烈侯1	10	47	6	6	17
398	4	2	4	17	2	11	48	7	7	18
397	5	3	5	18	3	12	49	8	8	19
396	6	4	6	19	4	13	50	9	9	20
395	7	5	7	20	5	14	武侯1	10	10	21
394	8	6	8	21	6	15	2	11	11	22
393	9	7	9	22	7	16	3	12	12	23
392	10	8	10	23	8	17	4	13	13	24
391	11	9	11	24	9	18	5	14	14	25
390	12	10	12	25	10	19	6	15	15	26
389	13	11	13	26	11	20	7	16	16	27
388	14	12	14	27	12	21	8	17	17	孝公1
387	15	13	15	28	13	22	9	18	18	2
386	16	出子1	16	29	文侯1	敬侯1	10	齐侯和1	19	3
385	17	2	17	30	2	2	11	2	20	4
384	18	献公1	18	31	3	3	12	齐侯剡1	21	5
383	19	2	19	32	4	4	13	2	22	6
382	20	3	20	33	5	5	14	3	23	7

续表

公元前	周	秦	楚	燕	韩	赵	魏	田齐	齐	晋
381	21	4	21	34	6	6	15	4	24	8
380	22	5	肃王1	35	7	7	16	5	25	9
379	23	6	2	36	8	8	17	6	26	10
378	24	7	3	37	9	9	18	7		11
377	25	8	4	38	10	10	19	8		靖公1
376	26	9	5	39	哀侯1	11	20	9		2
375	烈王1	10	6	40	2	12	21	10		
374	2	11	7	41	懿侯1	成侯1	22	桓公1		
373	3	12	8	42	2	2	23	2		
372	4	13	9	桓公1	3	3	24	3		
371	5	14	10	2	4	4	25	4		
370	6	15	11	3	5	5	26	5		
369	7	16	宣王1	4	6	6	惠王1	6		

公元前	周	秦	楚	燕	韩	赵	魏	田齐
368	显王1	17	2	5	7	7	2	7
367	2	18	3	6	8	8	3	8
366	3	19	4	7	9	9	4	9
365	4	20	5	8	10	10	5	10
364	5	21	6	9	11	11	6	11
363	6	22	7	10	12	12	7	12
362	7	23	8	11	昭侯1	13	8	13
361	8	孝公1	9	文公1	2	14	9	14
360	9	2	10	2	3	15	10	15
359	10	3	11	3	4	16	11	16
358	11	4	12	4	5	17	12	17
357	12	5	13	5	6	18	13	18
356	13	6	14	6	7	19	14	威王1
355	14	7	15	7	8	20	15	2
354	15	8	16	8	9	21	16	3
353	16	9	17	9	10	22	17	4
352	17	10	18	10	11	23	18	5
351	18	11	19	11	12	24	19	6
350	19	12	20	12	13	25	20	7
349	20	13	21	13	14	肃侯1	21	8
348	21	14	22	14	15	2	22	9
347	22	15	23	15	16	3	23	10
346	23	16	24	16	17	4	24	11
345	24	17	25	17	18	5	25	12
344	25	18	26	18	19	6	26	13
343	26	19	27	19	20	7	27	14
342	27	20	28	20	21	8	28	15
341	28	21	29	21	22	9	29	16

续表

公元前	周	秦	楚	燕	韩	赵	魏	田齐
340	29	22	30	22	23	10	30	17
339	30	23	威王1	23	24	11	31	18
338	31	24	2	24	25	12	32	19
337	32	惠王1	3	25	26	13	33	20
336	33	2	4	26	27	14	34	21
335	34	3	5	27	28	15	35	22
334	35	4	6	28	29	16	惠王后元1	23
333	36	5	7	29	30	17	2	24
332	37	6	8	易王1	宣惠王1	18	3	25
331	38	7	9	2	2	19	4	26
330	39	8	10	3	3	20	5	27
329	40	9	11	4	4	21	6	28
328	41	10	怀王1	5	5	22	7	29
327	42	11	2	6	6	23	8	30
326	43	12	3	7	7	24	9	31
325	44	13	4	8	8	武灵王1	10	32
324	45	惠王更元1	5	9	9	2	11	33
323	46	2	6	10	10	3	12	34
322	47	3	7	11	11	4	13	35
321	48	4	8	12	12	5	14	36
320	慎靓王1	5	9	王哙1	13	6	15	37
319	2	6	10	2	14	7	16	宣王1
318	3	7	11	3	15	8	襄王1	2
317	4	8	12	4	16	9	2	3
316	5	9	13	5	17	10	3	4

公元前	周	秦	楚	燕	韩	赵	魏	田齐
315	6	10	14	6	18	11	4	5
314	赧王1	11	15	7	19	12	5	6
313	2	12	16	8	20	13	6	7
312	3	13	17	9	21	14	7	8
311	4	14	18	昭王1	襄王1	15	8	9
310	5	武王1	19	2	2	16	9	10
309	6	2	20	3	3	17	10	11
308	7	3	21	4	4	18	11	12
307	8	4	22	5	5	19	12	13
306	9	昭王1	23	6	6	20	13	14
305	10	2	24	7	7	21	14	15
304	11	3	25	8	8	22	15	16
303	12	4	26	9	9	23	16	17
302	13	5	27	10	10	24	17	18
301	14	6	28	11	11	25	18	19
300	15	7	29	12	12	26	19	湣王1
299	16	8	30	13	13	27	20	2
298	17	9	顷襄王1	14	14	惠文王1	21	3